BIOGRAFÍAS
DE GRANDES
CRISTIANOS

 Vida®

ORLANDO BOYER

La misión de Editorial Vida es ser la compañía líder en comunicación cristiana que satisfaga las necesidades de las personas, con recursos cuyo contenido glorifique a Jesucristo y promueva principios bíblicos.

BIOGRAFÍAS DE GRANDES CRISTIANOS
Edición en español publicada por
Editorial Vida – 2001
Miami, Florida

©2001 por Editorial Vida

Publicado en portugués bajo el título:
     Heróis da fé
     por Emprevan Editora

Este libro fue publicado por primera vez en dos TOMOS,
en el año de 1983. Edición adaptada.

Traducción: *Shily Kjellgreen*
Diseño interior: *Gladys Grasso, Grafic Oasis Design Corporation*
Diseño de cubierta: *Sarah Wegner*

RESERVADOS TODOS LOS DERECHOS

ISBN: 978-0-8297-3358-7

CATEGORÍA: *Biografía*

IMPRESO EN ESTADOS UNIDOS DE AMÉRICA
PRINTED IN THE UNITED STATES OF AMERICA

HB 04.15.2024

Contenido

EL MISTERIO DE LOS GRANDES CRISTIANOS... 5

JERÓNIMO SAVONAROLA – *1452-1498*
Precursor de la Gran Reforma.. 9

MARTIN LUTERO – *1483-1546*
El gran reformador.. 15

JUAN BUNYAN – *1628-1688*
Soñador inmortal.. 35

JONATÁN EDWARDS – *1703-1758*
El gran avivador... 43

JUAN WESLEY – *1703-1791*
Tea arrebatada del fuego... 51

JORGE WHITEFIELD – *1714-1770*
Predicador al aire libre... 65

DAVID BRAINERD – *1718-1747*
Heraldo enviado a los pieles rojas..................................... 75

GUILLERMO CAREY – *1761-1834*
Padre de las misiones modernas.. 85

CHRISTMAS EVANS – *1766-1838*
El "Juan Bunyan de Gales".. 93

ENRIQUE MARTYN – *1781-1812*
Luz usada enteramente por Dios... 99

ADONIRAM JUDSON – *1788-1850*
Misionero, explorador espiritual de Birmania.......................105

CARLOS FINNEY – *I792-1875*
Apóstol de avivamientos..115

EL SALVADOR ESPERA Y EL MUNDO CARECE...........................127

EL GEMIR DE MILES DE MILLONES DE ALMAS 129

JORGE MÜLLER – *1805-1898*
Apóstol de la fe...133

DAVID LIVINGSTONE – *1813-1873*
Célebre misionero y explorador..145

JUAN PATON – *1824-1907*
Misionero a los antropófagos..161

HUDSON TAYLOR – *1832-1905*
Padre de la misión en el interior de la China.......................175

CARLOS SPURGEON – *I834-1892*
El príncipe de los predicadores.. 199

PASTOR HSI – *1836-1896*
Amado líder chino... 209

DWIGHT LYMAN MOODY – *1837-1899*
Célebre conquistador de almas.. 221

JONATAN GOFORTH – *1859-1936*
"Con mí Espíritu"... 243

EL MISTERIO DE
LOS GRANDES CRISTIANOS

Visité el viejo templo de Nueva Inglaterra, donde Jonatán Edwards predicó su conmovedor sermón: Pecadores en las manos de un Dios airado. Edwards sostenía el manuscrito tan cerca de los ojos, que los oyentes no podían verle el rostro. Sin embargo, al acabar la lectura, el gran auditorio estaba conmovido. Un hombre corrió hacia él clamando: "¡Señor Edwards, tenga compasión!" Otros se agarraban de los bancos pensando que iban a caer en el infierno. Vi cómo se abrazaban a las columnas para sostenerse, pensando que había llegado el juicio final.

"El poder de aquel sermón aún tiene un gran impacto en el mundo entero. Sin embargo, conviene conocer algo más de su historia, la parte que generalmente se suprime. Durante tres días Edwards no había tomado ningún alimento, y por tres noches no durmió. Había rogado a Dios sin cesar: "¡Dame la Nueva Inglaterra!" Después de levantarse de orar, cuando se dirigía al púlpito, uno de los allí presentes dijo que su semblante era como de quien, por algún tiempo, hubiera estado contemplando el rostro de Dios. Aun antes de abrir la boca para pronunciar la primera palabra, la convicción del Espíritu Santo cayó sobre el auditorio."

Fue así como se expresó J. Wilbur Chapman en sus escritos sobre Jonatán Edwards. Con todo, ese célebre predicador no fue el único que luchó con Dios en oración. Al contrario, después de leer cuidadosamente las biografías de algunos de los más destacados personajes de la Iglesia de Cristo, llegamos a la conclusión de que nunca se puede atribuir, con razón, su éxito solo a sus propios talentos y su fuerza de voluntad. Por cierto, un biógrafo que no cree en el valor de la oración, ni conoce el poder del Espíritu Santo que obra en el corazón, no menciona que la oración sea el verdadero misterio de la grandeza de muchos cristianos.

Leímos, por ejemplo, dos libros bien escritos, sobre la vida de Adoniram Judson. Cuando estábamos por llegar a la conclusión de que había algunos verdaderos héroes en la Iglesia, realmente grandes por sí mismos, encontramos otra biografía escrita por uno de sus hijos, Eduardo Judson. En esa valiosa obra se descubre que aquel talentoso misionero pasaba diariamente horas de la madrugada y de la noche en íntima comunión con Dios.

¿Cuál es entonces el misterio del increíble éxito de los grandes cristianos en la Iglesia de Cristo? No hay en esto ningún misterio para aquellos que andan con Dios en oración, como anduvieron esos hombres.

Expresamos nuestro profundo agradecimiento a los siguientes escritores, cuyas obras nos sirvieron de inspiración para escribir estas biografías:

Jerónimo Savonarola: Lawson

Martín Lutero: Lindsay, Schonberg-Cota, Arandas, Miler, Singmaster, Morrison, Lima, Olson, Stewart, Canuto, Saussure, Knigt-Anglin y Frodsham.

Juan Bunyan: Guilliver y Lawson.

Jonatán Edwards: Allen, Hickman y Howard.

Juan Wesley: Beltz, Lawson, Telford, Miller, Fitchet, Winchester, Joy y Buyers.

Jorge Whitefield: Gledstone, Lawson y Olson.

David Brainerd: Smith, Harrison, Lawson y Edwards.

Guillermo Carey: Harrison, Dalton, Marshman y Olson.

Christmas Evans: Davis y Lawson.

Enrique Martyn: Harrison y Page.

Adoniram Judson: Harrison y Judson.

Carlos Finney: Day, Beltz y Finney.

Ciertamente, aquí no empleamos la palabra "grande" en el sentido pagano, es decir, de grandes personajes que han sido divinizados. La Biblia habla de "hombres que se han destacado por su valor", de "los valientes", "los fieles", "los vencedores", etc., y sus biografías nos inspiran como los sermones más ardientes, destacados y emocionantes.

¡Cuántos creyentes se contentan con solamente escapar de la perdición! ¡Cuántos pasan por alto "la abundancia de la bendición del evangelio de Cristo"! (Romanos 15:29.) "La vida en abundancia" (Juan 10:10) es mucho más que la valiosísima salvación, como se ve al leer estas biografías. Que el ejemplo de los grandes cristianos nos induzca a buscar las mismas bendiciones, hasta "que sobreabunden" (Malaquías 3:10).

EL AUTOR

JERÓNIMO SAVONAROLA

Precursor de la Gran Reforma
1452-1498

*T*odo el pueblo de Italia afluía a Florencia en número siempre creciente. Las enormes multitudes ya no cabían en el famoso Duomo. El predicador Jerónimo Savonarola abrasaba con el fuego del Espíritu Santo, y sintiendo la inminencia del Juicio de Dios, tronaba contra el vicio, el crimen y la corrupción desenfrenada en la propia iglesia. El pueblo abandonó entonces la lectura de las publicaciones mundanas y banales, y comenzó a leer los sermones del fogoso predicador; dejó de cantar las canciones callejeras y se puso a cantar los himnos de Dios. En Florencia, los niños hicieron procesiones para recoger las máscaras carnavalescas, los libros obscenos y todos los objetos superfluos que servían a la vanidad. Con todos esos objetos formaron en la plaza pública una pirámide de veinte metros de altura, y le prendieron fuego. Mientras esa pirámide ardía, el pueblo cantaba himnos y las campanas de la ciudad repicaban anunciando la victoria.

Si entonces la situación política allí hubiese sido igual a la que hubo después en Alemania, el intrépido y piadoso Jerónimo Savonarola habría sido por cierto el instrumento usado para iniciar el movimiento de la Gran Reforma, en vez de Martín Lutero. A pesar de todo, Savonarola se convirtió en uno de los osados y fieles heraldos que condujo al pueblo hacia la fuente pura y las verdades apostólicas de las Sagradas Escrituras.

Jerónimo era el tercero de los siete hijos de la familia Savonarola. Sus padres eran personas cultas y mundanas, y gozaban de mucha influencia. Su abuelo paterno era un famoso médico de la corte del Duque de Ferrara, y los padres de Jerónimo deseaban que su hijo llegase a ocupar el lugar del abuelo. En el colegio fue un alumno que se distinguió por su aplicación. Sin embargo, los estudios de la filosofía de Platón, así como de Aristóteles, solo consiguieron envanecerlo. Sin duda alguna, fueron los escritos del célebre hombre de Dios, Tomás de Aquino, lo que más influencia ejerció en él, además de las propias Escrituras, para que entregase enteramente su corazón y su vida a Dios. Cuando aún era niño, tenía la costumbre de orar, y a medida que fue creciendo, su fervor en la oración y el ayuno fue en aumento. Pasaba muchas horas seguidas orando. La decadencia de la iglesia, llena de toda clase de vicios y pecados, el lujo y la ostentación de los ricos en contraste con la profunda pobreza de los pobres, le afligían el corazón. Pasaba mucho tiempo solo en los campos y a orillas del río Po, meditando y en contemplación en la presencia de Dios, ya cantando, ya llorando, conforme a los sentimientos que le ardían en el pecho. Siendo aún muy joven, Dios comenzó a hablarle en visiones. La oración era su mayor consuelo; las gradas del altar, donde permanecía postrado horas enteras, quedaban a menudo mojadas con sus lágrimas.

Hubo un tiempo en que Jerónimo comenzó a enamorar a cierta joven florentina. Sin embargo, cuando la muchacha le hizo comprender que su orgullosa familia Strozzi nunca consentiría su unión con alguien de la familia Savonarola, que ellos despreciaban, Jerónimo abandonó por completo la idea de casarse. Volvió entonces a orar con un fervor creciente. Resentido con el mundo, desilusionado de sus propios anhelos, sin encontrar a nadie que le pudiese aconsejar, y cansado de presenciar las injusticias y perversidades que lo rodeaban, sin poder remediarlas, resolvió abrazar la vida monástica.

Al presentarse al convento, no pidió el privilegio de hacerse monje, sino solamente que lo aceptasen para realizar los servicios más humildes de la cocina, de la huerta y del monasterio.

En el claustro, Savonarola se dedicó con más ahínco aún a la oración, al ayuno y a la contemplación en la presencia de Dios. Sobresalía entre todos los demás monjes por su humildad, sinceridad y obediencia, por lo que lo designaron para enseñar filosofía, posición que ocupó hasta salir del convento.

Después de haber pasado siete años en el monasterio de Boloña, Fray Jerónimo fue para el convento de San Marcos, en Florencia. Cuando llegó, su desilusion fue muy grande al comprobar que el pueblo florentino era tan depravado como el de cualquier otro lugar. Hasta entonces no había reconocido que solamente la fe en Cristo es la que salva.

Al completar un año en el convento de San Marcos, fue nombrado instructor de los novicios y, por fin, lo designaron predicador del monasterio. A pesar de tener a su disposición una excelente biblioteca, Savonarola usaba cada vez más la Biblia como su libro de instrucción.

Sentía cada vez más el terror y la venganza del Día del Señor, que vendrá, y a veces se ponía a tronar desde el púlpito, contra la impiedad del pueblo. Eran tan pocos los que asistían a sus predicaciones, que Savonarola resolvió dedicarse por entero a la instrucción de los novicios. Sin embargo, igual que Moisés, no podía de esa manera escapar al llamamiento de Dios.

Cierto día, al dirigirse a una monja, vio de repente, que los cielos se abrieron, y delante de sus ojos pasaron todas las calamidades que sobrevendrán a la Iglesia. Entonces le pareció oír una voz que desde el cielo le ordenaba que anunciara todas esas cosas a la gente.

Convencido de que la visión era del Señor, comenzó nuevamente a predicar con voz de trueno. Bajo una nueva unción del Espíritu Santo, sus sermones condenando el pecado eran tan impetuosos, que muchos de los oyentes se quedaban por algún tiempo aturdidos y sin deseos de hablar en las calles. Era común durante sus sermones, oír resonar los sollozos y el llanto de la gente en la iglesia. En otras ocasiones, tanto hombres como mujeres, de todas las edades y de todas las clases sociales, rompían en vehemente llanto.

El fervor de Savonarola en la oración aumentaba día por día y su fe crecía en la misma proporción. Frecuentemente, mientras oraba, caía en éxtasis. Cierta vez, estando sentado en el púlpito, le sobrevino una visión que lo dejó inmóvil durante cinco horas; mientras tanto su rostro brillaba, y los oyentes que estaban en la iglesia lo contemplaban.

En todas partes donde Savonarola predicaba, sus sermones contra el pecado producían profundo terror. Los hombres más cultos comenzaron entonces a asistir a sus predicaciones en Florencia; fue necesario realizar las reuniones en el Duomo, famosa catedral, donde continuó predicando durante ocho años. La gente se levantaba a media noche y esperaba en la calle hasta la hora en que abrían la catedral.

El corrompido regente de Florencia, Lorenzo de Médicis, trató por todos los medios posibles, como la lisonja, las dádivas de cohecho, las amenazas y los ruegos, inducir a Savonarola a que desistiese de predicar contra el pecado y, especialmente, contra las perversidades del regente. Por fin, viendo que todo era inútil, contrató al famoso predicador Fray Mariano para que predicase contra Savonarola. Fray Mariano predicó un sermón, pero el pueblo no le prestó atención a su elocuencia y astucia, por lo que no se atrevió a predicar más.

Fue en ese tiempo que Savonarola profetizó que Lorenzo, el Papa y el rey de Nápoles iban a morir dentro de un año, lo que efectivamente sucedió.

Después de la muerte de Lorenzo, Carlos VIII de Francia invadió a Italia y la influencia de Savonarola aumentó todavía más. La gente abandonó la literatura banal y mundana para leer los sermones del famoso predicador. Los ricos socorrían a los pobres en vez de oprimirlos. Fue en ese tiempo que el pueblo preparó una gran hoguera en la "piazza" (plaza) de Florencia y quemó una gran cantidad de artículos usados para fomentar vicios y vanidades. En la gran catedral Duomo ya no cabían más los inmensos auditorios.

Sin embargo, el éxito de Savonarola fue muy breve. El predicador fue amenazado, excomulgado y, por fin, en el año 1498, por orden del Papa, fue ahorcado y su cadáver quemado en la plaza pública. Pronunciando las palabras: "¡El Señor sufrió tanto por mi!" terminó la vida terrenal de uno de los más grandes y abnegados mártires de todos los tiempos.

A pesar de que hasta la hora de su muerte sustentó muchos de los errores de la Iglesia Romana, enseñaba que todos los que en realidad son creyentes están en la verdadera iglesia. En todo momento alimentaba su alma con la Palabra de Dios. Los márgenes de las páginas de su Biblia están llenos de notas escritas mientras meditaba en las Escrituras. Conocía de memoria una gran parte de la Biblia y podía abrirla y hallar al instante cualquier texto. Pasaba noches enteras orando, y tuvo la gracia de recibir algunas revelaciones mediante éxtasis o visiones. Sus libros titulados "La humildad", "La oración", "El amor", etc., continúan ejerciendo gran influencia sobre los hombres.

Destruyeron el cuerpo de ese precursor de la Gran Reforma, pero no pudieron apagar las verdades que Dios, por su intermedio, grabó en el corazón del pueblo.

MARTIN LUTERO
El gran reformador
1483-1546

*J*uan Hus cuando fue sentenciado por el Papa a ser quemado vivo, dijo en la cárcel: "Pueden matar el ganso (en su lengua "hus" quiere decir ganso), pero dentro de cien años aparecerá un cisne que no podrán quemar."

Mientras caía la nieve y el viento helado aullaba como una fiera alrededor de la casa, nació ese "cisne", en Eisleben, Alemania. Al día siguiente el recién nacido fue bautizado en la Iglesia de San Pedro y San Pablo, y como ese era el día de San Martín, el pequeño recibió el nombre de Martín Lutero.

Ciento dos años después de que Juan Hus expirara en la hoguera, el "cisne" fijó en la puerta de la iglesia de Wittenberge sus noventa y cinco tesis contra la venta de indulgencias, hecho que dio origen a la Gran Reforma. Juan Hus se equivocó en solo dos años en su predicción.

Para dar el debido valor a la obra de Martín Lutero, es necesario recordar el obscurantismo y la confusión que reinaban en la época en que él nació.

Se calcula que por lo menos un millón de albigenses murieron en Francia en cumplimiento de una orden del Papa, para que esos "herejes" (que sustentaban la Palabra de Dios) fuesen cruelmente exterminados. Wycliffe, "la estrella del alba de la Reforma", había traducido la Biblia a la lengua inglesa. Juan Hus, discípulo de Wycliffe, murió en la hoguera en Bohemia suplicando al Señor que perdonase a sus perseguidores. Jerónimo de Praga, compañero de Hus y también un erudito, sufrió el mismo suplicio cantando himnos en las llamas hasta que exhaló su último suspiro. Juan Wessel, un notable predicador de Erfurt, fue encarcelado por enseñar que la salvación se obtiene por gracia. Aprisionaron su frágil cuerpo entre hierros, donde murió cuatro años antes del nacimiento de Lutero. En Italia, quince años después del nacimiento de Lutero, Savonarola, un hombre dedicado a Dios y fiel predicador de la Palabra, fue ahorcado y su cuerpo reducido a cenizas, por orden de la iglesia.

Fue en tal época que nació Martín Lutero. Como muchos de los hombres más célebres, pertenecía a una familia pobre. Solía decir: "Soy hijo de campesinos; mi padre, mi abuelo y mi bisabuelo fueron verdaderos campesinos." Luego añadía: "Tenemos tanta razón para vanagloriarnos de nuestra ascendencia, como tiene el diablo para enorgullecerse de su linaje angelical."

Los padres de Martín tuvieron que trabajar sin descanso para poder vestir, alimentar y educar a sus siete hijos. El padre trabajaba en las minas de cobre, y la madre, además de atender a sus quehaceres domésticos, transportaba leña sobre sus espaldas desde el bosque.

Sus padres no solo se interesaban por el desarrollo físico e intelectual de sus hijos, sino también por su desenvolvimiento espiritual. Cuando Martín tuvo uso de razón, su padre le enseñó a arrodillarse por las noches al lado de su cama antes de acostarse, y rogaba a Dios que hiciese que el niño recordara el nombre de su Creador. (Eclesiastés 12: 1.)

Su madre era sincera y devota; así pues, enseñó a sus hijos que considerasen a todos los monjes como hombres santos, y a todas las violaciones de los reglamentos de la iglesia, como transgresiones de las leyes de Dios. Martín aprendió los Diez Mandamientos y el Padrenuestro, a respetar la Santa Sede en la distante y sagrada Roma, y a mirar con reverencia cualquier hueso o fragmento de ropa que hubiese pertenecido a algún santo. Sin embargo, su religión se basaba más en que Dios era un Juez vengativo, que un Amigo de los niños. (Mateo 19:13-15.) Siendo ya adulto, Lutero escribió:

"Me estremecía y me ponía pálido al oír mencionar el nombre de Cristo, porque me habían enseñado a considerarlo como un juez encolerizado. Nos habían enseñado que nosotros mismos debíamos hacer propiciación por nuestros pecados; que no podemos compensar suficientemente nuestras culpas, sino que es necesario recurrir a los santos del cielo, y clamar a María para que interceda a nuestro favor desviando de nosotros la ira de Cristo."

El padre de Martín, sintiéndose muy satisfecho con los trabajos escolares de su hijo en la villa donde vivían decidió mandarlo, cuando cumplió los trece años de edad, a la escuela franciscana de la ciudad de Magdeburgo.

El joven se presentaba con frecuencia al confesonario, donde el sacerdote le imponía penitencias y lo obligaba a practicar buenas obras a fin de obtener la absolución. Martín se esforzaba incesantemente por conseguir el favor de Dios, mediante la piedad, y ese mismo deseo lo llevó más tarde a la vida del convento.

Para su subsistencia en Magdeburgo, Martín tenía que pedir limosna por las calles, cantando canciones de puerta en puerta. En vista de ello sus padres, pensando que en Eisenach lo pasaría mejor, lo enviaron a estudiar en esa ciudad, donde, además, vivían parientes de su madre. No obstante, esos parientes no le prestaron ninguna ayuda, y el joven tuvo que seguir pidiendo limosna para poder comer.

Cuando ya estaba a punto de abandonar sus estudios, para ponerse a trabajar con sus propias manos, cierta señora acomodada, Doña Ursula Cota, atraída por sus oraciones en la iglesia y conmovida por la humildad con que recibía cualquier sobra de comida, en su puerta, lo acogió en el seno de su familia. Por vez primera Lutero conoció lo que era la abundancia. Años más tarde se refirió a la ciudad de Eisenach como "la ciudad bien amada". Cuando Lutero se hizo famoso, uno de los hijos de la familia Cota fue a cursar sus estudios en Wittenberg, y Lutero lo recibió en su casa.

Cuando vivió en la casa de Doña Ursula, su afectuosa madre adoptiva, Martín hizo progresos muy rápidos, recibiendo una sólida educación. Su maestro, Juan Trebunius, era un hombre culto y de método esmerado. No maltrataba a sus alumnos como lo hacían los demás maestros. Se cuenta que al encontrarse con los muchachos de su escuela, los saludaba quitándose el sombrero, porque..."nadie sabía si entre ellos había futuros doctores, regentes, cancilleres o reyes..." Para Martín, el ambiente de la escuela y del hogar le fue favorable para formar un carácter fuerte e inquebrantable, tan necesario para enfrentar a los más temibles enemigos de Dios.

Martín Lutero era más sobrio y devoto que los demás muchachos de su edad. Refiriéndose a ese hecho, Doña Ursula, a la hora de su muerte dijo que, Dios había bendecido su hogar en abundancia desde el día en que Lutero entró a su casa.

Mientras tanto, los padres de Martín habían prosperado algo económicamente. El padre había alquilado un horno para la fundición de cobre, y después compró otros dos. Había sido electo concejal de su ciudad, y comenzó a hacer planes para educar a sus hijos. Sin embargo, Martín nunca se avergonzó de los días de sus pruebas y de su miseria; al contrario, los consideraba como la mano de Dios, que lo había guiado dirigiéndolo y preparándolo para su gran obra. Nadie puede, en la edad madura, encarar seriamente y con ahínco las vicisitudes de la vida, si no aprende por experiencias mientras es joven.

A los dieciocho años, Martín deseaba estudiar en una universidad. Su padre, reconociendo la capacidad de su hijo, lo envió a Erfurt, que era entonces el centro intelectual del país, donde cursaban sus estudios más de mil estudiantes. El joven estudió con tanto ahínco, que al fin del tercer semestre obtuvo el grado de bachiller en filosofía. A la edad de veintiún años alcanzó el segundo grado académico, el de doctor en filosofía; los estudiantes, profesores y autoridades le rindieron significativo homenaje.

Dentro de los muros de Erfurt había cien predios pertenecientes a la iglesia, incluyendo ocho conventos. Había también una importante biblioteca que era de la universidad, donde Lutero pasaba todo su tiempo disponible. Siempre rogaba con fervor a Dios que le prodigase su bendición en sus estudios. Él acostumbraba decir: "Orar bien es la mejor parte de los estudios." Sobre él escribió cierto colega: "Cada mañana él precede sus estudios con una visita a la iglesia y con una oración a Dios."

Su padre, deseando que Martín llegara a ser abogado y se volviese célebre, le compró el "Corpus Juris", gran obra de jurisprudencia de mucho valor.

Sin embargo, el alma de Lutero deseaba ardientemente a Dios, por encima de todas las cosas. Varios acontecimientos influyeron en él, induciéndolo a entrar a la vida monástica, decisión que llenó de profunda tristeza a su padre y horrorizó a sus compañeros de la universidad.

Primero, en la biblioteca se encontró con el maravilloso libro de los libros, la Biblia completa, en latín. Hasta entonces Lutero había creído que las pequeñas porciones escogidas por la iglesia para que se leyeran los domingos eran toda la Palabra de Dios. Después de leer la Biblia durante un largo rato, exclamó: "¡Oh! ¡Si la Providencia me diese un libro como este, solo para mí!" Al seguir leyendo las Escrituras, su corazón comenzó a percibir la luz que irradia de la Palabra de Dios, y su alma a sentir aún más sed de Dios.

Al tiempo de graduarse de bachiller, las largas horas de estudio le ocasionaron una enfermedad que lo llevó al borde de la muerte. De esa manera, su hambre por la Palabra de Dios quedó aún más enraizada en el corazón de Lutero. Algún tiempo después de esa enfermedad, estando de viaje para visitar a su familia, lo atacaron a espada, y dos veces estuvo al borde de la muerte antes de que un cirujano llegase a curarle la herida. Para Lutero, la salvación de su alma sobrepasaba cualquier otro anhelo.

Cierto día, uno de sus íntimos amigos de la universidad fue asesinado. "¡Ah!" exclamó Lutero, horrorizado, "¿qué habría sido de mí si hubiese sido llamado de esta a la otra vida tan inesperadamente?"

Pero de todos esos acontecimientos, el que más le estremeció el espíritu, fue el que experimentó durante una terrible tempestad eléctrica cuando regresaba de visitar a sus padres. No tenía donde guarecerse. El cielo estaba encendido, los rayos rasgaban las nubes a cada instante. De repente, un rayo cayó a su lado. Lutero, lleno de espanto y sintiéndose ya cerca del infierno, se postró gritando: "¡Santa Ana, sálvame y me haré monje!"

Más tarde Lutero llamó a ese incidente: "Mi camino real hacia Damasco", y no tardó en cumplir la promesa que le hiciera a Santa Ana. Invitó entonces a sus compañeros para que cenaran con él. Después de la comida, mientras sus amigos se divertían conversando y oyendo música, les anunció de repente que de ahí en adelante podrían considerarlo muerto, puesto que iba a entrar al convento. En vano sus compañeros trataron de disuadirlo de su proyecto. En la obscuridad de esa misma noche, el joven Lutero, al cumplir sus veintidós años de edad, se dirigió al convento de los agustinos, tocó, la puerta se abrió, y entró. ¡El profesor admirado y festejado, la gloria de la universidad, que había pasado días y noches inclinado sobre los libros, se convertía ahora en un hermano agustino!

El monasterio de los agustinos era el mejor de los claustros de Erfurt. Sus monjes eran los predicadores de la ciudad, muy estimados por sus obras de caridad entre la clase pobre y oprimida. Nunca hubo en aquel convento un monje más sumiso, más devoto y más piadoso que Martín Lutero. Se sometía a los trabajos más humildes, como el ser portero, sepulturero, barrendero de la iglesia y de las celdas de los monjes. No rehusaba salir a mendigar el pan cotidiano para el convento, en las calles de Erfurt.

Durante el año de noviciado, antes de hacerse monje, los amigos de Lutero hicieron todo lo posible para disuadirlo de que llevase a cabo su decisión. Los compañeros que él convidó a cenar para anunciarles su intención de hacerse monje, se quedaron dos días junto al portón del convento esperando que él regresase al mundo. El padre de Lutero casi enloqueció al comprobar que sus ruegos eran inútiles y que todos los planes que él había forjado para el porvenir de su hijo habían fracasado.

Lutero se disculpaba diciendo: Hice una promesa a Santa Ana, para salvar mi alma. Entré al convento y acepté ese estado espiritual solamente para servir a Dios y agradarle durante la eternidad.

Sin embargo, demasiadas ilusiones se había hecho Lutero. Después de procurar crucificar la carne con ayunos prolongados, imponiéndose las más severas privaciones, y realizando un sinnúmero de vigilias, halló que, encerrado en su celda, todavía tenía que luchar contra los malos pensamientos. Su alma clamaba: "Dadme santidad o muero por toda la eternidad; llevadme al río de aguas puras y no a estos manantiales de aguas contaminadas; conducidme a las aguas de vida que salen del trono de Dios."

Cierto día, Lutero encontró en la biblioteca del convento una vieja Biblia en latín, sujetada a la mesa por una cadena; para él, esta fue un tesoro infinitamente mejor que todos los tesoros literarios del convento. Estuvo tan embebecido leyéndola, que durante semanas enteras dejó de repetir las oraciones diurnas de la orden. Luego, despertado por la voz de su conciencia, Lutero se arrepintió de su negligencia; era tal su remordimiento que no podía dormir. Se apresuró entonces a enmendar su error, y puso en ello tanto empeño que hasta se olvidaba de tomar sus alimentos.

En esas circunstancias, enflaquecido al máximo por tantos ayunos y vigilias, se sintió oprimido por los temores hasta llegar a perder los sentidos y caer al suelo. Así lo hallaron los otros monjes ¡y quedaron admirados de nuevo por su piedad excepcional!

Lutero solo recobró el conocimiento cuando un grupo de frailes del coro lo rodeó cantando. La suave armonía le llegó hasta el alma y le despertó el espíritu. Sin embargo, aun así le faltaba la paz perpetua para su alma, aún no había oído cantar al coro celestial: "Gloria a Dios en las alturas y paz en la tierra a los hombres de buena voluntad."

En ese tiempo, el vicario general de la orden de los agustinos, Staupitz, visitó el convento. Era un hombre de gran discernimiento y devoción profunda; comprendió de inmediato el problema del joven monje, y le ofreció una Biblia en la que este leyó: "El justo vivirá por fe." Por cuánto tiempo Lutero había anhelado: "¡Oh, si Dios me diese un libro de estos solo para mí!", ¡Ahora, ya lo poseía!

En la lectura de la Biblia encontró un gran consuelo, pero la obra no podía completarse en un día. Quedó entonces más resuelto que nunca a alcanzar la paz para su alma en la vida monástica, ayunando y pasando noches enteras sin dormir. Estando gravemente enfermo exclamó: "¡Mis pecados! ¡Mis pecados!" A pesar de que su vida estaba libre de manchas, como él afirmaba y otros atestiguaban, se sentía culpable ante Dios, hasta que un anciano monje le recordó una palabra del Credo: "Creo en el perdón de los pecados." Vio entonces que Dios no solo había perdonado los pecados de Daniel y de Simón Pedro, sino también los suyos.

Poco tiempo después de esos acontecimientos, Lutero se ordenó de sacerdote. La primera misa que celebró fue un gran suceso.

Su padre, que no lo había perdonado desde el día en que él había abandonado sus estudios de jurisprudencia hasta ese momento, asistió a la primera misa, después de viajar a caballo desde Mansfiéld acompañado por veinticinco amigos, y trayendo un buen donativo para el convento.

Después que cumplió los veinticinco años de edad, Lutero fue designado para la cátedra de filosofía de Wittenberg, a donde se mudó para vivir en el convento de su orden. Sin embargo, su alma tenía ansias de la Palabra de Dios y del conocimiento de Cristo. En medio de las ocupaciones que le imponía su cátedra de filosofía, se dedicó al estudio de las Escrituras, y en ese primer año obtuvo el título de "bachiller en Biblia". Su alma ardía con el fuego de los cielos; de todas partes afluían multitudes para escuchar sus discursos, que emanaban abundante y vivamente de su corazón, sobre las maravillosas verdades reveladas en las Escrituras. Uno de los más famosos profesores de Leipzig, conocido como "La luz del mundo", dijo: "Este fraile avergonzará a todos los doctores; pregonará una doctrina nueva y reformará toda la iglesia, porque él se basa en la Palabra de Cristo. La Palabra que nadie en el mundo puede resistir, y nadie puede refutar, aun cuando se la ataque con todas las armas de la filosofía."

Uno de los puntos culminantes de la biografía de Lutero es su visita a Roma. Había surgido una disputa reñida entre siete conventos de los agustinos y decidieron llevar los puntos de la desavenencia para que el Papa los resolviera. Como Lutero era el hombre más hábil y más elocuente, y además, era altamente apreciado y respetado por todos los que lo conocían, fue escogido para representar a su convento en Roma.

Lutero hizo el viaje a pie en compañía de otro monje. En aquel tiempo todavía era fiel y enteramente dedicado a la Iglesia Católica. Cuando al fin llegaron a un punto del camino desde donde se avistaba la famosa ciudad, Lutero cayó de rodillas y exclamó: "¡Ciudad Santa, yo te saludo!"

Los dos monjes pasaron un mes en Roma visitando los diversos santuarios y los lugares de peregrinación. Lutero celebró misa diez veces. ¡Lamentó entonces que sus padres no se hubiesen muerto todavía, porque los hubiera podido rescatar del purgatorio!

Un día, al subir la Santa Escalinata de rodillas, a fin de ganarse la indulgencia que el jefe de la iglesia prometía por ese sacrificio, resonaron en sus oídos con voz de trueno las palabras de Dios: "El justo vivirá por la fe." Lutero se levantó y salió avergonzado.

Después que vio la corrupción tan generalizada que había en Roma, su alma se apegó a la Biblia, más que nunca. Al regresar a su convento, el vicario general insistió en que diese los pasos necesarios para obtener el título de doctor, el que le daría el derecho de predicar. Sin embargo, reconociendo Lutero la enorme responsabilidad que eso le acarrearía ante Dios, y no queriendo ceder, dijo: "No es de poca importancia que el hombre hable en lugar de Dios... Ah, señor doctor, al pedirme que lo haga, me quitáis la vida; no resistiré más de tres meses." El vicario general le respondió: "¡No importa! Que así sea, en nombre de Dios, puesto que Dios también necesita en los cielos a hombres consagrados e inteligentes."

Ya elevado a la dignidad de doctor en teología, el corazón de Lutero ardía aún más en deseos de profundizar sus conocimientos de las Sagradas Escrituras; fue entonces nombrado predicador de la ciudad de Wittenberg. Los libros que estudió y los márgenes llenos de las anotaciones que escribió en letra menuda, sirven a los eruditos de hoy como ejemplo, por la forma cuidadosa y ordenada en que Lutero realizó sus estudios.

El mismo Lutero escribió lo siguiente acerca de la gran transformación que experimentó su vida en ese tiempo: "Deseando ardientemente comprender las palabras de Pablo, comencé a estudiar su epístola a los Romanos. Sin embargo, noté que en el primer capítulo es evidente que la justicia de Dios se revela en el evangelio (vv. 16,17). Yo detestaba las palabras: *la justicia de Dios,* porque conforme me enseñaron, la consideraba como un atributo del Dios Santo que lo lleva a castigar a los pecadores. A pesar de vivir irreprensiblemente como monje, mi conciencia perturbada me mostraba que era pecador ante Dios. Así, detestaba a un Dios justo, que castiga a los pecadores... Tenía la conciencia intranquila y en lo íntimo mi alma se sublevaba. Sin embargo, volvía siempre al mismo versículo, porque quería saber lo que Pablo enseñaba. Al fin, después de meditar sobre ese punto durante muchos días y noches, Dios en su gracia infinita me mostró la palabra: "El justo vivirá por la fe." Vi entonces que la justicia de Dios, en este versículo, es la justicia que el hombre piadoso recibe de Dios mediante la fe, como una dádiva."

De esa forma, el alma de Lutero se libró de su esclavitud. Él mismo así lo escribió: "Entonces me sentí recién nacido, y en el paraíso. Todas las Escrituras tenían ahora para mi otro significado; las escudriñaba para ver todo cuanto enseñan sobre la "justicia de Dios". Antes, esas palabras eran odiosas para mi; ahora las recibí con el más intenso amor. Ese versículo fue para mí la puerta de entrada al paraíso."

Después de esa experiencia maravillosa, Lutero predicaba diariamente; en ciertas ocasiones lo hacía hasta tres veces al día, conforme él mismo lo cuenta: "Lo que el pastor es para el rebaño, la casa para el hombre, el nido para el pajarito, la peña para la cabra montés, el arroyo para el pez, eso es la Biblia para las almas fieles." Por fin, la luz del evangelio rasgó las tinieblas en que vivía, y el alma de Lutero ardía por conducir a sus oyentes hacia el Cordero de Dios, que quita todo el pecado.

Lutero hizo que el pueblo considerase la verdadera religión no como una simple profesión o un sistema de doctrinas, sino como la vida misma en Dios. La oración no fue más un ejercicio sin sentido, sino una comunión con Dios, quien nos cuida con un amor infinito. Mediante sus sermones, Dios reveló su corazón a miles de oyentes, a través del corazón de Lutero.

Durante una convención de agustinos Lutero fue invitado a predicar, pero en vez de dar un mensaje doctrinal de sabiduría humana, como era de esperarse, pronunció un ardiente discurso contra la lengua maldiciente de los monjes. Los agustinos, impresionados por ese mensaje, ¡lo eligieron director a cargo de once conventos!

Lutero no solo predicaba la virtud, sino que también la practicaba, amando verdaderamente a su prójimo. En ese tiempo, la peste procedente del oriente visitó a Wittenberg. Se calcula que la cuarta parte de la población de Europa, la mitad de la población de Alemania, fue segada por la peste. Cuando profesores y estudiantes huyeron de la ciudad, instaron a Lutero que huyese también; pero él respondió: "¿A dónde he de huir? Mi lugar está aquí;

el deber no me permite ausentarme de mi puesto, hasta cuando Aquel que me envió a este lugar me llame. No es que yo no le tema a la muerte, sino que espero que el Señor me dé ánimo." Así era como Lutero ejercía su ministerio guiando el alma y el cuerpo de sus semejantes durante un tiempo de aflicción y angustia universales.

La fama del joven monje se esparció hasta muy lejos. Entretanto, sin darse cuenta, mientras trabajaba incansablemente para la iglesia, se había alejado del rumbo liberal que ella seguía en doctrina y práctica.

En el mes de octubre de 1517, Lutero fijó a la puerta de la iglesia del Castillo de Wittenberg sus 95 tesis, cuyo tenor era que Cristo requiere el arrepentimiento y la tristeza por el pecado cometido, y no la penitencia. Lutero fijó sus tesis o proposiciones para un debate público, en la puerta de la iglesia, como era costumbre en ese tiempo. Pero esas tesis, escritas en latín, fueron enseguida traducidas al alemán, al holandés y al español. Antes de transcurrir un mes, para sorpresa de Lutero, sus tesis ya habían llegado a Italia y hacían temblar los cimientos del viejo edificio de Roma. Fue como consecuencia de ese acto de fijar las noventa y cinco tesis en la puerta de la iglesia de Wittenberg, que nació la Reforma, es decir, que fue eso lo que dio origen al gran movimiento de almas que en todo el mundo ansiaban volver a la fuente pura, a la Palabra de Dios. Sin embargo, Lutero no atacó a la iglesia católica; al contrario, salió en defensa del Papa contra los vendedores de indulgencias.

En el mes de agosto de 1518, Lutero fue llamado a Roma para responder a la acusación de herejía que se le imputaba. No obstante, el elector Federico no consintió que lo sacasen fuera del país, por lo que Lutero fue intimado a presentarse en Augsburgo. "Te quemarán vivo", insistían sus amigos. Lutero entonces les respondió resueltamente: "Si Dios sustenta la causa, la causa subsistirá."

La orden que emitió el nuncio del Papa en Augsburgo, fue: "Retráctese o no saldrá de aquí." Sin embargo, Lutero consiguió huir de la ciudad atravesando una pequeña cancela en el muro de la ciudad, aprovechando la obscuridad de la noche. Al llegar de nuevo a Wittenberg, un año después de fijar sus tesis, Lutero se había convertido en el personaje más popular de toda Alemania. No existían periódicos en ese tiempo, pero de la pluma de Lutero fluían las respuestas a todos sus críticos, que eran luego publicadas en folletos. Lo que Lutero escribió en esa forma, hoy completa cien volúmenes.

Erasmo, el célebre humanista y literato holandés, le escribió a Lutero: "Sus libros están despertando a todo el país... A los hombres más eminentes de Inglaterra les gustan sus escritos..."

Cuando la bula de excomunión, enviada por el Papa, llegó a Wittenberg, Lutero respondió con un tratado dirigido al Papa, León X, exhortándolo en el nombre del Señor a que se arrepintiese. La bula del Papa fue quemada fuera del muro de la ciudad de Wittenberg ante una gran multitud. Sobre el particular, Lutero escribió al vicario general: "En el momento de quemar la bula, yo estaba temblando y orando, pero ahora estoy satisfecho de haber realizado este enérgico acto." Lutero no esperó a que el Papa lo excomulgase, sino que inmediatamente saltó de la Iglesia de Roma a la Iglesia del Dios Vivo.

No obstante, el Emperador Carlos V, que convocaría su primera Dieta en la ciudad de Worms, quería que Lutero compareciese para responder, en persona, a los cargos de sus acusadores. Los amigos de Lutero insistían en que no fuese, alegando: ¿No fue Juan Hus entregado a Roma para ser quemado, a pesar de la garantía de vida dada por el Emperador? Pero en respuesta a todos los que se esforzaban en disuadirlo de comparecer ante sus terribles enemigos, Lutero, fiel al llamado de Dios, les dijo: "Aun cuando haya en Worms tantos demonios cuantas sean las tejas en los tejados, confiando en Dios, yo iré." Después de impartir instrucciones acerca de su obra, previendo el caso de que no volviese, partió.

En su viaje a Worms, el pueblo afluyó en masa para conocer al gran hombre que había tenido el coraje de desafiar la autoridad del Papa. En Mora, predicó al aire libre, porque en las iglesias ya no cabían las enormes multitudes que querían oír sus sermones. Al avistar las torres de las iglesias de Worms, se irguió en la carroza en que viajaba y cantó su himno, el más famoso de la Reforma: *Ein' Feste Burg*, esto es, "Castillo fuerte es nuestro Dios".

Al entrar por fin a la ciudad, lo acompañaba el pueblo en una multitud mucho mayor que la que había ido a recibir a Carlos V. Al día siguiente lo llevaron ante el emperador, a cuyo lado se encontraban el delegado del Papa, seis electores del imperio, veinticinco duques, ocho margraves, treinta cardenales y obispos, siete embajadores, los diputados de diez ciudades y un gran número de príncipes, condes y barones.

Es fácil imaginar que el reformador fuese un hombre de mucho coraje y de físico vigoroso como para enfrentar tantas fieras que ansiaban despedazarle el cuerpo. Pero la verdad es que él había pasado una gran parte de su vida alejado de los hombres y, sobre todo, se encontraba muy débil por el viaje, durante el cual tuvo necesidad de que lo atendiese un médico. Sin embargo, no perdió su entereza y se mostró valeroso, no en su propia fuerza, sino en el poder de Dios.

Sabiendo que tenía que comparecer ante una de las más imponentes asambleas de autoridades religiosas y civiles de todos los tiempos, Lutero pasó la noche anterior en vigilia. Postrado con el rostro en tierra, luchó con Dios llorando y suplicando. Uno de sus amigos lo oyó orar así: "¡Oh Dios todopoderoso! ¡la carne es débil, el diablo es fuerte! ¡Ah, Dios, Dios mío! Te pido que estés junto a mí contra la razón y la sabiduría del mundo. Hazlo, pues solamente tú lo puedes hacer. No es mi causa sino la tuya. ¿Qué tengo yo con los grandes de la tierra? Es tu causa, Señor, tu justa y eterna causa. ¡Sálvame, oh Dios fiel! ¡Solamente en ti confío, oh Dios! Dios mío... ven, estoy dispuesto a dar, como un cordero, mi propia vida. El mundo no conseguirá atar mi conciencia, aun cuando esté lleno de demonios; y si mi cuerpo tiene que ser destruido, mi alma te pertenece, y estará contigo eternamente..."

Se cuenta que, al día siguiente, cuando Lutero atravesó el umbral del recinto donde comparecería ante la Dieta, el veterano general Freudsburg puso la mano en el hombro del Reformador y le dijo: "Pequeño monje, vas a enfrentarte a una batalla diferente, que ni yo ni ningún otro capitán jamás hemos experimentado, ni siquiera en nuestras más sangrientas conquistas. Sin embargo, si la causa es justa, y estás convencido de que lo es, avanza en nombre de Dios, y no temas nada, que Dios no te abandonará." El gran general no sabía que Martín Lutero había vencido la batalla en oración y que entraba solamente para declarar que la había ganado a peores enemigos.

Cuando el nuncio del Papa exigió a Lutero que se retractase ante la augusta asamblea, él respondió: "Si no me refutareis por el testimonio de las Escrituras o por argumentos —puesto que no creo ni en los papas ni en los concilios, siendo evidente que muchas veces ya se engañaron y se contradijeron entre sí— mi conciencia tiene que acatar la Palabra de Dios. No puedo retractarme, ni me retractaré de nada, puesto que no es justo, ni seguro, actuar contra la conciencia. Dios me ayude, Amén."

Al volver a su aposento, Lutero levantó las manos al cielo y exclamó con el rostro todo iluminado: "¡Consumado está! "¡Consumado está!" ¡Si yo tuviese mil cabezas, soportaría que todas ellas fuesen cortadas antes que retractarme!"

La ciudad de Worms, al recibir la noticia de la osada respuesta dada por Lutero al nuncio del Papa, se alborozó. Las palabras del Reformador se publicaron y difundieron entre el pueblo, que luego concurrió para rendirle el debido homenaje.

A pesar de que los papistas no consiguieron con su influencia que el emperador violase el salvoconducto y quemase en una hoguera al llamado hereje, Lutero, sin embargo, tuvo que enfrentar otro grave problema. El edicto de excomunión entró de inmediato en vigor; Lutero, según la excomunión, era considerado un criminal y, al terminar el plazo de su salvoconducto, tendría que ser entregado al emperador; todos sus libros debían ser incautados y quemados; el hecho de ayudarlo de cualquier manera que fuese, sería considerado un crimen capital.

Pero a Dios le es fácil cuidar de sus hijos. Estando Lutero de regreso a Wittenberg, de repente fue rodeado en un bosque por un bando de caballeros enmascarados que, después de despedir a las personas que lo acompañaban, lo condujeron a altas horas de la noche, al castillo de Wartburgo, cerca de Eisenach. Esta fue una estratagema del Príncipe de Sajonia para salvar a Lutero de sus enemigos que planeaban asesinarlo antes de que llegase a casa.

En el castillo, Lutero pasó muchos meses disfrazado; tomó el nombre de Caballero Jorge, y el mundo lo daba por muerto. Fieles siervos de Dios oraban día y noche. Las palabras del pintor Alberto Durero expresan los sentimientos del pueblo: "¡Oh Dios! si Lutero fuese muerto ¿quién nos expondría entonces el evangelio?"

Sin embargo, en su retiro, libre de sus enemigos, tuvo libertad de escribir; y el mundo comprendió luego, por la gran cantidad de literatura, que esa obra salía de la pluma de Lutero, y que, él estaba vivo. El Reformador conocía bien el hebreo y el griego, y en tres meses tradujo todo el Nuevo Testamento al idioma alemán. En unos meses más, la obra, ya impresa, se encontraba en las manos del pueblo. De esa edición se vendieron cien mil ejemplares en cuarenta años, además de las cincuenta y dos ediciones que se imprimieron en otras ciudades. Para aquel tiempo era una circulación inmensa, pero Lutero no aceptó un solo centavo por concepto de derechos de autor.

La mayor obra de toda su vida fue, sin duda, la de dar al pueblo alemán la Biblia en su propia lengua, después de volver a Wittenberg. Entonces ya había otras traducciones, pero escritas en un alemán latinizado que el pueblo no comprendía. La lengua alemana de aquel tiempo era un conjunto de dialectos, pero al traducir la Biblia, Lutero empleó un lenguaje comprensible para todos, el mismo que más tarde sirvió a hombres como Goethe y Schiller para que escribiesen sus obras. Su éxito al traducir las Sagradas Escrituras para el uso de los más humildes, está confirmado por el hecho de que, aún después de cuatro siglos, se considera su traducción como la principal.

Otro factor importante que contribuyó al éxito de esa traducción, fue que Lutero era un erudito en hebreo y en griego, por lo que tradujo directamente de las lenguas originales. No obstante, el valor de su obra no se basa únicamente en sus indiscutibles dotes literarias. Lo que le dio valor fue que Lutero conocía la Biblia como nadie podía conocerla, puesto que él había sentido la angustia eterna y había encontrado en las Escrituras el verdadero y único consuelo. Lutero conocía íntimamente y amaba con sinceridad al autor del libro. Como resultado, su corazón se inflamó con el fuego y el poder del Espíritu Santo. Ahí residía el secreto de haber podido traducir todo al idioma alemán en tan poco tiempo.

Como es bien sabido, la fortaleza de Lutero y de la Reforma fue la Biblia. Desde Wartburgo escribió para su pueblo de Wittenberg: "Jamás en ninguna parte del mundo se escribió un libro más fácil de comprender que la Biblia. Comparado con otros libros, es como el sol en contraste con todas las demás luces. No os dejéis inducir por ellos a abandonarla bajo ningún pretexto. Si os alejáis de ella por un momento, todo estará perdido; podrán llevaros a dondequiera que se les antoje. Si permanecéis fieles a las Escrituras, seréis victoriosos."

Después de colgar el hábito de monje, Lutero resolvió dejar por completo la vida monástica, casándose con Catalina de Bora, una monja que también había salido del claustro porque había comprendido que semejante vida era contra la voluntad de Dios. La figura de Lutero sentado a la lumbre de su hogar con su esposa y sus seis hijos a quienes amaba tiernamente, inspira a los hombres más que el gran héroe al presentarse ante el legado papal en Augsburgo.

En los cultos domésticos la familia rodeaba un harmonio, con el que alababan a Dios juntos. El Reformador leía el Libro que había traducido para el pueblo, y después, alababan a Dios y oraban hasta sentir la presencia divina entre ellos.

Lutero y su esposa se amaban profundamente. Son de él estas palabras: "Soy rico, Dios me ha dado mi monja y tres hijos, las deudas no me atemorizan: Catalina paga todo." Catalina von Bora era apreciada por todos. Algunos, incluso llegaban a censurarla porque era demasiado económica; pero, ¿qué habría sido de Martín Lutero y de toda su familia, si ella hubiese actuado como él? Se decía que Lutero aprovechando que su esposa estaba enferma, cedió su propio plato de comida a cierto estudiante que estaba hambriento. No aceptaba ni un centavo de sus alumnos y se negaba a vender sus escritos, dejándoles todo el lucro a los tipógrafos.

Durante sus meditaciones sobre las Escrituras, muchas veces se olvidaba de comer. Al escribir su comentario sobre el Salmo 23, pasó tres días encerrado en su cuarto comiendo solamente pan y sal. Cuando su esposa hizo abrir la puerta de la habitación por un cerrajero, lo encontraron escribiendo, sumergido en sus pensamientos y ajeno por completo a todo lo que sucedía a su alrededor.

Es difícil tener una idea exacta de lo mucho que debemos actualmente a Martín Lutero. El gran paso que dio para que el pueblo quedase libre para servir a Dios conforme a sus leyes, es algo que escapa a nuestra comprensión. Era un gran músico y escribió algunos de los himnos más espirituales que se cantan actualmente. Preparó el primer himnario recopilando diversos himnos, y estableció la costumbre de que todos los asistentes a los cultos cantasen juntos. Insistió en que no solamente los varones, sino también a las hembras se instruyesen, convirtiéndose así en el padre de las escuelas públicas. Antes de Lutero, el sermón en los cultos tenía muy poca importancia; pero él hizo del sermón la parte principal del culto. Él dio el ejemplo para acentuar esa costumbre: era un predicador de gran elocuencia. Él mismo se tenía en poco, pero sus mensajes le brotaban de lo más íntimo de su corazón, a tal punto, que el pueblo llegaba a sentir la presencia de Dios cuando predicaba. En Zwiekau predicó a un auditorio de 25 mil personas en la plaza pública. Se calcula que escribió 180 volúmenes en su lengua materna y un número casi igual en latín. A pesar de sufrir de varias enfermedades, siempre se esforzaba, diciendo: "Si yo muriese en la cama, sería una vergüenza para el Papa."

Generalmente, se atribuye el gran éxito de Lutero a su extraordinaria inteligencia y a sus destacados dones. El hecho es que tenía la costumbre de orar durante horas enteras. Decía que si no pasaba dos horas orando por la mañana, se exponía a que Satanás ganase la victoria sobre él durante ese día. Cierto biógrafo escribió: "El tiempo que él pasa orando produce el tiempo para todo lo que hace. El tiempo que pasa escudriñando la Palabra vivificante le llena el corazón, que luego se desborda en sus sermones, en su correspondencia y en sus enseñanzas."

Su esposa dijo que las oraciones de Lutero "eran a veces como los pedidos insistentes de su hijito Hanschen, que confiaba en la bondad de su padre; otras veces, como la lucha de un gigante en la angustia del combate."

Encontramos lo siguiente en la *Historia de la Iglesia Cristiana,*

de Souer, Vol. 3, Pág. 406: "Martín Lutero profetizaba, evangeliza-
ba, hablaba lenguas e interpretaba, revestido de todos los dones
del Espíritu."

A los sesenta y dos años predicó su último sermón sobre el texto: "Escondiste estas cosas de los sabios y de los entendidos, y las
revelaste a los niños." Ese mismo día escribió a su querida esposa,
Catalina: "Echa tu carga sobre el Señor, y él te sustentará. Amén."
Esta fue una frase de su última carta. Vivió esperando siempre que
el Papa lograra cumplir la repetida amenaza de quemarlo vivo. Sin
embargo, no fue esa la voluntad de Dios. Cristo lo llamó mientras
sufría de un ataque al corazón, en Eisleben, su ciudad natal.

Las últimas palabras de Lutero fueron: "Voy a entregar mi espíritu." Luego alabó a Dios en voz alta: "¡Oh, mi Padre Celestial!
Dios mío, Padre de nuestro Señor Jesucristo, en quien creo, a quien
prediqué y a quien confesé, amé y alabé... Oh, mi querido Señor
Jesucristo, a ti encomiendo mi pobre alma. ¡Oh, mi Padre Celestial! en breve tiempo tengo que abandonar este cuerpo, pero sé que
permaneceré eternamente contigo y ¡que nadie podrá arrebatarme
de tus manos!" Luego, después de recitar Juan 3:16 tres veces, repitió las palabras: "Padre, en tus manos entrego mi espíritu, pues
tú me rescataste, Dios fiel"; acabando de decir esto, cerró los ojos
y durmió.

Un inmenso cortejo de creyentes que lo amaban con sinceridad,
precedido de cincuenta jinetes, salió de Eisleben con destino a
Wittenberg, pasó por la puerta de la ciudad donde el Reformador
quemó años antes la bula de excomunión, y entró por las puertas de la misma iglesia donde, hacía veintinueve años Lutero
había fijado las 95 tesis. Durante la ceremonia fúnebre, el pastor
Bugenhagen y Melancton, inseparable compañero de Lutero,
pronunciaron sendos discursos. Después abrieron la sepultura,
previamente preparada al lado del púlpito, y allí depositaron el
cuerpo de Lutero.

Catorce años más tarde, el cuerpo de Melancton encontró descanso al otro lado del púlpito de la misma iglesia. Alrededor de
esas dos sepulturas yacen los restos mortales de más de noventa
maestros de la universidad.

Las puertas de la iglesia del castillo fueron destruidas por el fue-

go durante el bombardeo de Wittenberg en 1760, pero substitui-
das por puertas de bronce en 1812, y sobre las mismas se encuentran grabadas las 95 tesis de Lutero. Pero este gran hombre, que
perseveró en la oración, dejó grabadas, no en el metal, que al fin
se corroe, sino en centenares de millones de almas inmortales, la
Palabra de Dios que dará fruto por toda la eternidad.

JUAN BUNYAN
Soñador inmortal
1628-1688

*C*aminando por el desierto de este mundo, paré en un sitio donde había una caverna (la prisión de Bedford); allí me acosté para descansar. Pronto me quedé dormido y tuve un sueño. Vi a un hombre cubierto de andrajos, de pie y, que daba la espalda a su habitación, llevando una pesada carga sobre los hombros y en las manos un libro."

Hace tres siglos que Juan Bunyan comenzó de esta manera su libro, *El peregrino.* Los que conocen sus obras literarias pueden confirmar que él es, en efecto, "el soñador inmortal", porque, "a pesar de estar muerto, todavía habla". Sin embargo, aun cuando miles y miles de creyentes conocen *El peregrino,* son muy pocos los que saben la historia de la vida dedicada a la oración de este valiente predicador.

Bunyan, en su obra, *Gracia abundante para el principal de los pecadores,* nos informa que sus padres, a pesar de ser muy pobres, consiguieron que él aprendiese a leer y a escribir. Él mismo se llamó "el principal de los pecadores"; otros afirman que tuvo "mucha suerte", no siendo todavía creyente. Se casó con una joven en cuya familia todos eran creyentes fervorosos. Bunyan era hojalatero, y como sucedía con todos los de su oficio, era sumamente pobre. Ella, por su parte, no poseía ni un plato ni una cuchara, solamente tenía dos libros: *El camino al cielo para el hombre sen-*

cillo y *La práctica de la piedad*, obras que su padre le dejara al fallecer. A pesar de que Bunyan encontró en esos dos libros "algunas cosas que le interesaban", fue solamente en los cultos que sintió la convicción de estar camino al infierno.

En los siguientes trozos copiados de la *Gracia abundante para el principal de los pecadores*, se descubre cómo él luchaba en oración durante el periodo de su conversión:

"Llegó a mis manos una obra de los "Ranters", un libro muy apreciado por algunos teólogos. No sabiendo juzgar el mérito de esas doctrinas, me dediqué a orar de esta manera: "Oh Señor, no sé juzgar entre el error y la verdad. Señor, no me dejes solo en esto de aceptar o rechazar esta doctrina ciegamente; si es de Dios, no me dejes despreciarla; si es obra del diablo, no me dejes abrazarla," y alabado sea Dios por haberme guiado a clamar desconfiando de mi propia sabiduría, y por haberme guardado del error de los "Ranters". La Biblia era para mí muy preciosa en esa época.

"Durante el tiempo en que me sentí condenado a las penas eternas, me admiraba de cómo los hombres se esforzaban por conseguir los bienes terrenales, como si esperasen vivir aquí por la eternidad... Si yo hubiese tenido la seguridad de la salvación de mi alma, me sentiría inmensamente rico, aun cuando no tuviese para comer nada más que frijoles.

"Busqué al Señor, orando y llorando, y desde el fondo de mi alma clamé: "Oh Señor, muéstrame, te lo ruego, que me amas con amor eterno." Entonces escuché repetidas mis palabras, como en un eco: "Yo te amo, con amor eterno." Me acosté para dormir en paz y, al despertarme al día siguiente, la misma paz inundaba mi alma. El Señor me aseguró: "Te amé cuando vivías pecando; te amé antes, te amo después y te amaré siempre."

"Cierta mañana, mientras yo oraba temblando, porque pensaba que no obtendría una palabra de Dios para consolarme, Él me dio esta frase: "Te basta mi gracia."

"Mi entendimiento se llenó de tanta claridad, como si el Señor Jesús me hubiese estado mirando desde el cielo a través del tejado de la casa y me hubiese dirigido esas palabras. Volví a mi casa llorando, transportado de gozo, y humillado hasta el polvo.

"Sin embargo, cierto día, mientras caminaba por el campo, con mi conciencia intranquila, de repente, estas palabras se apoderaron de mi alma: "Tu justicia está en los cielos." Con los ojos del alma me pareció ver a Jesucristo sentado a la diestra de Dios, que permanecía allí como mi justicia... Además, vi que no es mi buen corazón lo que mejora mi justicia, ni lo que tampoco la perjudica; porque mi justicia es el propio Cristo, el mismo ayer, hoy y para siempre. Entonces las cadenas cayeron de mis tobillos: quedé libre de mis angustias y las tentaciones que me asechaban perdieron su vigor; dejé de sentir temor por la severidad de Dios y regresé a mi casa regocijándome con la gracia y el amor de Dios. No encontré en la Biblia la frase: "Tu justicia está en los cielos", pero hallé: "El cual nos ha sido hecho por Dios sabiduría, justificación, santificación y redención" (1 Corintios 1:30), y vi que la otra frase era verdad.

"Mientras así meditaba, la siguiente porción de las Escrituras penetró con poder en mi espíritu: "Nos salvó no por obras de justicia que nosotros hubiéramos hecho, sino por su misericordia." Así fui levantado a las alturas y me hallé en los brazos de la gracia y de la misericordia. Antes temía a la muerte, pero después clamé: "Quiero morir." La muerte se volvió para mí una cosa deseable. No se vive verdaderamente antes de pasar para la otra vida. "!Oh", pensaba yo, "esta vida es apenas un sueño en comparación con la otra!" Fue en esa ocasión que las palabras "herederos de Dios" se volvieron tan profundamente significativas para mí, que no puedo explicarlas con palabras terrenales. "¡Herederos de Dios!" El propio Dios es la porción de los santos. Fue eso lo que vi y lo que me llenó de admiración; sin embargo, no puedo contar todo lo que vi... Cristo era un Cristo precioso en mi alma, constituía mi gozo; la paz y el triunfo en Cristo eran tan grandes, que con mucha dificultad pude seguir acostado."

Bunyan, en su lucha por libertarse de la esclavitud, del vicio y del pecado, no cerraba su alma a los seres desorientados que ignoraban los horrores del infierno. Acerca de esto escribió:

"Mediante las Escrituras percibí que el Espíritu Santo no quiere que los hombres entierren sus talentos y dones en la tierra, sino más bien que aviven esos dones... Doy gracias a Dios por haberme concedido la capacidad de amar y tener compasión por el alma del prójimo, y por haberme inducido a esforzarme grandemente para hablar una palabra que Dios pudiese usar para apoderarse de la conciencia y despertarla. En eso el buen Señor respondió al anhelo de su siervo, y la gente comenzó a mostrarse conmovida y angustiada al percibir el horror de sus pecados y la necesidad de aceptar a Jesucristo.

"Desde lo más profundo de mi corazón clamé a Dios insistentemente para que él hiciese eficaz la Palabra para la salvación del alma... Es más, le dije al Señor repetidamente que si el sacrificio de mi vida a la vista de la gente sirviese para despertarlos y confirmarlos en la verdad, yo lo aceptaría alegremente.

"Al ejercer mi ministerio, mi mayor anhelo era llegar a los lugares más obscuros del país... Cuando predicaba, realmente sentía dolores de parto para que naciesen hijos para Dios. Si no había fruto, yo no le daba importancia a ninguna alabanza que pudiese recibir por mis esfuerzos; habiendo fruto, no me importaba oposición alguna."

Los obstáculos que Bunyan tenía que enfrentar eran muchos y variados. Satanás, al verse en gran manera perjudicado por la obra de ese siervo de Dios, comenzó a erigir barreras de toda clase. Bunyan luchaba con fidelidad contra la tentación de vanagloriarse por el éxito de su ministerio, a fin de no caer en la condenación del diablo. Cuando cierta vez uno de sus oyentes le dijo que había predicado un buen sermón le respondió: "No necesita decírmelo, el diablo ya me susurró al oído eso mismo antes de dejar el púlpito."

Más tarde, el enemigo de las almas indujo a los impíos a que lo calumniasen y esparciesen rumores contra Bunyan por todo el país, con el fin de hacerlo abandonar su ministerio. Lo llamaban hechicero, jesuíta, contrabandista, y afirmaban que vivía con una amante, que tenía dos mujeres y que sus hijos eran ilegítimos.

Cuando al "maligno" le fallaron todos esos planes de desviar a Bunyan de su ministerio glorioso, sus enemigos lo acusaron de no observar los reglamentos de los cultos de la iglesia oficial. Las autoridades civiles lo sentenciaron a prisión perpetua, negándose terminantemente a revocar la sentencia, a pesar de todos los esfuerzos de los amigos de Bunyan y de los ruegos de su esposa, tenía que quedar preso hasta el día que jurase que nunca más volvería a predicar.

Respecto a su prisión, nos dice: Nunca había sentido tanto la presencia de Dios a mi lado en todo instante, como después de que fui encerrado... fortaleciéndome tan tiernamente con esta o aquella Escritura, hasta el punto de que llegué a desear, si ello fuese lícito, mayores tribulaciones, con tal de recibir mayor consolación.

"Antes de caer preso preveía lo que me sucedería, y dos cosas ardían en mi corazón con respecto a cómo podía encarar la muerte, si llegase a ese punto. Fui guiado a orar, a pedirle a Dios que me fortaleciese "con todo poder, conforme a la potencia de su gloria, para toda paciencia y longanimidad, con gozo, dando gracias al Padre". Durante todo el año antes de estar en prisión, casi nunca oré sin que esa Escritura estuviese en mi mente, y sin que yo comprendiese que para sufrir con toda paciencia, debía tener una gran fortaleza de espíritu, en especial, para sufrir con alegría.

"La segunda consideración fue en el pasaje que dice: "Pero tuvimos en nosotros mismos sentencia de muerte, para que no confiásemos en nosotros mismos, sino en Dios que resucita a los muertos." Por esta Escritura comprendí que si yo llegase al punto de sufrir como debía, primeramente tenía que sentenciar a muerte todas las cosas que pertenecen a nuestra vida, considerándome a mí mismo, a mi esposa, mis hijos, mi salud, los placeres, todo, en fin, como muertos para mí y yo para ellos.

"Resolví, como dijo Pablo, a no mirar las cosas que se ven, sino las que no se ven; porque las cosas que se ven son temporales, pero las que no se ven son eternas. Y comprendí que si yo fuese prevenido solamente de caer preso, podría de improviso ser llamado también para ser azotado o amarrado a la picota. Aun cuando esperase solo esos castigos, no soportaría el castigo del destierro. Pero la mejor manera de aguantar los sufrimientos era confiar en Dios, con relación al mundo venidero, y en cuanto a este mundo, debía considerar al sepulcro como mi morada, extender mi lecho en las tinieblas, y decir a la corrupción: "tú eres mi padre", y a los gusanos: "Ustedes son mi madre y mi hermana" (Job 17:13-14).

"Sin embargo, a pesar de ese consuelo, me sentí un hombre rodeado de debilidad. La separación de mi esposa y de nuestros hijos, aquí en la prisión, se vuelve a veces como si se separase la carne de los huesos. Y esto no solamente porque me acuerdo de las tribulaciones y miserias que sufren mis seres queridos, especialmente mi hijita ciega. ¡Pobre hija mía, qué triste es tu existencia en este mundo! ¡Vas a ser maltratada; pedirás limosnas, pasarás hambre, frío, desnudez y otras calamidades! !Oh, los sufrimientos de mi cieguita me quebrarían el corazón en pedazos!

"Yo también meditaba mucho sobre el horror del infierno para aquellos que temían la cruz, al punto de negarse a glorificar a Cristo, y de rechazar sus palabras y leyes ante los hijos de los hombres. Pero mucho más pensaba sobre la gloria que Cristo preparaba para aquellos que con amor, fe y paciencia daban testimonio de él. El recuerdo de estas cosas servía para disminuir la tristeza que sentía al recordar que mis seres queridos sufrían por el testimonio de Cristo."

Pero todos los horrores de la prisión no fueron suficientes para quebrantar el espíritu de Juan Bunyan. Cuando le ofrecían su libertad a cambio de que nunca más volviese a predicar, respondía: "Si hoy saliese de la prisión, mañana comenzaría a predicar, con la ayuda de Dios."

Para aquellos que piensan que en fin de cuentas, Juan Bunyan era solo un fanático, les recomendamos que lean las obras que él nos legó: *Gracia abundante para el principal de los pecadores; Llamado al ministerio; El peregrino; La peregrina; La conducta del creyente; La gloria del templo; El pecador de Jerusalén es salvo; Las guerras de la famosa ciudad de Almahumana; Vida y muerte del hombre malo; El Sermón del monte; La higuera estéril; Discursos sobre la oración; El Viajero celestial; Gemidos de un alma en el infierno; La justificación es imputada;* etc., y mediten sobre ellas.

Juan Bunyan pasó más de doce años en la cárcel. Es fácil decir que fueron doce largos años, pero es difícil imaginar lo que eso realmente significa —pasó más de la quinta parte de su vida en la prisión, a la edad de mayor energía—. Fue un cuáquero llamado Whitehead, el que consiguió que lo libertaran. Después que estuvo libre, fue a predicar en Bedford, Londres, y muchas otras ciudades. Llegó a ser tan popular, que lo apodaron "Obispo Bunyan". Continuó su ministerio con fidelidad hasta la edad de sesenta años, cuando fue atacado de fiebre y falleció. Su tumba es visitada por decenas de millares de personas.

¿Cómo se explica el éxito de Juan Bunyan? El orador, el escritor, el predicador, el maestro de Escuela Dominical y el padre de familia, cada uno de ellos, conforme a su oficio, puede sacar un gran provecho con el estudio del estilo y de los méritos de sus escritos, a pesar de que Bunyan fue solamente un humilde hojalatero sin ninguna instrucción.

¿Pero cómo se puede explicar el maravilloso suceso de Bunyan? ¿Cómo podía una persona inculta predicar como él predicaba, y escribir en un estilo capaz de interesar al niño y al adulto, al pobre y al rey, al docto y al indocto? La única explicación de su éxito es que *él era un hombre que estaba en constante comunión con Dios*. A pesar de que su cuerpo estaba preso en la cárcel, su alma estaba libre. Porque fue allí, en una celda, donde Juan Bunyan tuvo las visiones descritas en sus libros: visiones mucho más reales que sus perseguidores y que las paredes que lo rodeaban. Mucho después que sus perseguidores desaparecieron de la tierra y esas paredes cayeron en el polvo, lo que Bunyan escribió, continúa iluminando y alegrando todas las generaciones de todos los lugares de la tierra.

Lo que vamos a referir a continuación, muestra la lucha que Bunyan sostenía con Dios cuando oraba:

"Hay en la oración, el momento de dejar al descubierto la propia persona, de abrir el corazón delante de Dios, de derramar el alma afectuosamente en peticiones, suspiros y gemidos: "Señor", dijo David, "delante de ti están todos mis deseos, y mi suspiro no te es oculto" (Salmo 38:9). Y otra vez: "Mi alma tiene sed de Dios, del Dios vivo; ¿cuándo vendré, y me presentaré delante de Dios? Me acuerdo de estas cosas, y derramo mi alma dentro de mí" (Salmos 42:2, 4).

En otra ocasión escribió: "A veces las mejores oraciones consisten más en gemidos que en palabras, y esas palabras no son más que la mera representación del corazón, vida y espíritu de tales oraciones."

Cómo *insistía e importunaba* a Dios en sus oraciones, se ve claro en el párrafo siguiente: "Yo te digo: continúa tocando, llorando, gimiendo y suplicando; si él no se levanta para atenderte, por ser tú su amigo, al menos debido a tu insistencia se levantará para darte todo lo que necesitas."

Sin discusión, lo extraordinario de la vida de Juan Bunyan radicaba en su profundo conocimiento de las Sagradas Escrituras, que él tanto amaba, y en la perseverancia de sus oraciones a Dios, a quien adoraba. Si alguien dudase de que Bunyan siguió la voluntad de Dios durante los doce largos años que pasó en la prisión de Bedford, debe recordar que ese siervo de Cristo, al escribir *El peregrino* en la prisión, predicó un sermón que ya tiene casi tres siglos y que hoy se lee en ciento cuarenta lenguas. Es el libro de mayor circulación después de la Biblia. Sin tal dedicación a Dios, no habría sido posible alcanzar el incalculable fruto eterno de ese sermón predicado por un hojalatero lleno de la gracia de Dios.

JONATÁN EDWARDS

El gran avivador
1703-1758

*H*ace dos siglos que el mundo habla del famoso sermón, *Pecadores en las manos de un Dios airado*, y de los oyentes que se agarraban a los bancos pensando que iban a caer en el fuego eterno. Ese hecho fue solamente uno de los muchos que ocurrieron en aquellas reuniones, en que el Espíritu Santo desvendaba los ojos de los presentes, para que contemplaran la gloria de los cielos y la realidad del castigo que está bien cerca de aquellos que están alejados de Dios.

Jonatán Edwards fue la persona que más sobresalió en ese avivamiento que se llamaba el "Gran Despertamiento". Su vida es un destacado ejemplo de consagración al Señor, para el mayor desarrollo del pensamiento, y sin ningún interés personal, de dejar al Espíritu Santo que hiciera uso de esa misma forma de pensar como un instrumento en sus manos. Jonatán Edwards amaba a Dios, no solamente de corazón y alma, sino también con todo su *entendimiento*. "Su mente prodigiosa se apoderaba de las verdades más profundas." Sin embargo, "su alma era, sin lugar a dudas, un santuario del Espíritu Santo". Bajo una calma exterior aparente, ardía el fuego divino, como un volcán.

Los creyentes de hoy le deben a ese héroe, gracias a su perseverancia en orar y estudiar bajo la dirección del Espíritu, el retorno a varias doctrinas y verdades de la iglesia primitiva. Fue grande el fruto de la dedicación del hogar en que nació y se crió. Su padre fue pastor amado de una misma iglesia durante un período de sesenta y cuatro años. Su piadosa madre era hija de un predicador que pastoreó una iglesia durante más de cincuenta años.

De las diez hermanas de Jonatán, cuatro eran mayores que él y las otras seis eran menores. "Muchas fueron las oraciones que sus padres elevaron a Dios, para que su único y amado hijo varón fuese lleno del Espíritu Santo, y llegase a ser grande delante del Señor. No solamente oraban así, con fervor y constancia, sino que se dedicaron a criarlo con mucho celo para el servicio de Dios. Las oraciones hechas alrededor del fuego del hogar los inducían a esforzarse, y sus esfuerzos redoblados los estimulaban a orar más fervorosamente... Aquella enseñanza religiosa y constante hizo que Jonatán conociese íntimamente a Dios, cuando aún era muy pequeño."

Cuando Jonatán tenía siete u ocho años, hubo un avivamiento en la iglesia de su padre, y el pequeño se acostumbró a orar solito, cinco veces, todos los días, y a llamar a otros niños para que oraran con él.

Aquí citamos sus palabras sobre este asunto: "La primera experiencia, que recuerdo, de sentir en lo íntimo la delicia de Dios y de las cosas divinas, fue al leer las palabras de 1 Timoteo 1:17: *'Por tanto, al Rey de los siglos, inmortal, invisible, al único y sabio Dios, sea honor y gloria por los siglos de los siglos, Amén.'* Sentía la presencia de Dios hasta arderme el corazón y abrasarme el alma de tal manera, que no sé cómo describirla... Me gustaba pasar el tiempo mirando la luna, y de día, contemplaba las nubes y el cielo. Pasaba mucho tiempo observando la gloria de Dios, revelada en la naturaleza, y cantando mis contemplaciones del Creador y Redentor. Antes sentía mucho miedo al ver los relámpagos y oír el estruendo de los truenos. Sin embargo, más tarde me regocijaba al oír la majestuosa y terrible voz de Dios en la tronada."

Antes de cumplir los trece años, inició sus estudios en el Colegio de Yale, donde en el segundo año, leyó atentamente la famosa obra de Locke: *Ensayo sobre el entendimiento humano*. Se ve en sus propias palabras acerca de esa obra, el gran desarrollo intelectual del muchacho: "Encontré más gozo en su lectura, que el que siente el más ávido avaro al juntar grandes cantidades de oro y plata de tesoros recién adquiridos."

Edwards, antes de cumplir los diecisiete años, se graduó en el Colegio de Yale con las más altas calificaciones. Siempre estudiaba con mucho ahínco, pero también buscaba tiempo para estudiar la Biblia diariamente. Después de graduarse, continuó sus estudios en Yale, durante dos años, y entonces, fue elegido para el ministerio.

Refiriéndose a esa época, su biógrafo escribió acerca de su costumbre de dedicar ciertos días para ayunar, orar y hacer exámen de conciencia.

En lo que se refiere a su consagración, cuando tenía veinte años Edwards escribió: "Me dediqué solemnemente a Dios y lo hice por escrito, entregándome yo mismo y todo lo que me pertenecía al Señor, para no pertenecerme más en ningún sentido, para no consolarme como el que de una forma u otra se apoya en algún derecho... presentando así una batalla contra el mundo, la carne y Satanás, hasta el fin de mi vida."

Alguien se refirió a Jonatán de esta manera: "Su secreta, pero constante y solemne comunión con Dios hacía que su rostro resplandeciese delante de los hombres, y su apariencia, su semblante, sus palabras y todo su comportamiento estuvieron siempre revestidos de seriedad, gravedad y solemnidad."

A los veinticuatro años se casó con Sara Pierrepont, hija de un pastor, y de ese enlace nacieron, como en la familia del padre de Edwards, once hijos.

Al lado de Jonatán Edwards, en el Gran Despertamiento, estaba el nombre de Sara Edwards, su fiel esposa y colaboradora. Igual que su marido, ella nos sirve como ejemplo de rara intelectualidad, profundamente estudiosa, y entregada por entero al servicio de Dios. Era conocida por su santa dedicación al hogar y a criar a sus hijos, y por la economía que practicaba, siguiendo las palabras de Cristo: "Para que nada se pierda." Pero, sobre todo, tanto ella como su marido eran conocidos por las experiencias que tenían en la oración. Se hace mención destacada de que, especialmente durante un período de tres años, a pesar de gozar de perfecta salud, repetidas veces se quedó sin fuerzas debido a las revelaciones de los cielos. Su vida entera era de intenso gozo en el Señor.

Jonatán Edwards acostumbraba pasarse estudiando y orando trece horas diarias. Su esposa también lo acompañaba cada día en la oración. Después de la última comida, él dejaba todo cuanto estuviera haciendo, para pasar una hora con su familia.

Pero ¿cuáles fueron las doctrinas que la iglesia había olvidado y cuáles las que Edwards comenzó a enseñar y a observar de nuevo, con manifestaciones tan sublimes?

Basta una lectura superficial para descubrir que la doctrina a la que dio más énfasis, fue la del nuevo nacimiento, como una experiencia cierta y definida en contraste con la idea de la Iglesia Romana y de varias denominaciones, de que es suficiente aceptar una doctrina. Un gran número de creyentes despertó ante el peligro de pasarse la vida sin tener la seguridad de estar en el camino que lleva al cielo, cuando, en realidad, estaban a punto de caer en el infierno. No se podía esperar otra reacción sino que aquellos que fueron despertados se llenaran de gran espanto.

Lo que marcó el comienzo del Gran Despertamiento, fue una serie de sermones predicados por Edwards sobre la doctrina de la justificación por la fe, que hizo que los oyentes sintieran la verdad de las Escrituras, de que toda boca permanecerá cerrada en el día del Juicio Final, y que "no hay nada absolutamente que, por un momento, evite que el pecador caiga en el infierno, a no ser la buena voluntad de Dios".

Es imposible evaluar el grado del poder de Dios, derramado para despertar a millares de almas para la salvación, sin antes recordar las condiciones que prevalecían en las iglesias de Nueva Inglaterra y del mundo entero en aquella época. ¿Quién hasta hoy no se admira del heroísmo de los puritanos que colonizaron los bosques de Nueva Inglaterra? Sin embargo, esa gloria había quedado atrás y la iglesia, indiferente y llena de pecado, se encontraba cara a cara con el mayor desastre. Parecía que Dios no quería bendecir la obra de los puritanos, obra que existió únicamente para la gloria de Dios. Por eso, en el mismo grado que había habido coraje y ardor entre los pioneros, había entre sus hijos perplejidad y confusión. Si no podían alcanzar de nuevo la espiritualidad de la iglesia, solo les quedaba esperar el juicio de los cielos.

El famoso sermón de Edwards: "Pecadores en las manos de un Dios airado", merece una mención especial.

El pueblo, al entrar para asistir al culto, mostraba un espíritu de indiferencia y hasta falta de respeto ante los cinco predicadores que estaban presentes.

Jonatán Edwards fue escogido para predicar. Era un hombre de dos metros de altura; su rostro tenía un aspecto casi femenino, y su cuerpo estaba muy enflaquecido de tanto ayunar y orar. Sin hacer ningún gesto, apoyado con un brazo sobre el púlpito, sosteniendo el manuscrito con la otra mano, hablaba en voz monótona. Su discurso se basó en el texto de Deuteronomio 32:35: "A su tiempo su pie resbalará."

Después de explicar ese pasaje, añadió que nada evitaba por un momento que los pecadores cayesen al infierno, a no ser la propia voluntad de Dios; que Dios estaba más encolerizado con algunos de los oyentes que con muchos de los que ya estaban en el infierno; que el pecado era como un fuego encerrado dentro del pecador y listo, con el permiso de Dios, para transformarse en hornos de fuego y azufre, y que solamente la voluntad de Dios, indignado, los guardaba de una muerte instantánea.

Prosiguió luego, aplicando el texto al auditorio: "Ahí está el infierno con la boca abierta. No existe nada a vuestro alrededor sobre lo que os podáis afirmar y asegurar. Entre vosotros y el infierno existe solo la atmósfera... hay en este momento nubes negras de la ira de Dios cerniéndose sobre vuestras cabezas, que presagian espantosas tempestades con grandes rayos y truenos. Si no fuese por la soberana voluntad de Dios, que es lo único que evita el ímpetu del viento hasta ahora, seríais destruidos y transformados en una paja de la era.... El Dios que os sostiene en la mano sobre el abismo del infierno, más o menos como el hombre sostiene una araña u otro insecto repugnante sobre el fuego, por un momento, para dejarlo caer después, está siendo provocado en extremo... No sería de admirar si algunos de vosotros, que están llenos de salud y se encuentran en este momento tranquilamente sentados en esos bancos, traspusiesen el umbral de la eternidad antes de mañana..."

El resultado del sermón fue como si Dios hubiese arrancado un velo de los ojos de la multitud, para que contemplaran la realidad y el horror de la situación en que se encontraban. En ese punto, el sermón fue interrumpido por los gemidos de los hombres y los gritos de las mujeres, que se ponían de pie o caían al suelo. Fue como si un huracán soplase y destruyese un bosque. Durante toda la noche la ciudad de Enfield estuvo como una fortaleza sitiada. Oíase en casi todas las casas el clamor de las almas que, hasta aquella hora, habían confiado en su propia justicia. Esperaban que en cualquier momento Cristo fuese a descender de los cielos, rodeado de los ángeles y de los apóstoles, y que las tumbas se abriesen para entregar a los muertos que en ellas había.

Tales victorias contra el reino de las tinieblas se ganaron de rodillas. Edwards no había abandonado ni dejado de gozar los privilegios de las oraciones; una costumbre que él tenía desde niño. También continuó frecuentando los lugares solitarios del bosque, donde podía tener comunión con Dios. Como un ejemplo, citamos la experiencia que tuvo a los treinta y cuatro años de edad, cuando entró al bosque a caballo. Allí, postrado en tierra, se le concedió tener una visión tan preciosa de la gracia, amor y humillación de Cristo como Mediador, que pasó una hora vencido por un torrente de lágrimas y llanto.

Como era de esperarse, el maligno trató de anular la obra gloriosa del Espíritu Santo en el Gran Despertamiento, atribuyéndolo todo al fanatismo. En su defensa Edwards escribió: "Dios, conforme a las Escrituras, hace cosas extraordinarias. Hay motivos para creer, según las profecías de la Biblia, que la más maravillosa de sus obras tendrá lugar en las últimas épocas del mundo. Nada se puede oponer a las manifestaciones físicas como son las lágrimas, gemidos, gritos, convulsiones, desmayos... En efecto, es natural esperar, al asociar la relación que existe entre el cuerpo y el espíritu, que tales cosas sucedan. Así hablan las Escrituras, refiriéndose al carcelero que se postró ante Pablo y Silas, angustiado y temblando. El salmista exclamó, bajo la convicción de pecado: 'Se envejecieron mis huesos en mi gemir todo el día' (Salmo 32:3). Los discípulos, en la tempestad del lago, gritaron de miedo. La novia en el Cantar de los cantares quedó vencida, por el amor de Cristo, hasta desfallecer..."

Lo cierto es que en Nueva Inglaterra comenzó, en 1740, uno de los mayores avivamientos de los tiempos modernos. También es cierto que ese movimiento se inició, no por los sermones célebres de Edwards, sino con la firme convicción que él tenía de que hay una "obra directa que el Espíritu divino realiza en el alma humana". Nótese bien: no fueron esos sermones monótonos, ni la elocuencia extraordinaria de algunos como Jorge Whitefield, sino la obra del Espíritu Santo en el corazón de los muertos espiritualmente que, "comenzando en Northampton, se esparció por toda Nueva Inglaterra y por las colonias de América del Norte, llegando hasta Escocia e Inglaterra".

En un período de dos a tres años, la Iglesia de Cristo despertó de la mayor época de decadencia, entre la escasa población de Nueva Inglaterra, siendo arrebatadas de treinta a cincuenta mil almas del infierno.

En medio de sus luchas, y cuando menos se esperaba, Jonatán Edwards dejó de existir. Apareció en Princeton una epidemia de viruelas y un hábil médico fue llamado de Filadelfia para vacunar a los estudiantes. Nuestro predicador y dos de sus hijas fueron vacunados también. Debido a la fiebre resultante de esa vacunación, las fuerzas de este héroe disminuyeron gradualmente, hasta que un mes después falleció.

Uno de sus biógrafos se refiere a él de la siguiente manera: "En todas partes del mundo donde se hablaba el inglés (Edwards) era considerado como el mayor erudito desde los días del apóstol Pablo o de Agustín."

Para nosotros, la vida de Jonatán Edwards es una de las muchas pruebas de que Dios no quiere que despreciemos las facultades intelectuales que nos concede, sino más bien que las desarrollemos, bajo la dirección del Espíritu Santo, y que se las entreguemos desinteresadamente para su uso exclusivo.

JUAN WESLEY

Tea arrebatada del fuego
1703-1791

A medianoche el cielo estaba iluminado por el reflejo sombrío de las llamas que devoraban vorazmente la casa del pastor Samuel Wesley. En la calle la gente gritaba: "¡Fuego! ¡Fuego!" Sin embargo, adentro la familia del pastor dormían tranquilamente, hasta que algunos escombros en llamas cayeron sobre la cama de Hetty, una de las hijas de la familia. La niña despertó sobresaltada y corrió al cuarto de su padre. Sin poder salvar absolutamente nada de las llamas, la familia tuvo que salir de la casa vistiendo apenas la ropa de dormir, en una temperatura helada.

El ama, al despertarse con la alarma, sacó rápidamente de la cuna al menor de los hijos, Carlos. Llamó a los otros niños, insistiendo que la siguiesen y bajó la escalera; sin embargo, Juan, que solo tenía cinco años y medio, se quedó durmiendo.

Por tres veces la madre, Susana Wesley, que estaba enferma, trató en vano de subir la escalera. Dos veces el padre intentó, sin lograrlo, pasar por en medio de las llamas corriendo. Consciente del peligro inminente, juntó a toda su familia en el jardín donde todos cayeron de rodillas y suplicaron a Dios por la vida del niño que estaba dentro de la casa presa del fuego. Mientras la familia oraba en el jardín, Juan se despertó y después de tratar inútilmente de bajar por las escaleras, se trepó sobre un baúl que estaba frente a una ventana, donde uno de los vecinos lo vio parado.

Este llamó a otras personas y concibieron el plan de que uno de ellos trepara sobre sus hombros y un tercer hombre igualmente trepara sobre los hombros del segundo, hasta alcanzar a la criatura. De esa manera, Juan se salvó de morir en la casa en llamas, rescatado apenas unos momentos antes de que el techo se desplomase con gran estrépito.

Los valientes vecinos que lo salvaron, llevaron al niño a los brazos de su padre. "Vengan, amigos", gritó Samuel Wesley al recibir a su hijito, "arrodillémonos y demos gracias a Dios! él me ha restituido a mis ocho hijos; dejen que la casa arda; tengo recursos suficientes." Quince minutos más tarde la casa, los libros, documentos y mobiliario ya no existían.

Años después, en cierta publicación apareció el retrato de Juan Wesley, y al pie del mismo se veía la ilustración de una casa ardiendo, y junto a ella la siguiente inscripción: *¿No es éste un tizón arrebatado del incendio?* (Zacarías 3:2).

En los escritos de Wesley se encuentra la siguiente referencia interesante sobre ese histórico siniestro: "El 9 de febrero de 1750, durante un culto de vigilia, cerca de las once de la noche, recordé que ese era precisamente el día y la hora en que, cuarenta años atrás, me habían arrebatado de las llamas. Aproveché entonces la ocasión para relatar ese hecho de la maravillosa providencia. Las alabanzas y las acciones de gracias se elevaron a los cielos, y fue muy grande el regocijo demostrado al Señor." Tanto el pueblo como Juan Wesley ya sabían para entonces por qué el Señor lo había librado del incendio.

El historiador Lecky se refiere al Gran Avivamiento como la influencia que salvó a Inglaterra de una revolución igual a la que, en la misma época, dejó a Francia en ruinas. De los cuatro personajes que se destacaron en el Gran Avivamiento, Juan Wesley fue el que más se distinguió. Jonatán Edwards, que nació en el mismo año que Wesley, falleció treinta y tres años antes que este; Jorge Whitefield, nacido once años después que Wesley, falleció veinte años antes que él, y Carlos Wesley tomó parte eficaz en el movimiento por un período de dieciocho años solamente, mientras que Juan continuó durante medio siglo.

Pero para que la biografía de este célebre predicador sea completa, es necesario incluir la historia de su madre, Susana. En efecto, es como cierto biógrafo escribió: "No se puede narrar la historia del Gran Avivamiento que tuvo lugar en Inglaterra el siglo pasado (XVIII), sin conceder una gran parte de la honra merecida a la madre de Juan y Carlos Wesley; no solo debido a la educación que inculcó profundamente en sus hijos, sino por la dirección que le dio al avivamiento.

La madre de Susana era hija de un predicador. Dedicada a la obra de Dios, se casó con el eminente ministro, Samuel Annesley. De los veinticinco hijos de ese enlace, Susana era la vigésima cuarta. Durante su vida siguió el ejemplo de su madre, empleando una hora de la madrugada y otra hora de la noche para orar y meditar sobre las Escrituras. Por lo que escribió cierto día, se puede apreciar cómo ella se dedicaba a la oración: "Alabado sea Dios por todo el día que nos comportamos bien. Pero todavía no estoy satisfecha, porque no disfruto mucho de Dios. Sé que aún estoy demasiado lejos de él; anhelo tener mi alma más íntimamente unida a Dios mediante la fe y el amor."

Juan fue el decimoquinto de los diecinueve hijos de Samuel y Susana Wesley. Lo que vamos a transcribir, escrito por la madre de Juan, muestra cómo ella era fiel en "mandar a sus hijos y a su casa después de sí" (Génesis 18:19).

"Para formar la mente del niño, lo primero que se debe hacer es dominarle la voluntad. La obra de instruir su intelecto lleva tiempo y debe ser gradual, conforme a la capacidad de la criatura. Pero la voluntad del niño debe ser subyugada de una vez, y cuanto más pronto, mejor... Después se puede gobernar al niño haciendo uso del razonamiento y el amor de los padres, hasta que el niño alcance una edad en que tenga uso de razón."

El célebre comentarista de la Biblia, Adán Clark, escribió lo siguiente acerca de Samuel y Susana Wesley y sus hijos: "Nunca he leído ni he oído hablar de una familia como esta, a la cual la raza humana le deba tanto, ni tampoco conozco ni ha existido otra igual desde los días de Abraham y Sara, y de José y María de Nazaret."

Susana Wesley creía que "el que detiene el castigo, a su hijo aborrece" (Proverbios 13:24), y no consentía que sus hijos llorasen en voz alta. Por eso, a pesar de que su casa estaba llena de niños, no había escenas desagradables ni alborotos en el hogar del pastor. Nunca, ninguno de sus hijos obtuvo lo que quería, mediante el llanto en la casa de Susana Wesley.

Susana marcaba el quinto cumpleaños de cada hijo como el día en que debían aprender el alfabeto, y todos, con excepción de dos, cumplieron la tarea en el tiempo señalado. Al siguiente día en que el niño cumplía los cinco años y aprendía el alfabeto, empezaba su curso de lectura, iniciándolo con el primer versículo de la Biblia.

Desde muy pequeños, los niños en el hogar de Samuel Wesley y su esposa, aprendieron el valor que tiene la observación fiel de los cultos. No hay en otras historias hechos tan profundos y conmovedores, como los que se cuentan acerca de los hijos de Samuel y Susana Wesley, pues antes de que ellos aprendieran a arrodillarse o a hablar, se les enseñaba a dar gracias por el alimento mediante gestos apropiados. Cuando aprendían a hablar, repetían el Padrenuestro por la mañana y por la noche; además se les enseñaba que añadiesen otras peticiones, según ellos deseaban... Al llegar a una edad apropiada, se les designaba un día de la semana a cada hijo, a fin de conversar particularmente con cada uno sobre sus "dudas y problemas".

En la lista aparece el nombre de Juan para los miércoles y el de Carlos para los sábados. Para cada uno de los niños "su día" se volvió un día precioso y memorable... Es conmovedor leer lo que Juan Wesley, veinte años después de haber salido de su casa paterna, dijo a su madre: "En muchas cosas usted, madre mía, intercedió por mí y ha prevalecido. Quién sabe si ahora también su intercesión para que yo renuncie enteramente al mundo, dé buen resultado... Sin duda será eficaz para corregir mi corazón, como otrora lo fue para formar mi carácter."

Después del espectacular salvamento de Juan del incendio, su madre, profundamente convencida de que Dios tenía grandes planes para su hijo, resolvió con firmeza educarlo para servir y ser útil en la obra de Cristo. Susana escribió estas palabras en sus meditaciones particulares: "Señor, me esforzaré más definidamente por este niño al cual salvaste con tanta misericordia. Procuraré transmitirle con fidelidad, para que se graben en su corazón, los principios tuyos y tu virtud. Señor, concédeme la gracia necesaria para realizar este propósito sincera y sabiamente, y bendice mis esfuerzos coronándolos con el éxito."

Ella fue tan fiel en cumplir su resolución, que a la edad de ocho años, Juan fue admitido a participar de la Cena del Señor.

En el hogar de Samuel Wesley nunca se omitía el culto doméstico del programa del día. Fuese cual fuese la ocupación de los miembros de la familia, o de los criados, todos se reunían para adorar a Dios. Cuando su marido se ausentaba, Susana, con el corazón encendido por el fuego del cielo dirigía los cultos. Se cuenta que cierta vez, cuando la ausencia del esposo se prolongó más de lo acostumbrado, de treinta a cuarenta personas asistían a los cultos celebrados en el hogar de los Wesley, y el hambre de la Palabra de Dios aumentó tanto, que la casa se llenaba con las personas de la vecindad que asistían a los cultos.

La familia del pastor Samuel Wesley era muy pobre, pero mediante la influencia del Duque de Buckingham, consiguieron un lugar para Juan en la escuela de Londres. De esa manera el chico, antes de cumplir once años, se alejó de la fragante atmósfera de oración fervorosa, para enfrentar las porfias de una escuela pública. Sin embargo, Juan no se contagió en el ambiente pecaminoso que lo rodeaba. Además, continuó manteniéndose físicamente fuerte, gracias a que obedecía fielmente el consejo de su padre de que corriese tres veces, de madrugada, alrededor del gran jardín de la escuela. De ahí en adelante fue norma de su vida cuidar del vigor de su cuerpo. A los 80 años, a pesar de su físico desmejorado, consideraba como cosa normal andar a pie una legua y media para ir a predicar.

Sobre la influencia que Juan llegó a ejercer sobre sus colegas de la escuela, se cuenta lo siguiente: Cierto día el portero, al ver que los niños no estaban en la terraza de recreo, comenzó a buscarlos y los halló en una de las aulas, congregados alrededor de Juan. Este les estaba contando historias instructivas, que los atraían más que el recreo.

Refiriéndose a ese tiempo, Juan Wesley escribió: "Yo participaba de varias cosas que sabía eran pecado, aun cuando no fuesen escandalosas para el mundo. Con todo, continué leyendo las

Escrituras y orando por la mañana y por la noche. Consideraba los siguientes puntos como las bases de mi salvación: (1) No me sentía tan perverso como mis semejantes. (2) Conservaba la inclinación de ser religioso. (3) Leía la Biblia, asistía a los cultos y oraba."

Después de estudiar durante seis años en la escuela, Wesley fue a estudiar en Oxford, y llegó a dominar el latín, el griego, el hebreo y el francés. Pero su interés principal no estaba en cultivar el intelecto. A ese respecto se expresó así: "Comencé a reconocer que el corazón es la fuente de la religión verdadera... reservé entonces dos horas cada día para quedarme a solas con Dios. Participaba de la Cena del Señor cada ocho días. Me guardaba de todo pecado, tanto de palabras como de obras. Así pues, basándome en las obras buenas que practicaba, me consideraba un buen creyente."

Juan se esforzaba para levantarse diariamente a las cuatro de la mañana. Por medio de las notas que escribía, dejando constancia de todo lo que hacía durante el día, conseguía controlar su tiempo, a fin de no desperdiciar un solo momento. Esa buena costumbre la practicó hasta casi el último día de su vida.

Un día, siendo aún joven, asistió a un entierro en compañía de un muchacho, y consiguió llevarlo a Cristo, ganando así la primera alma para su Salvador. Algunos meses más tarde, a la edad de veinticuatro años, y después de un período de oración, Juan fue separado para el diaconado.

Cuando estudiaba en Oxford, un pequeño grupo de estudiantes acostumbraba reunirse allí cada día para orar y estudiar las Escrituras juntos; además, ayunaban los miércoles y viernes, visitaban a los enfermos y a los encarcelados, y consolaban a los criminales en la hora de su ejecución. Todas las mañanas y todas las noches, cada uno de ellos, pasaba una hora apartado, orando. Durante las oraciones se detenían de vez en cuando para observar si oraban con el debido fervor. Siempre oraban al entrar y al salir de los cultos de la iglesia. Más tarde, tres de los miembros de ese grupo llegaron a ser famosos entre los creyentes: Juan Wesley, que tal vez hizo más que cualquier otra persona para enraizar la vida espiritual, no solo de entonces, sino también de nuestro tiempo. Carlos Wesley, que llegó a ser uno de los más famosos y espirituales escritores de himnos evangélicos; y Jorge Whitefield, que llegó a ser un predicador al aire libre que conmovía a las multitudes.

En aquel tiempo se sentía la influencia de Juan Wesley por toda la América, la que aún persiste en nuestros días, a pesar de que permaneció menos de dos años en este continente, y eso en un período de su vida en que se encontraba perturbado a causa de la duda. Aceptó un llamado que le hicieron para que predicase el evangelio a los habitantes de la colonia de Georgia, con el deseo de ganar su salvación por medio de buenas obras. Pensó que la vanidad y la ostentación del mundo no se encontrarían en los bosques de América.

Durante el viaje, en el navío que lo trajo a la América del Norte, observó, como era característico de su vida, junto con otros de su grupo, un programa de trabajo para no desperdiciar un momento del día. Se levantaba a las cuatro de la mañana y se acostaba después de las nueve. Las tres primeras horas del día las dedicaba a la oración y al estudio de las Escrituras. Después de cumplir todo lo que estaba indicado en el programa del día, era tanto su cansancio, que ni el bramido del mar ni el balanceo del navío conseguían perturbar su sueño, mientras dormían sobre un cobertor extendido en la cubierta.

En Georgia, la población entera afluía en masa a la iglesia para oírlo predicar. La influencia de sus sermones fue tal que, después de diez días, una sala de baile quedó casi desierta, mientras la iglesia se llenaba de personas que oraban y recibían su salvación.

Whitefield, que desembarcó en Georgia algunos meses después que Wesley volvió a Inglaterra, se expresó así sobre lo que vio: "El éxito de Juan Wesley en América es indescriptible. Su nombre es muy apreciado por el pueblo, donde echó los cimientos que ni los hombres ni los demonios podrán conmover. ¡Oh, que yo pueda seguirlo como él siguió a Cristo!" Con todo, a Wesley le faltaba una cosa muy importante, como se ve por los acontecimientos que lo hicieron salir de Georgia, conforme él mismo lo escribió: "Hace casi dos años y cuatro meses que dejé mi tierra natal para ir a predicar a Cristo a los indios de Georgia; pero ¿qué llegué a saber? Vine a saber lo que menos me esperaba: que yo, que fui a América para convertir a otros, nunca me había convertido a Dios."

Después de volver a Inglaterra, Juan Wesley comenzó a servir a Dios con la fe de un hijo y no más con la de un simple siervo. Acerca de este asunto, he aquí lo que él escribió: "No me daba cuenta de que esta fe nos es dada instantáneamente, que el hombre puede salir de las tinieblas a la luz de inmediato, y pasar del pecado y de la miseria a la justicia y al gozo del Espíritu Santo. Examiné de nuevo las Escrituras sobre este punto, en especial los Hechos de los Apóstoles. Quedé muy maravillado al ver casi solamente conversiones instantáneas; casi ninguna tan demorada como la de Saulo de Tarso." Desde entonces Wesley comenzó a sentir más hambre y sed de justicia, la justicia de Dios por la fe.

Había fracasado, por así decirlo, en su primer intento de predicar el evangelio en América, porque a pesar de su celo y bondad de carácter, el cristianismo que poseía era algo que había recibido por instrucción. Pero la segunda etapa de su ministerio se destacó por un éxito fenomenal. ¿Por qué? Porque el fuego de Dios ardía en su alma; había llegado a tener contacto directo con Dios mediante una experiencia personal.

Relatamos aquí, con sus propias palabras, su experiencia en que el Espíritu testificó a su espíritu que era hijo de Dios, experiencia que transformó completamente su vida:

"Eran casi las cinco de la mañana hoy, cuando abrí el Testamento y encontré estas palabras: "(Él) nos ha dado preciosas y grandísimas promesas, para que por ellas llegaseis a ser participantes de la naturaleza divina" (2 Pedro 1:4). Antes de salir, abrí el Testamento y leí estas palabras: "No estáis lejos del reino de Dios"... Anoche me sentí impelido a ir a Aldersgate... Sentí el corazón abrasado; confié en Cristo, solamente en Cristo, creí para la salvación; me fue dada la certeza de que él llevó *mis* pecados y de que *me* salvó de la ley del pecado y de la muerte. Comencé a orar con todas mis fuerzas... y testifiqué a todos los presentes de lo que sentía en mi corazón."

Después de esa experiencia en Aldersgate, Wesley aspiraba bendiciones aún mayores del Señor, conforme él mismo escribió: Suplicaba a Dios que cumpliese todas sus promesas en mi alma. No mucho tiempo después el Señor honró en parte este anhelo, mientras oraba con Carlos, Whitefield y cerca de otros sesenta creyentes en Fetter Lane. Son de Juan Wesley estas palabras también: "Eran cerca de las tres de la mañana y nosotros continuábamos perseverando en nuestras oraciones (Romanos 12:12), cuando nos sobrevino el poder de Dios de tal manera, que exclamamos impulsados por un gran gozo, y muchos de los presentes cayeron al suelo. Luego, cuando pasó un poco el temor y la sorpresa que sentimos en presencia de su majestad, exclamamos a una sola voz: "Te alabamos, oh Dios, te aceptamos como nuestro Señor."

Esa unción del Espíritu Santo dilató grandemente los horizontes espirituales de Wesley; su ministerio se volvió excepcionalmente fructífero y trabajó ininterrumpidamente durante cincuenta y tres años, con el corazón abrasado por el amor divino.

Un pastor predica un promedio de cien veces por año, pero el promedio de Juan Wesley fue de setecientos ochenta veces por año durante cincuenta y cuatro años. Ese hombrecito, cuya altura era de apenas un metro y sesenta y seis centímetros; que pesaba menos de sesenta kilos, se dirigió a grandes multitudes, y bajo las mayores tribulaciones. Cuando las iglesias le cerraron las puertas, se irguió para predicar al aire libre.

A pesar de enfrentar una apatía espiritual casi general en los creyentes, y una ola de perversión y crímenes extendida por todo el país, afluían multitudes de cinco a veinte mil personas para escuchar sus sermones. Era común en esos cultos que los pecadores se sintieran tan angustiados, que llegaban a gritar y a gemir. Si célebres materialistas, tales como Voltaire y Tomás Paine, gritaron convencidos al encontrarse con Dios en el lecho de muerte, no es de admirarse que centenares de pecadores gimiesen, gritasen y cayesen al suelo, como muertos, cuando el Espíritu Santo les hacía sentir la presencia de Dios. Era así como multitudes de perdidos se convertían en nuevas criaturas en Cristo Jesús en los cultos de Juan Wesley. Muchas veces los oyentes eran transportados a las alturas del amor, del gozo y de la admiración, y recibían también visiones de la perfección divina y de las excelencias de Cristo, a tal extremo, de permanecer varias horas como muertos. (Véase Apocalipsis 1:17.)

Como todos los que invaden el territorio de Satanás, los hermanos Carlos y Juan Wesley tuvieron que sufrir terribles persecuciones. En Morfield los enemigos del evangelio acabaron con el culto destruyendo la mesa en que Juan se subía para predicar, y lo insultaron y maltrataron. En Sheffield la casa fue demolida sobre la cabeza de los creyentes. En Wednesbury destruyeron las casas, la ropa y los muebles de los creyentes, dejándolos a la intemperie, expuestos a la nieve y al temporal. Varias veces Juan Wesley fue apedreado y arrastrado como muerto en la calle. Cierta vez fue abofeteado en la boca y en la cara, y golpeado en la cabeza, hasta quedar cubierto de sangre.

Pero la persecución de parte de la iglesia en decadencia era su mayor cruz. Fueron denunciados como "falsos profetas", "charlatanes", "impostores arrogantes", "hombres diestros en la astucia espiritual", "fanáticos", etc., etc. Al volver a visitar Epworth, que fue donde nació y se crió, Juan asistió el domingo al culto de la mañana y al de la tarde, en la misma iglesia donde su padre fue fiel pastor durante muchos años; pero no le concedieron la oportunidad de hablar al pueblo. A las seis de la tarde, Juan, de pie sobre el monumento que marcaba el lugar donde enterraron a su padre, al lado de la iglesia, predicó ante el mayor auditorio jamás visto en Epworth, y Dios salvó a muchas almas.

¿Cuál era la causa de una oposición tan grande? Los creyentes de la iglesia durmiente alegaban que se debía a sus predicaciones sobre la justificación por la fe y la santificación. Los que no creían no lo querían, porque "hacía que el pueblo se levantase a las cinco de la mañana para cantar himnos".

Juan Wesley no solo predicaba más que los otros predicadores, sino que los excedía como pastor, exhortando y consolando a los creyentes, yendo de casa en casa.

En sus viajes andaba tanto a caballo como a pie, así en días asoleados, como en días lluviosos, o bajo tormentas de nieve, cuando la mayoría de los predicadores viajaban en navíos o en trenes. Durante los cincuenta y cuatro años de su ministerio anduvo un promedio de más de 7 mil kilómetros por año, para llegar a los lugares donde tenía que predicar.

Ese hombrecito que caminaba 7 mil kilómetros por año, aun tuvo tiempo para la vida literaria. Leyó no menos de mil doscientos volúmenes, la mayor parte de ellos mientras andaba a caballo. Escribió una gramática hebrea, otra latina y otras más de francés e inglés. Sirvió durante muchos años como redactor de un periódico de 56 páginas. El diccionario completo de la lengua inglesa, que él compiló, fue muy popular, y su comentario sobre el Nuevo Testamento todavía tiene una gran circulación. Escogió una biblioteca de cincuenta volúmenes que revisó y volvió a publicar compendiada en una obra de treinta volúmenes. El libro que escribió sobre la filosofía natural tuvo una gran aceptación entre el ministerio. Compiló una obra de cuatro volúmenes sobre la historia de la iglesia. Escribió y publicó un libro sobre la historia de Roma y otro sobre Inglaterra. Preparó y publicó tres volúmenes sobre medicina y seis de música para los cultos. Después de su experiencia que tuvo lugar en Fetter Lane, él y su hermano Carlos escribieron y publicaron cincuenta y cuatro himnarios. Se dice que en total escribió más de doscientos treinta libros.

Ese hombre de físico endeble, poco antes de cumplir 88 años escribió: "Hasta después de los ochenta y seis años no he sentido ningún achaque propio de la vejez; mis ojos nunca se nublaron, ni perdí mi vigor." A los setenta años predicó ante un auditorio de treinta mil personas, al aire libre, y fue escuchado por todos. A los ochenta y seis años hizo un viaje a Irlanda, donde, además de predicar seis veces al aire libre, predicó cien veces en sesenta ciudades. Uno de sus oyentes al referirse a Wesley dijo: "Su espíritu era tan vivo como a los cincuenta y tres años, cuando lo encontré por primera vez."

Su salud la atribuyó a la observancia de las siguientes reglas: "(1) Al ejercicio constante y al aire fresco. (2) Al hecho de que nunca, ni enfermo ni con salud, ni en tierra ni en el mar, perdió una noche de sueño desde su nacimiento. (3) A su fácil disposición para dormir, de día o de noche, al sentirse cansado. (4) A levantarse por más de sesenta años a las cuatro de la mañana. (5) A la costumbre de predicar siempre a las cinco de la mañana durante más de cincuenta años. (6) Al hecho de que casi nunca sufrió dolores, desánimo o enfermedad de cuidado durante toda su vida."

No nos olvidemos de la fuente de ese vigor que Juan Wesley poseía. Pasaba dos horas diarias o más en oración. Iniciaba el día a las cuatro de la mañana. Cierto creyente que lo conocía íntimamente, escribió así acerca de él: "Consideraba a la oración como lo más importante de su vida y lo he visto salir de su cuarto con el alma tan serena, que esta se reflejaba en su rostro el cual brillaba."

Ninguna historia de la vida de Juan Wesley estaría completa si no se mencionasen los cultos de vigilia que se realizaban una vez por mes entre los creyentes. Esos cultos se iniciaban a las ocho de la noche y continuaban hasta después de la medianoche, o hasta que descendiese el Espíritu Santo sobre ellos. Tales cultos se basaban en las referencias que hace el Nuevo Testamento a noches enteras pasadas en oración. En efecto, alguien hizo el siguiente comentario sobre este asunto: "Se explica el poder de Wesley por el hecho de que él era un *homo uníus libri,* es decir, un hombre de un solo libro, y ese Libro era la Biblia."

Wesley escribió poco antes de su muerte: "Hoy pasamos el día en ayuno y oración para que Dios extendiese su obra. Solamente nos retiramos después de una noche de vigilia, en la cual el corazón de muchos hermanos recibió un gran consuelo."

En su diario Juan Wesley escribió, entre otras cosas, lo siguiente sobre la oración y el ayuno: "Cuando yo estudiaba en Oxford.... ayunábamos los miércoles y los viernes, como hacían los creyentes primitivos en todos los lugares." Epifanio (310-403) escribió: "¿Quién no sabe que los creyentes del mundo entero ayunan los miércoles y los viernes?" Wesley continuó: "No sé por qué ellos guardaban esos dos días, pero es una buena regla; si a ellos les servia, también a mí. Sin embargo, no quiero dar a entender que esos dos sean los únicos días de la semana para ayunar, pues muchas veces es necesario hacerlo más de dos días. Es muy importante que permanezcamos solos y ante la presencia de Dios cuando ayunamos y oramos, para que percibamos la voluntad de Dios y él pueda guiarnos. En los días de ayuno debemos hacer todo lo posible para permanecer alejados de nuestras amistades y de las diversiones, aun cuando estas sean lícitas en otras ocasiones."

El gozo que sentía al predicar al aire libre no disminuyó con la vejez; el 7 de octubre de 1790 predicó por última vez de esa manera, sobre el texto: "El reino de Dios se ha acercado, arrepentíos, y creed en el evangelio." La Palabra se manifestó con gran poder y las lágrimas de la gente corrían en abundancia.

Uno por uno, sus fieles compañeros de lucha, inclusive su esposa, fueron llamados para el descanso, pero Juan Wesley continuaba trabajando. A la edad de ochenta y cinco años, su hermano Carlos fue también llamado y Juan se sentó ante la multitud, cubriendo el rostro con las manos, para esconder las lágrimas que le corrían por el rostro. Su hermano, a quien tanto amó por tanto tiempo, había partido y él ahora tenía que trabajar solo.

El 2 de marzo de 1791, cuando casi iba a cumplir los ochenta y ocho años, dio fin a su carrera terrenal. Durante toda la noche anterior sus labios no cesaron de pronunciar palabras de adoración y de alabanza. Su alma se inundó de alegría con la anticipación de las glorias del hogar eterno y exclamó: "Lo mejor de todo es que Dios está con nosotros." Entonces, levantando la mano como si fuese la señal de la victoria, nuevamente repitió: "Lo mejor de todo es que Dios está con nosotros." A las diez de la mañana, mientras los creyentes rodeaban el lecho orando, él dijo: "Adiós", y así compareció a la presencia del Señor.

Un creyente que estaba presente en el momento de su muerte, se refirió a ese acto de la siguiente manera: "¡La presencia divina se sentía sobre todos nosotros; no existen palabras para describir lo que vimos en su semblante! Mientras más lo contemplábamos, más veíamos reflejado en su rostro parte del cielo indescriptible."

Se calcula que diez mil personas desfilaron ante su ataúd para ver el rostro que tenía una sonrisa celestial. Debido a la enorme multitud que afluyó para honrarlo, fue necesario enterrarlo a las cinco de la mañana.

Juan Wesley nació y se crió en un hogar donde no había abundancia de pan. Con la venta de los libros que escribió, ganó una fortuna con que contribuía a la causa de Cristo; al fallecer, dejó en el mundo: "dos cucharas, una tetera de plata, un abrigo viejo" y decenas de millares de almas, salvadas en una época de tétrica decadencia espiritual.

La tea arrebatada del fuego en Epworth, comenzó a arder intensamente en Aldersgate y Fetter Lane, y desde entonces, continúa iluminando a millones de almas en el mundo entero.

JORGE WHITEFIELD

Predicador al aire libre
1714-1770

$\mathcal{M}$ás de cien mil hombres y mujeres rodeaban al predicador hace doscientos años en Cambuslang, Escocia. Las palabras del sermón, vivificadas por el Espíritu Santo, se oían claramente en todas partes donde se encontraba ese mar humano. Es difícil hacerse idea del aspecto de la multitud de *diez mil penitentes* que respondieron al llamado para aceptar al Salvador. Estos acontecimientos nos sirven como uno de los pocos ejemplos del cumplimiento de las palabras de Jesús: "De cierto, de cierto os digo: El que en mí cree, las obras que yo hago, él las hará también; y aun mayores hará, porque yo voy al Padre" (Juan 14:12).

Había "como un fuego ardiente metido en los huesos" de este predicador, que era Jorge Whitefield. Ardía en él un santo celo de ver a todas las personas liberadas de la esclavitud del pecado. Durante un período de veintiocho días realizó la increíble hazaña de predicar a diez mil personas cada día. Su voz se podía oír perfectamente a más de un kilómetro de distancia, a pesar de tener una constitución física delgada y de adolecer de un problema pulmonar. Todos los edificios resultaban pequeños para contener esos enormes auditorios, y en los países donde predicó, instalaba su púlpito en los campos, fuera de las ciudades. Whitefield merece el título de *príncipe de los predicadores al aire libre,* porque predicó un promedio de diez veces por semana, durante un período de treinta y cuatro años, la mayoría de las veces bajo el techo construido por Dios, que es el cielo.

La vida de Jorge Whitefield fue un milagro. Nació en una taberna de bebidas alcohólicas. Antes de cumplir tres años, su padre falleció. Su madre se casó de nuevo, pero a Jorge se le permitió continuar sus estudios en la escuela. En la pensión de su madre hacia la limpieza de los cuartos, lavaba la ropa y vendía bebidas en el bar. Por extraño que parezca, a pesar de no ser aún salvo, Jorge se interesaba en gran manera en la lectura de las Escrituras, leyendo la Biblia hasta altas horas de la noche y *preparando sermones*. En la escuela se lo conocía como orador. Su elocuencia era natural y espontánea, un don extraordinario de Dios que poseía sin siquiera saberlo.

Se costeó sus propios estudios en Pembroke College, Oxford, sirviendo como mesero en un hotel. Después de estar algún tiempo en Oxford, se unió al grupo de estudiantes a que pertenecían Juan y Carlos Wesley. Pasó mucho tiempo, como los demás de ese grupo, ayunando y esforzándose en mortificar la carne, a fin de alcanzar la salvación, sin comprender que "la verdadera religión es la unión del alma con Dios y la formación de Cristo en nosotros".

Acerca de su salvación escribió poco antes de su muerte: "Sé el lugar donde... Siempre que voy a Oxford, me siento impelido a ir primero a ese lugar donde Jesús se me reveló por primera vez, y me concedió mi nuevo nacimiento."

Con la salud quebrantada, quizás por el exceso de estudio, Jorge volvió a su casa para recuperarse.

Resuelto a no caer en el indiferentismo, estableció una clase bíblica para jóvenes, que como él, deseaban orar y crecer en la gracia de Dios. Diariamente visitaban a los enfermos y a los pobres, y, con frecuencia, a los presos en las cárceles, para orar con ellos y prestarles cualquier servicio manual que pudiesen.

Jorge tenía en el corazón un plan que consistía en preparar cien sermones y presentarse para ser destinado al ministerio. Sin embargo, era tanto su celo que cuando apenas había preparado un solo sermón, ya la iglesia insistía en ordenarlo, teniendo él apenas veintiún años, a pesar de existir un reglamento que prohibía aceptar a ninguna persona menor de veintitrés años para tal cargo.

El día anterior a su separación para el ministerio lo pasó en ayuno y oración. Acerca de ese hecho, escribió: "En la tarde me retiré a un lugar alto cerca de la ciudad, donde oré con insistencia durante dos horas pidiendo por mí y también por aquellos que iban a ser separados junto conmigo. El domingo me levanté de madrugada y oré sobre el asunto de la epístola de San Pablo a Timoteo, especialmente sobre el precepto: *'Ninguno tenga en poco tu juventud.'* Cuando el presbítero me impuso las manos, si mi vil corazón no me engaña, ofrecí todo mi espíritu, alma y cuerpo para el servicio del santuario de Dios... Puedo testificar ante los cielos y la tierra, que me di a mí mismo, cuando el presbítero me impuso las manos, para ser un mártir por aquel que fue clavado en la cruz en mi lugar."

Los labios de Whitefield fueron tocados por el fuego divino del Espíritu Santo en ocasión de su separación para el ministerio. El domingo siguiente, en esa época de frialdad espiritual, predicó por primera vez. Algunos se quejaron de que quince de los oyentes "enloquecieron" al escuchar el sermón. Sin embargo, el presbítero al comprender lo que pasaba, respondió que sería muy bueno que los quince no se olvidasen de su "locura" antes del siguiente domingo.

Whitefield nunca se olvidó ni dejó de aplicar las siguientes palabras del doctor Delaney: "Deseo, todas las veces que suba al púlpito, considerar esa oportunidad como la última que se me concede para predicar y la última que la gente va a escuchar." Alguien describió así una de sus predicaciones: "Casi nunca predicaba sin llorar y sé que sus lágrimas eran sinceras." Lo oí decir: "Vosotros me censuráis porque lloro. Pero, ¿cómo puedo contenerme, cuando no lloráis por vosotros mismos, a pesar de que vuestras almas inmortales están al borde de la destrucción? No sabéis si estáis oyendo el último sermón o no, o si jamás tendréis otra oportunidad de llegar a Cristo." A veces lloraba hasta parecer que estaba muerto y a mucho costo recuperaba las fuerzas. Se dice que los corazones de la mayoría de los oyentes se derretían ante el calor intenso de su espíritu, como la plata se derrite en el horno del refinador.

Cuando era estudiante del colegio de Oxford, su corazón ardía de celo, y pequeños grupos de alumnos se reunían en su cuarto cada día; se sentían impelidos como los discípulos se sintieron después del derramamiento del Espíritu Santo el día de Pentecostés. El Espíritu continuó obrando con poder en él y por él durante el resto de su vida, porque nunca abandonó la costumbre de buscar la presencia de Dios. Dividía el día en tres partes: ocho horas solo con Dios y dedicado al estudio, ocho horas para dormir y tomar sus alimentos, y ocho horas para el trabajo entre la gente. De rodillas leía las Escrituras y oraba sobre esa lectura, y así recibía luz, vida y poder. Leemos que en una de sus visitas a los Estados Unidos, "pasó la mayor parte del viaje a bordo solo, orando". Alguien escribió sobre él: "Su corazón se llenó tanto de los cielos, que anhelaba tener un lugar donde pudiese agradecer a Dios; y completamente solo, durante horas, lloraba conmovido por el amor de su Señor que lo consumía." Las experiencias que tenía en su ministerio confirmaban su fe en la doctrina del Espíritu Santo, como el Consolador todavía vivo, el Poder de Dios que obra actualmente entre nosotros.

Jorge Whitefield predicaba en forma tan vívida que parecía casi sobrenatural. Se cuenta que cierta vez predicando a algunos marineros, describió un navío perdido en un huracán. Toda la escena fue presentada con tanta realidad, que cuando llegó al punto de describir cómo el barco se hundía, algunos de los marineros saltaron de sus asientos gritando: "¡A los botes! ¡A los botes!" En otro sermón habló de un ciego que iba andando en dirección de un precipicio desconocido. La escena fue tan natural que, cuando el predicador llegó al punto de describir la llegada del ciego a la orilla del profundo abismo, el Camarero Mayor, Chesterfield, que asistía al sermón, dio un salto gritando: "Dios mío! ¡Se mató!"

Sin embargo, el secreto de la gran cosecha de almas salvas no era su maravillosa voz, ni su gran elocuencia. Tampoco se debía a que la gente tuviese el corazón abierto para recibir el evangelio, porque ese era un tiempo de gran decadencia espiritual entre los creyentes.

Tampoco fue porque le faltase oposición. Repetidas veces Whitefield predicó en los campos porque las iglesias le habían cerrado las puertas. A veces ni los hoteles querían aceptarlo como huésped. En Basingstoke fue agredido a palos. En Staffordshire le tiraron terrones de tierra. En Moorfield destruyeron la mesa que le servía de púlpito y le arrojaron la basura de la feria. En Evesham las autoridades, antes de su sermón, lo amenazaron con prenderlo si predicaba. En Exeter, mientras predicaba ante un auditorio de diez mil personas, lo apedrearon de tal modo que llegó a pensar que le había llegado su hora, como al ensangrentado Esteban, de ser llamado inmediatamente a la presencia del Maestro. En otro lugar lo apedrearon de nuevo hasta dejarlo cubierto de sangre. En verdad llevó en el cuerpo, hasta la muerte, las marcas de Jesús.

El secreto de obtener tales resultados con su predicación era su gran amor para con Dios. Cuando todavía era muy joven, se pasaba las noches enteras leyendo la Biblia, que tanto amaba. Después de convertirse, tuvo la primera de sus experiencias de sentirse arrebatado, quedando su alma enteramente al descubierto, llena, purificada, iluminada por la gloria y llevada a sacrificarse por entero a su Salvador. Desde entonces nunca más fue indiferente al servicio de Dios, sino que, por el contrario, se regocijaba trabajando con toda su alma, con todas sus fuerzas y con todo su entendimiento. Solamente le interesaban los cultos y le escribió a su madre que nunca más volvería a su antiguo empleo. Consagró su vida por completo a Cristo. *Y la manifestación exterior de aquella vida nunca excedía su realidad interior;* así pues, nunca mostró cansancio, ni disminuyó la marcha durante el resto de su vida.

A pesar de todo, él escribió: "Mi alma estaba seca como el desierto. Me sentía como si estuviese encerrado dentro de una armadura de hierro. No podía arrodillarme sin prorrumpir en grandes sollozos y oraba hasta quedar empapado en sudor... Solo Dios sabe cuántas noches quedé postrado en la cama, gimiendo por lo que sentía y, ordenando en el nombre de Jesús, que Satanás se apartase de mí. Otras veces pasé días y semanas enteras postrado en tierra, suplicando a Dios que me liberase de los pensamientos diabólicos que me distraían. El interés propio, la rebeldía, el orgullo y la envidia me atormentaban, uno después de otro, hasta que resolví vencerlos o morir. Luchaba en oración para que Dios me concediese la victoria sobre ellos."

Jorge Whitefield se consideraba un peregrino errante en el mundo, en busca de almas. Nació, se crió, estudió y obtuvo su diploma en Inglaterra. Atravesó el Atlántico trece veces. Visitó Escocia catorce veces. Fue a Gales varias veces. Estuvo una vez en Holanda. Pasó cuatro meses en Portugal. En las Bermudas ganó muchas almas para Cristo, así como en todos los demás lugares donde trabajó.

Acerca de lo que experimentó en uno de esos viajes a la Colonia de Georgia, Whitefield escribió: "Recibí de lo alto manifestaciones extraordinarias. Al amanecer, al mediodía, al anochecer y a medianoche, el día entero, el amado Jesús me visitaba para renovar mi corazón. Si ciertos árboles próximos a Stonehouse pudiesen hablar, contarían la dulce comunión que yo y algunas almas amadas gozamos allí con Dios, siempre bendito. A veces, estando de paseo, mi alma hacía tales incursiones por las regiones celestes, que parecía estar lista para abandonar mi cuerpo. Otras veces me sentía tan vencido por la grandeza de la majestad infinita de Dios, que me postraba en tierra y le entregaba mi alma, como un papel en blanco, para que él escribiese en ella lo que desease. Nunca me olvidaré de una cierta noche de tormenta. Los relámpagos no cesaban de alumbrar el cielo. Yo había predicado a muchas personas, y algunas de ellas estaban temerosas de volver a casa. Me sentí guiado a acompañarlas y aprovechar la ocasión para animarlas a prepararse para la venida del Hijo del Hombre. ¡Qué inmenso gozo sentí en mi alma! ¡Cuando volvía, mientras algunos se levantaban de sus camas asustados por los relámpagos que iluminaban los pisos y brillaban de uno al otro lado del cielo, otro hermano y yo, nos quedamos en el campo adorando, orando, ensalzando a nuestro Dios y deseando la revelación de Jesús desde los cielos, en una llama de fuego!"

¿Cómo se puede esperar otra cosa sino que las multitudes, a las que Whitefield predicaba, se vieran inducidas a buscar la misma Presencia? En su biografía hay un gran número de ejemplos como los siguientes: "¡Oh, cuántas lágrimas se derramaron en medio de fuertes clamores por el amor del querido Señor Jesús! Algunos desfallecían y cuando recobraban las fuerzas, al escucharme volvían a desfallecer. Otros gritaban como quien siente el ansia de la muerte. Y después de acabar el último discurso, yo mismo me sentí tan vencido por el amor de Dios, que casi me quedé sin vida. Sin embargo, por fin reviví y después de tomar algún alimento, me sentí lo suficientemente fuerte como para viajar cerca de treinta kilómetros, hasta Nottingham. En el camino alegré mi alma cantando himnos. Llegamos casi a medianoche; después de entregarnos a Dios en oración, nos acostamos y descansamos bajo la protección del querido Señor Jesús. ¡Oh Señor, jamás existió un amor como el tuyo!"

Luego Whitefield continuó sin descanso: "Al día siguiente en Fog's Manor la concurrencia a los cultos fue tan grande como en Nottingham. La gente quedó tan quebrantada, que por todos los lados vi personas con el rostro bañado en lágrimas. La Palabra era más cortante que una espada de dos filos, y los gritos y gemidos tocaban al corazón más endurecido. Algunos tenían semblantes tan pálidos como la palidez de la muerte; otros se retorcían las manos, llenos de angustia; otros más cayeron de rodillas al suelo, mientras que otros tenían que ser sostenidos por sus amigos para no caer. La mayor parte del público levantaba los ojos a los cielos, clamando y pidiendo misericordia de Dios. Yo, mientras los contemplaba, solamente podía pensar en una cosa, que ese había sido el gran día. Parecían personas despertadas por la última trompeta, saliendo de sus tumbas para comparecer al Juicio Final.

"El poder de la Presencia divina nos acompañó hasta Baskinridge, donde los arrepentidos lloraban y los salvos oraban, lado a lado. La indiferencia de muchos se transformó en asombro y el asombro se transformó después en gozo. Alcanzó a todas las clases, edades y caracteres. La embriaguez fue abandonada por aquellos que estuvieron dominados por ese vicio. Los que practicaron cualquier acto de injusticia, sintieron remordimientos. Los que robaron se vieron constreñidos a hacer restitución. Los vengativos pidieron perdón. Los pastores quedaron ligados a su pueblo mediante un vínculo más fuerte de compasión. Se inició el culto doméstico en los hogares. Como resultado, los hombres se interesaron en estudiar la Palabra de Dios y a tener comunión con su Padre celestial."

Pero no fue solamente en los países populosos que la gente

afluyó para oírlo. En los Estados Unidos, cuando todavía era un país nuevo, se congregaron grandes multitudes de personas que vivían lejos unos de otros en las florestas. En su diario, el famoso Benjamin Franklin dejó constancia de esas reuniones de la siguiente manera: "El jueves el reverendo Whitefield partió de nuestra ciudad, acompañado de ciento cincuenta personas a caballo, con destino a Chester, donde predicó ante una audiencia de siete mil personas, más o menos. El viernes predicó dos veces en Willings Town, a casi cinco mil personas. El sábado en Newcastle predicó a cerca de dos mil quinientas personas y, en la tarde del mismo día, en Cristiana Bridge, predicó a casi tres mil. El domingo en White Clay Creek predicó dos veces, descansando media hora entre los dos sermones dirigidos a ocho mil personas, de las cuales cerca de tres mil habían venido a caballo. La mayor parte del tiempo llovió; sin embargo, todos los oyentes permanecieron de pie, al aire libre."

Cómo Dios extendió su mano para obrar prodigios por medio de su siervo, se puede ver claramente en lo siguiente: De pie sobre un estrado ante la multitud, después de algunos momentos de oración en silencio, Whitefield anunció de manera solemne el texto: "Está establecido para los hombres que mueran una sola vez, y después de esto el juicio." Después de un corto silencio, se oyó un grito de horror proveniente de algún lugar entre la multitud. Uno de los predicadores allí presentes fue hasta el lugar de la ocurrencia para saber lo que había dado origen a ese grito. Cuando volvió, dijo: "Hermano Whitefield, estamos entre los muertos y los que están muriendo. Un alma inmortal fue llamada a la eternidad. El ángel de la destrucción está pasando sobre el auditorio. Clama en voz alta y no ceses." Entonces se anunció al público que una de las personas de la multitud había muerto. No obstante, Whitefield leyó por segunda vez el mismo texto: "Está establecido para los hombres que mueran una sola vez." Del lado donde la señora de Huntington estaba de pie, vino otro grito agudo. De nuevo, un estremecimiento de horror pasó por toda la multitud cuando anunciaron que otra persona había muerto. Pero Whitefield, en vez de llenarse de pánico como los demás, suplicó la gracia del Ayudador invisible y comenzó, con elocuencia tremenda, a prevenir del peligro a los impenitentes. Sin embargo, debemos aclarar que no siempre era vehemente o solemne. Nunca otro orador experimentó tantas formas de predicar como él.

A pesar de su gran obra, no se puede acusar a Whitefield de buscar fama o riquezas terrenales. Sentía hambre y sed de la sencillez y sinceridad divinas. Dominaba todos sus intereses y los transformaba para la gloria del reino de su Señor. No congregó a su alrededor a sus convertidos para formar otra denominación, como algunos esperaban. No solo entregaba todo su ser, sino que quería "más lenguas, más cuerpos y más almas para dedicarlos al servicio del Señor Jesús".

La mayor parte de sus viajes a la América del Norte los hizo a favor del orfanatorio que fundó en la colonia de Georgia. Vivía en la pobreza y se esforzaba para conseguir lo necesario para el orfanatorio. Amaba a los huérfanos con ternura y les escribía cartas, dirigiéndose a cada uno de ellos por su nombre. Para muchos de esos niños él era el único padre y el único medio de su sustento. Una gran parte de su obra evangelizadora la realizó entre los huérfanos, y casi todos ellos permanecieron siempre creyentes fieles y unos cuantos llegaron a ser ministros del evangelio.

Whitefield no era de físico robusto; desde su juventud sufrió tanto, que anhelaba muchas veces partir para estar con Cristo. A la mayoría de los predicadores les es imposible predicar cuando se encuentran enfermos como él.

Fue así como, a los sesenta y cinco años de edad, durante su séptimo viaje a la América del Norte, finalizó su carrera en la tierra, una vida escondida con Cristo en Dios y derramada en un sacrificio de amor por los hombres. El día antes de fallecer tuvo que esforzarse para poder permanecer en pie. Sin embargo, al levantarse, en Exeter, ante un auditorio demasiado grande para caber dentro de ningún edificio, el poder de Dios vino sobre él y predicó como de costumbre, durante dos horas. Uno de los que asistieron dijo que "su rostro brillaba como el sol". El fuego que se encendió en su corazón en el día de oración y ayuno de su separación para el ministerio, ardió hasta dentro de sus huesos y nunca se apagó (Jeremías 20:9).

Cierta vez un hombre eminente le dijo a Whitefield: "No espero que Dios llame pronto al hermano para la morada eterna, pero cuando eso suceda, me regocijaré al oír su testimonio." El predicador le respondió: "Entonces, usted va a sufrir una desilusión, puesto que voy a morir callado. La voluntad de Dios es darme tantas oportunidades para dar testimonio de él durante mi vida, que no me serán dadas otras a la hora de mi muerte." Y su muerte fue tal como él la predijo.

Después del sermón que predicó en Exeter, fue a Newburyport para pasar la noche en la casa del pastor. Al subir al dormitorio se dio vuelta en la escalera y con la vela en la mano pronunció un breve mensaje a sus amigos que allí estaban e insistían en que predicase.

A las dos de la mañana se despertó. Le faltaba la respiración y le dijo a su compañero las últimas palabras que pronunció en la tierra: "Me estoy muriendo."

En su entierro, las campanas de las iglesias de Newburyport doblaron y las banderas quedaron a media asta. Ministros de todas partes asistieron a sus funerales; millares de personas no consiguieron acercarse a la puerta de la iglesia debido a la inmensa multitud. Cumpliendo su petición, fue enterrado bajo el púlpito de la iglesia.

Si queremos recoger los mismos frutos de ver salvos a millares de nuestros semejantes, como lo vio Whitefield, debemos seguir su ejemplo de oración y dedicación.

¿Piensa alguien que es esta una tarea demasiado grande? ¿Qué diría Jorge Whitefield, que se encuentra ahora junto a los que él llevó a Cristo, si le hiciésemos esta pregunta?

DAVID BRAINERD

Heraldo enviado a los pieles rojas
1718-1747

$\mathcal{C}$ierto joven de cuerpo enjuto, pero con un alma en que ardía el fuego del amor encendido por Dios, se encontró un día en una floresta que él no conocía. Era tarde y el sol ya declinaba hasta casi desaparecer en el horizonte, cuando el viajero, cansado por el largo viaje, divisó las espirales de humo de las hogueras de los indios "pieles rojas". Después de apearse de su caballo y amarrarlo a un árbol, se acostó en el suelo para pasar la noche, orando fervorosamente.

Sin que él se diera cuenta, algunos pieles rojas lo siguieron silenciosamente, como serpientes, durante la tarde. Ahora estaban parados detrás de los troncos de los árboles para desde allí contemplar la escena misteriosa de una figura de "rostro pálido", que solo, postrado en el suelo, clamaba a Dios.

Los guerreros de la villa resolvieron matarlo sin demora, pues decían que los blancos les daban "agua ardiente" a los "pieles rojas" para embriagarlos y luego robarles las cestas, las pieles de animales, y por último, adueñarse de sus tierras. Pero después que rodearon furtivamente al misionero, que postrado en el suelo oraba, y oyeron cómo clamaba al "Gran Espíritu", insistiendo en que les salvase el alma, ellos se fueron, tan secretamente como habían venido.

Al día siguiente el joven, que no sabía lo que había sucedido a su alrededor la tarde anterior mientras oraba entre los árboles, fue recibido en la villa en una forma que él no esperaba. En el espacio abierto entre los wigwams (barracas de pieles), los indios rodearon al joven, quien con el amor de Dios ardiéndole en el alma, leyó el capítulo 53 de Isaías. Mientras predicaba, Dios respondió a su oración de la noche anterior y los pieles rojas escucharon el sermón con lágrimas en los ojos.

Ese joven "rostro pálido" se llamaba David Brainerd. Nació el 20 de abril de 1718. Su padre falleció cuando David tenía nueve años de edad, y su madre, que era hija de un predicador, falleció cuando él tenía 14 años.

Acerca de su lucha con Dios en el período de su conversión, a la edad de veinte años, él escribió: "Dediqué un día para ayunar y orar, y lo pasé clamando a Dios casi incesantemente, pidiéndole misericordia y que me abriese los ojos para ver la enormidad del pecado y el camino para la vida en Jesucristo... No obstante, continué confiando en las buenas obras... Entonces, una noche caminando por el campo, me fue dada una visión de la enormidad de mi pecado, pareciéndome que la tierra se fuese a abrir bajo mis pies para sepultarme y que mi alma iría al infierno antes de llegar a casa... Cierto día, estando yo lejos del colegio, en el campo, orando completamente solo, sentí tanto gozo y dulzura en Dios, que, si yo debiese quedar en este mundo vil, quería permanecer contemplando la gloria de Dios. Sentí en mi alma un profundo amor ardiente hacia todos mis semejantes y anhelaba que ellos pudiesen gozar lo mismo que yo gozaba.

"Poco después, en el mes de agosto, me sentí tan débil y enfermo como resultado de un exceso de estudio, que el director del colegio me aconsejó que volviese a mi casa. Estaba tan flaco que hasta tuve algunas hemorragias. Me sentí muy cerca de la muerte, pero Dios renovó en mí el reconocimiento y el gusto por las cosas divinas. Anhelaba tanto la presencia de Dios, así como liberarme del pecado, que al mejorar, prefería morir a tener que volver al colegio y alejarme de Dios... *¡Oh, una hora con Dios excede infinitamente a todos los placeres del mundo!*"

En efecto, después de volver al colegio, el espíritu de Brainerd se enfrió, pero el *Gran Avivamiento* de esa época alcanzó la ciudad de New Haven, el colegio de Yale y el corazón de David Brainerd. Él tenía la costumbre de escribir cada día una relación de los acontecimientos más importantes de su vida ocurridos durante el día. Y es por esos diarios que escribió únicamente para leerlos él y no para publicarlos, que hemos llegado a enterarnos de su vida íntima, de profunda comunión con Dios. Los pocos párrafos que ofrecemos a continuación son solo muestras de lo que escribió en muchas páginas de su diario, y exponen algo de su lucha con Dios en la época que se preparaba para el ministerio:

"Repentinamente sentí horror de mi propia miseria. Entonces clamé a Dios, pidiéndole que me purificase de mi extrema inmundicia. Después, la oración adquirió un valor precioso para mí. Me ofrecí con gozo para pasar los mayores sufrimientos por la causa de Cristo, aunque me desterraran entre los paganos, con tal de poder ganar sus almas. Entonces Dios me concedió el espíritu de luchar en oración por el reino de Cristo en el mundo.

"Muy temprano en la mañana me retiré para la floresta y se me concedió fervor para rogar por el progreso del reino de Cristo en el mundo. Al mediodía aún combatía, en oración a Dios, y sentía el poder del amor divino en la intercesión."

● ● ●

"Pasé el día en ayuno y oración, implorando que Dios me preparase para el ministerio y me concediese el auxilio divino y su guía, y me enviase a la mies el día que él designase. A la mañana siguiente sentí poder para interceder por las almas inmortales y por el progreso del reino del querido Señor y Salvador en el mundo... Esa misma tarde Dios estaba conmigo de verdad. ¡Qué bendita es su compañía! Él me permitió agonizar en oración hasta quedar con la ropa empapada de sudor, a pesar de encontrarme a la sombra y de que soplaba una brisa fresca. Sentía mi alma extenuada grandemente por la condición del mundo: me esforzaba por ganar multitudes de almas. Me sentía más afligido por los pecadores que por los hijos de Dios. Sin embargo, anhelaba dedicar mi vida clamando por ambos."

• • •

"Pasé dos horas agonizando por las almas inmortales. A pesar de ser muy temprano todavía, mi cuerpo estaba bañado en sudor... Si tuviese mil vidas, con toda mi alma las habría dado todas por el gozo de estar con Cristo..."

• • •

"Dediqué todo el día para ayunar y orar, implorando a Dios que me guiase y me diese su bendición para la gran obra que tengo delante, la de predicar el evangelio. Al anochecer, el Señor me visitó maravillosamente durante la oración; sentí mi alma angustiada como nunca... Sentí tanta agonía que sudaba copiosamente. ¡Oh, cómo Jesús sudó sangre por las pobres almas! Yo anhelaba sentir más y más compasión por ellas."

• • •

"Llegué a saber que las autoridades esperan la oportunidad de prenderme y encarcelarme por haber predicado en New Haven. Esto me contrarió y abandoné toda esperanza de trabar amistad con el mundo. Me retiré para un lugar oculto en la floresta y presenté el caso al Señor."

• • •

Después de completar sus estudios para el ministerio, escribió:
"Prediqué el sermón de despedida ayer por la noche. Hoy por la mañana oré en casi todos los lugares por donde anduve, y después de despedirme de mis amigos, inicié el viaje hacia donde viven los indios."

Estas notas del diario de Brainerd revelan, en parte, su lucha con Dios mientras se preparaba para el ministerio. Uno de los mayores predicadores de aquellos días, refiriéndose a ese diario, declaró: "Fue Brainerd quien me enseñó a ayunar y a orar. Llegué a saber que se consigue más mediante el contacto cotidiano con Dios que por medio de las predicaciones."

Al iniciar la historia de la vida de Brainerd, ya relatamos cómo Dios le concedió entrada entre los feroces pieles rojas, en respuesta a una noche de oración postrado en tierra en medio de la floresta. Pero a pesar de que los indios le dieron amplia hospitalidad, concediéndole un sitio para dormir sobre un poco de paja, y escucharon el sermón conmovidos, Brainerd no se sintió satisfecho y continuó luchando en oración, como lo revela su diario:

"Sigo sintiéndome angustiado. Esta tarde le prediqué a la gente, pero me sentí más desilusionado que antes acerca de mi trabajo; temo que no va a ser posible ganar almas entre estos indios. Me retiré y con toda mi alma pedí misericordia, pero sin sentir ningún alivio."

• • •

"Hoy cumplí veinticinco años de edad. Me dolía el alma al pensar que he vivido tan poco para la gloria de Dios. Pasé el día solo en la floresta derramando mis quejas delante del Señor.

"Cerca de las nueve salí para orar en el bosque. Después del mediodía percibí que los indios estaban preparándose para una fiesta y una danza... Durante la oración sentí el poder de Dios y mi alma extenuada como nunca antes. Sentí tanta agonía e insistí con tanta vehemencia que al levantarme solo pude andar con dificultad. El sudor me corría por el rostro y por el cuerpo. Me di cuenta de que los pobres indios se reunían para adorar demonios y no a Dios; ese fue el motivo por el cual clamé a Dios que se apresurase a frustrar la reunión idólatra. Así pasé la tarde, orando sin cesar, implorando el auxilio divino para no confiar en mí mismo. Lo que experimenté mientras oraba fue maravilloso. *Me parecía que no había nada de importancia en mí a no ser santidad de corazón y vida, y el anhelo por la conversión de los paganos a Dios.* Todas mis preocupaciones se desvanecieron, mis recelos y mis anhelos todos juntos me parecían menos importantes que el soplo del viento. Anhelaba que Dios adquiriese para sí un nombre entre los paganos y le hice mi apelación con la mayor osadía, insistiendo que él reconociese que "esa sería mi mayor alegría". En efecto, a mí no me importaba dónde o cómo vivía, ni las fatigas que tenía que soportar, con tal que pudiese ganar almas para Cristo. En esa forma continué implorando toda la tarde y toda la noche."

Así revestido, Brainerd regresó del bosque por la mañana para enfrentar a los indios, seguro de que Dios estaba con él, como estuviera con Elías en el monte Carmelo. Al insistir con los indios para que abandonasen la danza, estos en vez de matarlo, desistieron de la orgía y escucharon su sermón por la mañana y por la tarde.

Después de sufrir como pocos sufren, después de esforzarse de noche y de día, después de pasar innumerables horas en ayuno y oración, después de predicar la Palabra "a tiempo y fuera de tiempo", por fin, se abrieron los cielos y cayó el fuego. Las siguientes transcripciones de su diario describen algunas de esas experiencias gloriosas:

"Pasé la mayor parte del día orando, pidiendo que el Espíritu Santo fuese derramado sobre mi pueblo... Oré y alabé al Señor con gran osadía, sintiendo en mi alma enorme carga por la salvación de esas preciosas almas."

Diserté a la multitud extemporáneamente sobre Isaías 53:10: "Con todo eso Jehová quiso quebrantarlo." Muchos de los oyentes entre la multitud de tres a cuatro mil personas quedaron conmovidos, al punto que se escuchó "un gran llanto, como el llanto de Hadadrimón."

• • •

"Mientras yo iba a caballo, antes de llegar al lugar donde debía predicar, sentí que mi espíritu era restaurado y mi alma revestida de poder para clamar a Dios, casi sin cesar, por muchos kilómetros seguidos.

"En la mañana les prediqué a los indios de donde nos hospedamos. Muchos se sintieron conmovidos y, al hablarles acerca de la salvación de su alma, las lágrimas les corrían abundantemente y comenzaron a sollozar y a gemir. Por la tarde volví al lugar donde acostumbraba predicarles; me escucharon con la mayor atención casi hasta el fin. La mayoría no pudo contenerse de derramar lágrimas ni de clamar con amargura. Cuanto más les hablaba del amor y la compasión de Dios, que llegó a enviar a su propio Hijo para que sufriera por los pecados de los hombres, tanto más aumentaba la angustia de los oyentes. Fue para mí una sorpresa notar cómo sus corazones parecían traspasados por el tierno y conmovedor llamado del evangelio, antes de que yo profiriese una única palabra de terror.

"Prediqué a los indios sobre Isaías 53:3-10. Un gran poder acompañaba a la Palabra y hubo una marcada convicción entre el auditorio; sin embargo, esta no fue tan generalizada como el día anterior. De todas maneras, la mayoría de los oyentes se sintieron muy conmovidos y profundamente angustiados; algunos no podían caminar, ni estar de pie, y caían al suelo como si tuviesen el corazón traspasado y clamaban sin cesar pidiendo misericordia... Los que habían venido de lugares distantes, luego quedaron convencidos por el Espíritu de Dios."

"En la tarde prediqué sobre Lucas 15:16-23. Había mucha convicción visible entre los oyentes mientras yo predicaba; pero después, al hablarles en forma particular a algunos que se mostraban conmovidos, el poder de Dios descendió sobre el auditorio "como un viento recio que soplaba" y barrió todo de una manera espectacular.

"Me quedé en pie, admirado de la influencia de Dios que se apoderó casi totalmente del auditorio. Parecía, más que cualquier otra cosa, la fuerza irresistible de una gran corriente de agua, o un diluvio creciente, que derrumbaba y barría todo lo que encontraba a su paso.

"Casi todos los presentes oraban y clamaban pidiendo misericordia, y muchos no podían permanecer en pie. La convicción que cada uno sentía era tan grande que parecían ignorar por completo a las personas que estaban a su alrededor, y cada uno continuaba orando y rogando por sí mismo.

"Entonces recordé a Zacarías 12:10-12, porque había un gran llanto como el llanto de "Hadadrimón", pues parecía que cada uno lloraba 'aparte'.

"Fue un día muy semejante al día en que Dios mostró su poder a Josué (Josué 10:14) porque fue un día diferente a cualquier otro que yo hubiese presenciado jamás, un día en que Dios hizo mucho para destruir el reino de las tinieblas entre ese pueblo."

Es difícil reconocer la magnitud de la obra de David Brainerd entre las diversas tribus de indios, en medio de las florestas; él no entendía el idioma de ellos. Para transmitirles directamente al corazón el mensaje de Dios, tenía que encontrar a alguien que le sirviese de intérprete. Pasaba días enteros simplemente orando para que viniése sobre él el poder del Espíritu Santo con tanto vigor que esa gente no pudiese resistir el mensaje. Cierta vez tuvo que predicar valiéndose de un intérprete que estaba tan embriagado que casi no podía mantenerse en pie; sin embargo, decenas de almas se convirtieron por ese sermón.

A veces andaba de noche perdido en el monte, bajo la lluvia y atravesando montañas y pantanos. De cuerpo endeble, se cansaba en sus viajes. Tenía que soportar el calor del verano y el intenso frío del invierno. Pasaba días seguidos sufriendo hambre. Ya comenzaba a sentir quebrantada su salud. En ese tiempo estuvo a punto de casarse (su novia fue Jerusha Edwards, hija de Jonatán Edwards) y establecer un hogar entre los indios convertidos, o regresar y aceptar el pastorado de una de las iglesias que lo invitaba. Pero el se daba cuenta de que no podía vivir, por causa de su enfermedad, más de uno o dos años, y entonces resolvió "arder hasta el fin".

Así, después de ganar la victoria en oración, clamó: "Heme aquí, Señor, envíame a mí hasta los confines de la tierra; envíame a los pieles rojas del monte; aléjame de todo lo que se llama comodidad en la tierra; envíame aunque me cueste la vida, si es para tu servicio y para promover tu reino..."

Luego añadió: "Adiós amigos y comodidades terrenales, aun los más anhelados de todos, si el Señor así lo quiere. Pasaré hasta los últimos momentos de mi vida en cavernas y cuevas de la tierra, si eso sirve para el progreso del Reino de Cristo."

Fue en esa ocasión que escribió: "Continuaré luchando con Dios en oración a favor del rebaño de aquí, y en especial por los indios de otros lugares hasta la hora de acostarme. ¡Cómo me dolió tener que gastar el tiempo durmiendo! Anhelaba ser una llama de fuego que ardiera cada momento en el servicio divino y edificar el reino de Dios, hasta el último momento, el momento de morir."

Por fin, después de cinco años de viajes arduos por parajes solitarios, de innumerables aflicciones y de sufrir dolores incesantes en el cuerpo, David Brainerd, tuberculoso, y con las fuerzas físicas casi enteramente agotadas, consiguió llegar a la casa de Jonatán Edwards.

El peregrino ya había completado su carrera terrenal y esperaba solamente el carro de Dios que lo transportaría a la gloria, Cuando estaba en su lecho de dolor, vio entrar a alguien con la Biblia en la mano y exclamó: "¡Oh, el Libro amado! ¡Muy pronto voy a verlo abierto! ¡Entonces sus misterios me serán revelados!"

A medida que iban disminuyendo sus fuerzas físicas y su percepción espiritual iba en aumento, hablaba con más y más dificultad: "Fui hecho para la eternidad." "Cómo anhelo estar con Dios y postrarme ante él." "¡Oh, que el Redentor pueda ver el fruto de la aflicción de su alma y quedar satisfecho!" "¡Oh, ven Señor Jesús! ¡Ven pronto! ¡Amén!"—y durmió en el Señor.

Después de ese acontecimiento la novia de Brainerd, Jerusha Edwards, comenzó a marchitarse como una flor, y cuatro meses después fue a morar también en la ciudad celeste. A un lado de su tumba está la tumba de David Brainerd y del otro lado, la de su padre, Jonatán Edwards.

Para David Brainerd el deseo más grande de su vida era el de arder como una llama, por Dios, hasta el último momento, como él mismo lo decía: "Anhelo ser una llama de fuego, constantemente ardiendo en el servicio divino, hasta el último momento, el momento de fallecer."

Brainerd acabó su carrera terrenal a los veintinueve años. Sin embargo, a pesar de su debilidad física tan grande, hizo mucho más de lo que la mayoría de los hombres hace en setenta años.

Su biografía, escrita por Jonatán Edwards y revisada por Juan Wesley, tuvo más influencia sobre la vida de A. J. Gordon que ningún otro libro, excepto la Biblia. Guillermo Carey leyó la historia de su obra y consagró su vida al servicio de Cristo en las tinieblas de la India. Roberto McCheyne leyó su diario y pasó su vida entre los judíos. Enrique Martyn leyó su biografía y se entregó por completo para consumirse en un período de seis años y medio en el servicio de su Maestro, en Persia.

Lo que David Brainerd escribió a su hermano, Israel Brainerd, es para nosotros un desafío a la obra misionera: "Digo, ahora que estoy muriendo, que ni por todo lo que hay en el mundo, habría yo vivido mi vida de otra manera."

GUILLERMO CAREY

Padre de las misiones modernas
1761 -1834

Siendo niño, Guillermo Carey sentía una verdadera pasión por el estudio de la naturaleza. Su dormitorio estaba lleno de colecciones disecadas de insectos, flores, pájaros, huevos, nidos, etc. Cierto día, al intentar alcanzar un nido de pájaro, cayó de un árbol alto. Cuando trató de subir por segunda vez, cayó nuevamente. Insistió por tercera vez en su intento, pero cayó quebrándose una pierna. Algunas semanas después, antes de que su pierna estuviese completamente sana, Guillermo entró en su casa con el nido en la mano. "¡¿Subiste al árbol nuevamente?!" exclamó su madre. "No pude evitarlo. Tenía que poseer el nido, mamá", respondió el chiquillo.

Se dice que Guillermo Carey, fundador de las misiones actuales, no estaba dotado de una inteligencia superior ni poseía tampoco ningún don que deslumbrase a los hombres. Sin embargo, fue esa característica de persistir, con espíritu indómito e inconquistable, hasta llevar a término todo cuanto iniciaba, el secreto del maravilloso éxito de su vida.

Cuando Dios lo llamaba para que iniciara alguna tarea, él permanecía firme, día tras día, mes tras mes, y año tras año hasta acabarla. Dejó que el Señor se sirviera de su vida, no solamente para evangelizar durante un período de cuarenta y un años en el extranjero, sino también para realizar la hazaña, por increíble que parezca, de traducir las Sagradas Escrituras a más de treinta lenguas.

El abuelo y el padre del pequeño Guillermo eran, respectivamente, profesor y sacristán (Iglesia Anglicana) de la parroquia. De esa manera el hijo aprendió lo poco que el padre podía enseñarle. Pero no satisfecho con eso, Guillermo continuó sus estudios sin maestro.

A los doce años adquirió un ejemplar del *Vocabulario latino, por Dyche*, que Guillermo se aprendió de memoria. A los catorce años se inició en el oficio como aprendiz de zapatero. En la tienda encontró algunos libros, de los cuales se aprovechó para estudiar. De esa manera inició el estudio del griego. Fue en ese tiempo que llegó a reconocer que era un pecador perdido, y comenzó a examinar cuidadosamente las Escrituras.

Poco después de su conversión, a los dieciocho años de edad, predicó su primer sermón. Al verificar que el bautismo por inmersión es bíblico y apostólico, dejó la denominación a que pertenecía. Tomaba prestado libros para estudiar, y a pesar de vivir pobremente, adquirió algunos libros usados. Uno de sus métodos para aumentar el conocimiento de otras lenguas, consistía en leer cada día la Biblia en latín, en griego y en hebreo.

A los veinte años de edad se casó. Sin embargo, los miembros de la iglesia donde predicaba eran pobres y Carey tuvo que continuar con su oficio de zapatero para ganar el pan cotidiano. El hecho de que el señor Old, su patrón, exhibiese en la tienda un par de zapatos fabricados por Guillermo, como muestra, era una buena prueba de la habilidad del muchacho.

Fue durante el tiempo que enseñaba geografía en Moulton que Carey leyó el libro titulado *Los viajes del Capitán Cook,* y Dios le habló a su alma acerca del estado abyecto de los paganos que vivían sin el evangelio. En su taller de zapatero fijó en la pared un mapamundi de gran tamaño, que él mismo había diseñado cuidadosamente. En ese mapa incluyó toda la información pertinente disponible; el número exacto de la población, la flora y la fauna, las características de los indígenas de todos los países. Mientras reparaba los zapatos, levantaba los ojos de vez en cuando para mirar su mapa y meditaba sobre las condiciones de los distintos pueblos y la manera de evangelizarlos. Fue así como sintió más y más el llamado de Dios para que preparase la Biblia para los millones de hindúes, en su propia lengua.

La denominación a la que Guillermo pertenecía, después de aceptar el bautismo por inmersión, se hallaba en gran decadencia espiritual. Esto fue reconocido por algunos de los ministros, los cuales convinieron en pasar "una hora orando el primer lunes de cada mes", pidiendo a Dios un gran avivamiento de la denominación. En efecto, se esperaba un despertamiento, pero como sucede muchas veces, no pensaron en la manera en que Dios les respondería.

En aquel tiempo las iglesias no aceptaban la idea de llevar el evangelio a los paganos, por considerarla absurda. Cierta vez, en una reunión del ministerio Carey se levantó y sugirió que ventilasen este asunto: *El deber de los creyentes en promulgar el evangelio entre las naciones paganas.* El venerable presidente de la reunión, sorprendido, se puso de pie y gritó: "Joven, ¡siéntese! Cuando Dios tenga a bien convertir a los paganos, él lo hará sin su auxilio ni el mío."

A pesar de ese incidente, el fuego continuó ardiendo en el alma de Guillermo Carey. Durante los años siguientes se esforzó ininterrumpidamente, orando, escribiendo y hablando sobre el asunto de llevar a Cristo a todas las naciones. En mayo de 1792 predicó su memorable sermón sobre Isaías 54:2, 3: "Ensancha el sitio de tu tienda, y las cortinas de tus habitaciones sean extendidas; no seas escasa; alarga tus cuerdas y refuerza tus estacas. Porque te extenderás a la mano derecha y a la mano izquierda; y tu descendencia heredará naciones, y habitará las ciudades asoladas."

Disertó sobre la importancia de esperar grandes cosas de Dios, y luego, puso de relieve la necesidad de emprender grandes obras para Dios.

El auditorio se sintió culpable de haber negado el evangelio a los países paganos, al punto de "clamar en coro". Se organizó entonces la primera sociedad misionera en la historia de las iglesias de Cristo, para la predicación del evangelio entre los pueblos nunca antes evangelizados. Algunos ministros como Brainerd, Eliot y

Schwartz ya habían ido a predicar en lugares distantes, pero sin que las iglesias se uniesen para sustentarlos.

A pesar de que la formación de la sociedad fue el resultado de la persistencia de Carey, él mismo no tomó parte en su establecimiento. Sin embargo, en ese tiempo se escribió lo siguiente acerca de él:

"Ahí está Carey, pequeño de estatura, humilde, de espíritu sereno y constante; ha transmitido el espíritu misionero a los corazones de los hermanos, y ahora quiere que sepan que él está listo para ir a donde quieran mandarlo, y está completamente de acuerdo en que formulen todos los planes."

Pero ni siquiera con esa victoria le fue fácil a Guillermo Carey materializar su sueño de llevar a Cristo a los países que permanecían en tinieblas, aunque dedicaba su espíritu indómito para alcanzar la meta que Dios le había marcado.

La iglesia donde predicaba, no consentía que dejase el pastorado, y solo después que los miembros de la Sociedad visitaron la iglesia, fue que este problema se resolvió. En el informe de la iglesia consta lo siguiente: "A pesar de estar de acuerdo con él, no nos parece bien que nos deje aquel a quien amamos más que a nuestra propia alma."

Sin embargo, lo que él sintió más fue que su esposa se negara terminantemente a irse de Inglaterra con sus hijos. No obstante, Carey estaba tan seguro de que Dios lo llamaba para trabajar en la India, que ni la decisión de su esposa lo hizo vacilar.

Había otro problema que parecía no tener solución: no se permitía la entrada de ningún misionero en la India. En tales circunstancias era inútil pedir permiso para entrar; y fue en esas condiciones que lograron embarcar, sin poseer ese documento. Desafortunadamente, el navío demoró algunas semanas en partir, y poco antes de que zarpara, los misioneros recibieron orden de desembarcar.

A pesar de tantos contratiempos, la sociedad misionera continuó confiando en Dios; lograron obtener dinero y compraron un pasaje para la India en un navío dinamarqués. Una vez más Carey le rogó a su querida esposa que lo acompañase. Pero ella persistió en su negativa, y nuestro héroe, al despedirse de ella, le dijo: "Si yo poseyese el mundo entero, lo daría alegremente todo por el privilegio de llevarte a ti y a nuestros queridos hijos conmigo: pero el sentido de mi deber sobrepasa cualquier otra consideración. No puedo volver atrás sin sentir culpa en mi alma."

Sin embargo, antes de que el navío partiese, uno de los misioneros fue a la casa de Carey. Muy grande fue la sorpresa y el regocijo de todos al saber que ese misionero lograra convencer a la esposa de Carey para que acompañase a su marido. Dios conmovió el corazón del comandante del navío para que la llevase, en compañía de los hijos, sin cobrar el pasaje.

Por supuesto, el viaje a vela no era tan cómodo como en los vapores modernos. A pesar de los temporales, Carey aprovechó su tiempo para estudiar el bengalí y ayudar a uno de los misioneros en la obra de traducir el Libro de Génesis al bengalí.

Durante el viaje Guillermo Carey aprendió suficientemente el bengalí como para entenderse con el pueblo. Poco después de desembarcar comenzó a predicar, y los oyentes venían a escucharlo en número siempre creciente.

Carey percibió la necesidad imperiosa de que el pueblo tuviese una Biblia en su propia lengua y, sin demora, se entregó a la tarea de traducirla. La rapidez con que aprendió las lenguas de la India, es motivo de admiración para los mejores lingüistas.

Nadie sabe cuántas veces nuestro héroe experimentó grandes desánimos en la India. Su esposa no tenía ningún interés en los esfuerzos de su marido y enloqueció. La mayor parte de los ingleses con quienes Carey tuvo contacto, lo creían loco; durante casi dos años no le llegó ninguna carta de Inglaterra. Muchas veces Carey y su familia carecieron de dinero y de alimentos. Para sustentar a su familia, el misionero se volvió labrador, y trabajó como obrero en una fábrica de añil.

Durante más de treinta años Carey fue profesor de lenguas orientales en el Colegio de Fort Williams. Fundó también el Colegio Serampore para enseñar a los obreros. Bajo su dirección el colegio prosperó, y desempeñó un gran papel en la evangelización del país.

Al llegar a la India, Carey continuó los estudios que había comenzado cuando era niño. No solamente fundó la Sociedad de

Agricultura y Horticultura, sino que también creó uno de los mejores jardines botánicos; escribió y publicó el *Hortus Bengalensis*. *El libro Flora Índica*, otra de sus obras, fue considerada una obra maestra por muchos años.

No se debe pensar, sin embargo, que para Guillermo Carey la horticultura era solo una distracción. Pasó también mucho tiempo enseñando en las escuelas de niños pobres. Pero, sobre todo, siempre ardía en su corazón el deseo de llevar adelante la obra de ganar almas.

Cuando uno de sus hijos comenzó a predicar, Carey escribió: "Mi hijo, Félix, respondió al llamado de predicar el evangelio." Años más tarde, cuando ese mismo hijo aceptó el cargo de embajador de la Gran Bretaña en Siam, el padre, desilusionado y angustiado, escribió a un amigo: "¡Félix se empequeñeció hasta volverse un embajador!"

Durante los cuarenta y un años que Carey pasó en la India, no visitó Inglaterra. Hablaba con fluidez más de treinta lenguas de la India; dirigía la traducción de las Escrituras en todas esas lenguas y fue nombrado para realizar la ardua tarea de traductor oficial del gobierno. Escribió varias gramáticas hindúes y compiló importantes diccionarios de los idiomas bengalí, maratí y sánscrito. El diccionario bengalí consta de tres volúmenes e incluye todas las palabras de la lengua, con sus raíces y origen, y definidas en todos los sentidos.

Todo esto fue posible porque Carey siempre economizó el tiempo, según se deduce de lo que escribió su biógrafo:

"Desempeñaba estas tareas hercúleas sin poner en riesgo su salud, porque se aplicaba metódica y rigurosamente a su programa de trabajos, año tras año. Se divertía pasando de una tarea a la otra. Decía, que se pierde más tiempo cuando se trabaja sin constancia e indolentemente, que con las interrupciones de las visitas. Observaba, por lo tanto, la norma de tomar, sin vacilar, la obra marcada y no dejar que en absoluto nada lo distrajese durante su período de trabajo."

Lo siguiente, escrito para pedirle disculpas a un amigo por la demora en responderle su carta, muestra cómo muchas de sus obras avanzaron juntas:

"Me levanté hoy a las seis, leí un capitulo de la Biblia hebrea; pasé el resto del tiempo, hasta las siete, orando. Luego asistí al culto doméstico en bengalí con los sirvientes. Mientras me traían el té, leí un poco en persa con un *munchi* que me esperaba; leí también, antes de desayunar, una porción de las Escrituras en indostani. Luego, después de desayunar, me senté con un *pundite* que me esperaba, para continuar la traducción del sánscrito al ramayuma. Trabajamos hasta las diez. Entonces fui al colegio para enseñar hasta casi las dos de la tarde. Al volver a casa, leí las pruebas de la traducción de Jeremías al bengalí, y acabé justo cuando ya era hora de comer. Después de la comida, me puse a traducir, ayudado por el pundite jefe del colegio, la mayor parte del capitulo ocho de Mateo al sánscrito. En esto estuve ocupado hasta las seis de la tarde. Después de las seis me senté con un *pundite* de Telinga, para traducir del sánscrito a la lengua de él. A las siete comencé a meditar sobre el mensaje de un sermón que prediqué luego en inglés a las siete y media. Cerca de cuarenta personas asistieron al culto, entre ellas un juez del Sudder Dewany Dawlut. Después del culto el juez contribuyó con 500 rupias para la construcción de un nuevo templo. Todos los que asistieron al culto se fueron a las nueve de la noche; me senté entonces para traducir el capítulo once de Ezequiel al bengalí. Acabé a las once, y ahora te estoy escribiendo esta carta. Después, clausuraré mis actividades de este día con oración. No hay día en que pueda disponer de más tiempo que esto, pero el programa varía."

Al avanzar en edad, sus amigos insistían en que disminuyese sus esfuerzos, pero su aversión a la inactividad era tal, que continuaba trabajando, aun cuando la fuerza física no era suficiente para activar la necesaria energía mental. Por fin se vio obligado a permanecer en cama, donde revisaba y arreglaba las pruebas de las traducciones.

Finalmente, el 9 de junio de 1834, a la edad de 73 años, Guillermo Carey durmió en Cristo.

La humildad fue una de las características más destacadas de su vida. Se cuenta que, estando en el pináculo de su fama, oyó a cierto oficial inglés preguntar cínicamente: "¿El gran doctor Carey no era zapatero?" Carey al oír por casualidad la pregunta respondió:

"No, mi amigo, era apenas un remendón."

Cuando Guillermo Carey llegó a la India, los ingleses le negaron el permiso para desembarcar. Al morir, sin embargo, el gobierno ordenó que se izasen las banderas a media asta, para honrar la memoria de un héroe que había hecho más por la India que todos los generales británicos.

Se calcula que Carey tradujo la Biblia para la tercera parte de los habitantes del mundo. Así escribió uno de sus sucesores, el misionero Wenger: "No sé cómo Carey logró hacer ni siquiera una cuarta parte de sus traducciones. Hace como veinte años (en 1855) que algunos misioneros, al presentar el evangelio en Afganistán (país del Asia central) encontraron que la única versión que ese pueblo entendía, era la Pushtoo hecha en Sarampore por Carey."

El cuerpo de Guillermo Carey descansa, pero su obra continúa siendo una bendición para una gran parte del mundo.

CHRISTMAS EVANS

El "Juan Bunyan de Gales"
1766-1838

Sus padres le pusieron el nombre de "Christmas" (Navidad), porque nació el día de Navidad, en 1766. La gente lo apodó "Predicador Tuerto", porque era ciego de un ojo. Alguien se refirió así a Christmas Evans: "Era el hombre más alto, el de mayor fuerza física y el más corpulento que jamas vi. Tenía un solo ojo, si hay razón para llamar a eso ojo, porque, con más propiedad se podría decir que era una estrella luminosa, que brillaba como el planeta Venus." También se lo llamó "El Juan Bunyan de Gales", porque era el predicador que, en la historia de ese país, disfrutó más del poder del Espíritu Santo. En todos los lugares donde predicaba, se producía un gran número de conversiones. Su don de predicar era tan extraordinario, que con toda facilidad conseguía que un auditorio de quince a veinte mil personas, de sentimientos y temperamentos diferentes, lo escuchasen con la más profunda atención. En las iglesias no cabían las multitudes que iban a escucharlo durante el día; de noche siempre predicaba al aire libre a la luz de las estrellas.

Por un tiempo vivió entregado a las diversiones y a la embriaguez. Durante una lucha fue gravemente acuchillado; en otra ocasión lo sacaron del agua como muerto, y otra vez, se cayó de un árbol sobre un cuchillo. En las contiendas era siempre el campeón, hasta que, por fin, en un combate sus compañeros lo cegaron de un ojo. Dios, sin embargo, fue misericordioso con él durante ese período, conservándolo con vida, para más tarde utilizarlo en su servicio.

A la edad de diecisiete años fue salvo; aprendió a leer, y poco después fue llamado a predicar y separado para el ministerio. Sus sermones eran secos y sin fruto, hasta que un día cuando viajaba para Maentworg, amarró su caballo y penetró en el bosque donde derramó su alma en oración a Dios. Igual que Jacob en Peniel, no se apartó de ese lugar hasta recibir la bendición divina. Después de aquel día reconoció la gran responsabilidad de su obra; siempre su espíritu se regocijaba con la oración y se sorprendió en gran manera por los frutos gloriosos que Dios comenzó a concederle. Antes tenía talentos y cuerpo de gigante, pero luego le fue añadido el espíritu de gigante. Era valiente como un león y humilde como un cordero; no vivía para sí, sino para Cristo. Además de tener, por naturaleza, una mente ágil y una manera conmovedora de hablar, poseía un corazón que rebosaba amor para con Dios y su prójimo. En verdad era una luz que ardía y brillaba.

Andaba a pie por el sur de Gales, predicando, a veces hasta cinco sermones en el mismo día. A pesar de no andar bien vestido y de sus maneras ordinarias, grandes multitudes afluían para oírlo. Vivificado con el fuego celestial, se elevaba en espíritu como si tuviese alas de ángel, y el auditorio se contagiaba y se conmovía también. Muchas veces los oyentes rompían en llanto y en otras manifestaciones, que no podían evitar. Por eso eran conocidos como los "Saltadores galeses".

Evans creía con firmeza que sería mejor evitar los dos extremos: el exceso de ardor y la demasiada frialdad. Pero Dios es un ser soberano, que obra de varias maneras. A unos él los atrae por el amor, mientras que a otros los aterra con los truenos del Sinaí para que hallen la paz preciosa en Cristo. Los indecisos a veces son sacudidos por Dios sobre el abismo de la angustia eterna, hasta que clamen pidiendo misericordia y encuentren el gozo inefable. El cáliz de ellos rebosa, hasta que algunos, al no comprender, preguntan: "¿Por qué tanto exceso?"

Acerca de la censura que se hacía de los cultos, Evans escribió: "Me admiro de que el genio malo, llamándose "el ángel del orden", quiera tratar de cambiar todo lo que respecta a la adoración de Dios, volviéndola en un culto tan seco como el monte Gilboa. Esos hombres de orden desean que el rocío caiga y el sol brille sobre todas sus flores, en todos los lugares, menos en los cultos del Dios Todopoderoso. En los teatros, en los bares y en las reuniones políticas los hombres se conmueven, se entusiasman, y se exaltan como tocados por el fuego, igual que cualquier 'Saltador Galés'. Pero, conforme a sus deseos, ¡no debe existir nada que le dé vida y entusiasmo a los cultos religiosos! ¡Hermanos, meditad en esto! ¿Tenéis razón o estáis equivocados?"

Se cuenta que en cierto lugar tres predicadores tenían que hablar, siendo Evans el último. Era un día de mucho calor, los dos primeros sermones fueron muy largos, de modo que todos los oyentes estaban indiferentes y casi exhaustos. No obstante, después, cuando Evans llevaba unos quince minutos predicando sobre la misericordia de Dios, tal cual se ve en la parábola del Hijo Pródigo, centenares de personas que estaban sentadas en la hierba, repentinamente se pusieron de pie. Algunos lloraban y otros oraban llenos de angustia. Fue imposible continuar el sermón, la gente continuó llorando y orando durante el día entero, y toda la noche hasta el amanecer.

En la isla de Anglesea, sin embargo, Evans tuvo que enfrentarse a una doctrina encabezada por un orador elocuente e instruido. En la lucha contra el error de esa secta, Evans comenzó a decaer espiritualmente. Después de algunos años, ya no poseía el mismo espíritu de oración ni sentía el gozo de la vida cristiana. Él mismo cuenta cómo buscó y recibió de nuevo la unción del poder divino que hizo que su alma se encendiera aún más que antes:

"No podía continuar con mi corazón frío con relación a Cristo, a su expiación y a la obra de su Espíritu. No soportaba el corazón frío en el púlpito, en la oración secreta y en el estudio, en especial cuando me acordaba de que durante quince años mi corazón se había abrasado como si yo hubiese andado con Jesús en el camino a Emaús. Por fin, llegó el día que jamás olvidaré: En el camino a Dolgelly, sentí la necesidad de orar, a pesar de tener el corazón endurecido y el espíritu carnal. Después que comencé a suplicar, sentí como que unas pesadas cadenas que me ataban, caían al suelo, y como que dentro de mí se derretían montañas de hielo. Con esta manifestación aumentó en mí la certeza de haber recibido la promesa del Espíritu Santo. Me parecía que mi espíritu se había librado de una prolongada prisión, o como si estuviese saliendo de la tumba de un invierno en extremo frío. Las lágrimas me corrieron abundantemente y me sentí constreñido a clamar y pedir a Dios el gozo de su salvación y que él visitase de nuevo las iglesias de Anglesea que estaban bajo mi cuidado. Supliqué por todas las iglesias, mencionando el nombre de casi todos los predicadores de Gales. Luché en oración durante más de tres horas. El espíritu de intercesión comenzó a pasar sobre mí, como ondas, una después de otra, impelidas por un viento fuerte, hasta que mis fuerzas físicas se debilitaron de tanto llorar. Fue así que me entregué enteramente a Cristo, en cuerpo y alma, en talentos y en obras, mi vida entera, todos los días y todas las horas que aún me restaban por vivir, incluyendo todos mis anhelos. Todo, todo lo puse en las manos de Cristo... En el primer culto, después de esta experiencia, me sentí como removido de la región espiritualmente estéril y helada, hacia las tierras agradables de las promesas de Dios. Comencé entonces, de nuevo, los primeros combates en oración, sintiendo fuertes anhelos por la conversión de los pecadores, tal como lo sentí en Leyn. Me apoderé de la promesa de Dios. El resultado fue, que al volver a casa vi que el Espíritu obraba en los hermanos de Anglesea dándoles el espíritu de oración insistente."

Ocurrió entonces un gran avivamiento, pasando del predicador a la gente en todos los lugares de la isla de Anglesea, y en todo Gales. La convicción de pecado pasaba sobre los auditorios como grandes oleadas. El poder del Espíritu Santo obraba, hasta que el pueblo lloraba y danzaba de gozo. Uno de los que asistieron a su famoso sermón sobre el Endemoniado Gadareno, cuenta cómo Evans retrató tan fielmente la escena de la liberación del pobre endemoniado, la admiración de la gente al verlo liberado, el gozo de la esposa y de los hijos cuando volvió a la casa ya curado, que el auditorio rompió en grandes risas y llanto. Otro se expresó así: "El lugar se volvió un verdadero "Boquim" de lloro" (Jueces 2:1-5). Otro más dijo que el auditorio quedó como los habitantes de una ciudad sacudida por un terremoto, que salen corriendo, se postran en tierra y claman la misericordia de Dios.

Como no era poco lo que sembraba, recogía abundantemente, y al ver la tremenda cosecha, sentía que su celo ardía de nuevo y que su amor aumentaba, llevándolo a trabajar con más ahínco. Su firme convicción era que nadie, ni aun la mejor persona, puede salvarse sin la obra del Espíritu Santo, ni el corazón más rebelde puede resistir al poder del mismo Espíritu. Evans tenía siempre un objetivo cuando luchaba en oración; se apoyaba en las promesas de Dios, suplicando con tanta insistencia como aquel que no se va antes de recibir. Decía que la parte más gloriosa del ministerio del predicador era el hecho de agradecer a Dios por la obra del Espíritu Santo en la conversión de los pecadores.

Como vigía fiel, no podía pensar en dormir mientras la ciudad se incendiaba. Se humillaba ante Dios, agonizando por la salvación de los pecadores, y de buena voluntad gastó sus fuerzas y su salud por ellos. Trabajaba sin descanso, sin temer la censura de los religiosos fríos, el desprecio de los perdidos, ni la ira y la furia de los demonios.

A la edad de setenta y tres años, sin mostrar disminución en sus fuerzas físicas ni mentales, predicó el último sermón, como de costumbre, bajo el poder de Dios. Al finalizar dijo: "Este es mi último sermón." Los hermanos creyeron que se refería a su último sermón en aquel lugar. Pero el hecho es que cayó enfermo esa misma noche. En la hora de su muerte, tres días después, se dirigió al pastor que lo hospedaba, con estas palabras: "Mi gozo y consuelo es que después de dedicarme a la obra del santuario durante cincuenta y tres años, nunca me faltó sangre en el lebrillo. Predica a Cristo a la gente." Luego, después de cantar un himno, dijo: "¡Adiós! ¡Adiós!" y falleció.

La muerte de Christmas Evans fue uno de los acontecimientos más solemnes de toda la historia del principado de Gales. Fue llorado en todo el país.

El fuego del Espíritu Santo hizo que los sermones de este siervo de Dios enardecieran de tal manera los corazones, que la gente de su generación no podía oír pronunciar el nombre de Christmas Evans sin recordar vívidamente al hijo de María en el pesebre de Belén, su bautismo en el Jordán, el huerto de Getsemaní, el tribunal de Pilato, la corona de espinas, el monte Calvario, el Hijo de Dios inmolado en el altar y el fuego santo que consumía todos los holocaustos, desde los días de Abel hasta el día memorable en que fue apagado por la sangre del Cordero de Dios.

ENRIQUE MARTYN
Luz usada enteramente por Dios
1781-1812

$\mathcal{A}$rrodillado en una playa de la India, Enrique Martyn derramaba su alma ante el Maestro y oraba: "Amado Señor, yo también andaba en el país lejano; mi vida ardía en el pecado... quisiste que yo regresase, ya no más un tizón para extender la destrucción, sino una antorcha que resplandezca por ti (Zacarías 3:2). ¡Heme aquí entre las tinieblas más densas, salvajes y opresivas del paganismo. Ahora, Señor, quiero arder hasta consumirme enteramente por ti!"

El intenso ardor de aquel día siempre motivó la vida de ese joven. Se dice que su nombre es "el nombre más heroico que adorna la historia de la Iglesia de Inglaterra, desde los tiempos de la reina Isabel". Sin embargo, aun entre sus compatriotas, él no es muy conocido.

Su padre era de físico endeble. Después que él murió, los cuatro hijos, incluyendo Enrique, no tardaron en contraer la misma enfermedad de su padre, la tuberculosis.

Con la muerte de su padre, Enrique perdió el intenso interés que tenía por las matemáticas y más bien se interesó grandemente en la lectura de la Biblia. Se graduó con los honores más altos de todos los de su clase. Sin embargo, el Espíritu Santo habló a su alma: "Buscas grandes cosas para ti, pues no las busques." Acerca de sus estudios testificó: "Alcancé lo más grande que anhelaba, pero luego me desilusioné al ver que solo conseguí una sombra."

Tenía por costumbre levantarse de madrugada y salir a caminar solo por los campos, para gozar de la comunión íntima con Dios. El resultado fue que abandonó para siempre sus planes de ser abogado, un plan que todavía seguía porque "no podía consentir en ser pobre por el amor de Cristo".

Al escuchar un sermón sobre "El estado perdido de los paganos", resolvió entregarse a la vida misionera. Al conocer la vida abnegada del misionero Guillermo Carey, dedicada a su gran obra en la India, se sintió guiado a trabajar en el mismo país.

El deseo de llevar el mensaje de salvación a los pueblos que no conocían a Cristo, se convirtió en un fuego inextinguible en su alma después que leyó la biografía de David Brainerd, quien murió siendo aún muy joven, a la edad de veintinueve años. Brainerd consumió toda su vida en el servicio del amor intenso que profesaba a los pieles rojas de la América del Norte. Enrique Martyn se dio cuenta de que, como David Brainerd, él también disponía de poco tiempo de vida para llevar a cabo su obra, y se encendió en él la misma pasión de gastarse enteramente por Cristo en el breve espacio de tiempo que le restaba. Sus sermones no consistían en palabras de sabiduría humana, sino que siempre se dirigía a la gente, como "un moribundo, predicando a los moribundos".

A Enrique Martyn se le presentó un gran problema cuando la madre de su novia, Lidia Grenfel, no consentía en el casamiento porque él deseaba llevar a su esposa al extranjero. Enrique amaba a Lidia y su mayor deseo terrenal era establecer un hogar y trabajar junto con ella en la mies del Señor. Acerca de esto escribió en su diario lo siguiente: "Estuve orando durante hora y media, luchando contra lo que me ataba... Cada vez que estaba a punto de ganar la victoria, mi corazón regresaba a su ídolo y, finalmente, me acosté sintiendo una gran pena."

Entonces se acordó de David Brainerd, que se negaba a sí mismo todas las comodidades de la civilización, caminaba grandes distancias solo en la floresta, pasaba días sin comer, y después de esforzarse así durante cinco años volvió, tuberculoso, para fallecer en los brazos de su novia, Jerusha, hija de Jonatán Edwards.

Por fin, Enrique Martyn también ganó la victoria, obedeciendo al llamado a sacrificarse por la salvación de los perdidos. Al embarcarse, en 1805, para la India, escribió: "Si vivo o muero, que Cristo sea glorificado por la cosecha de multitudes para él."

A bordo del navío, al alejarse de su patria, Enrique Martyn lloró como un niño. No obstante, nada ni nadie podían desviarlo de su firme propósito de seguir la dirección divina. Él también era un tizón arrebatado del fuego, por eso repetidamente decía: "Que yo sea una llama de fuego en el servicio divino."

Después de una travesía de nueve largos meses a bordo y cuando ya se encontraba cerca de su destino, pasó un día entero en ayuno y oración. Sentía cuán grande era el sacrificio de la cruz y cómo era igualmente grande su responsabilidad para con los perdidos en la idolatría que sumaban multitudes en la India. Siempre repetía: "Sobre tus muros, oh Jerusalén, he puesto guardas; todo el día y toda la noche no callarán jamás. Los que os acordáis de Jehová, no reposéis, ni le deis tregua, hasta que restablezca a Jerusalén, y la ponga por alabanza en la tierra" (Isaías 62:6,7).

La llegada de Enrique Martyn a la India, en el mes de abril de 1806, fue también en respuesta a la oración de otros. La necesidad era tan grande en ese país, que los pocos obreros que allí habían, se pusieron de acuerdo en reunirse en Calcuta de ocho en ocho días, para pedir a Dios que enviase un hombre lleno del Espíritu Santo y de poder a la India. Al desembarcar Martyn, fue recibido con alegría por ellos, como la respuesta a sus oraciones.

Es difícil imaginar el horror de las tinieblas en que vivía ese pueblo, entre el cual fue Martyn a vivir. Un día, cerca del lugar donde se hospedaba, oyó una música y vio el humo de una pira fúnebre, acerca de las cuales había oído hablar antes de salir de Inglaterra. Las llamas ya comenzaban a subir del lugar donde una viuda se encontraba sentada al lado del cadáver de su marido muerto. Martyn, indignado, aunque se esforzó, no pudo conseguir salvar a la pobre víctima.

En otra ocasión fue atraído por el sonido de címbalos a un lugar donde la gente rendía culto a los demonios. Los adoradores se postraban ante un ídolo, obra de sus propias manos, ¡al que adoraban y temían! Martyn se sentía "realmente en la vecindad del infierno".

Rodeado de tales escenas, se esforzaba más y más, incansablemente, día tras día en aprender la lengua. No se desanimaba con la falta de fruto de su predicación, porque consideraba que era mucho más importante traducir las Escrituras y colocarlas en las manos del pueblo. Con esa meta fija en su mente perseveraba en la obra de la traducción, perfeccionándola con cuidado, poco a poco, y deteniéndose de vez en cuando para pedir el auxilio de Dios.

Cómo ardía su alma en el firme propósito de dar la Biblia al pueblo, se ve en uno de sus sermones, conservado en el Museo Británico, y que copiamos a continuación:

"Pensé en la situación triste del moribundo, que tan solo conoce bastante de la eternidad como para temer a la muerte, pero no conoce bastante del Salvador como para vislumbrar el futuro con esperanza. No puede pedir una Biblia para aprender algo en que afirmarse, ni puede pedir a la esposa o al hijo que le lean un capítulo para consolarlo. ¡La Biblia, ah, es un tesoro que ellos nunca poseyeron! Vosotros que tenéis un corazón para sentir la miseria del prójimo, vosotros que sabéis cómo la agonía del espíritu es más cruel que cualquier sufrimiento del cuerpo, vosotros que sabéis que está próximo el día en que tendréis que morir, ¡oh, dadles aquello que será un consuelo a la hora de la muerte!"

Para alcanzar ese objetivo, de dar las Escrituras a los pueblos de la India y de Persia, Martyn se dedicó a la tarea de traducir de día y de noche, en sus horas de descanso y mientras viajaba. No disminuía su marcha ni cuando el termómetro registraba el intenso calor de 50°, ni cuando sufría de fiebre intermitente, ni debido a la gravedad de la peste blanca que ardía en su pecho.

Igual que David Brainerd, cuya biografía siempre sirvió para inspirarlo, Enrique Martyn pasó días enteros en intercesión y comunión con su "amado, su querido Jesús". "Parece", escribió él, "que puedo orar cuanto quiera sin cansarme. Cuán dulce es andar con Jesús y morir por él..." La oración no era una mera formalidad para él, sino el medio de alcanzar la paz y el poder de los cielos, el medio seguro de quebrantar a los endurecidos de corazón y vencer a los adversarios.

Seis años y medio después de haber desembarcado en la India, a la edad de treinta y un años, cuando emprendía un largo viaje, falleció. Separado de los hermanos, del resto de la familia, rodeado de perseguidores, y su novia esperándolo en Inglaterra, lo enterraron en un lugar desconocido.

¡Fue muy grande el ánimo, la perseverancia, el amor y la dedicación con que trabajó en la mies de su Señor! Su celo ardió hasta consumirlo en ese corto espacio de seis años y medio. Nos es imposible apreciar cuán grande fue la obra que realizó en tan pocos años. Además de predicar, logró traducir parte de las Sagradas Escrituras a las lenguas de una cuarta parte de todos los habitantes del mundo. El Nuevo Testamento en indi, indostani y persa, y los evangelios en judeo-persa son solamente una parte de sus obras.

Cuatro años después de su muerte nació Fidelia Fiske en la tranquilidad de Nueva Inglaterra. Cuando todavía estudiaba en la escuela, leyó la biografía de Enrique Martyn. Anduvo cuarenta y cinco kilómetros de noche, bajo violenta tempestad de nieve, para pedir a su madre que la dejase ir a predicar el evangelio a las mujeres de Persia. Al llegar a Persia, reunió a las mujeres y les habló del amor de Jesús, hasta que el avivamiento en Oroomiah se convirtió en otro Pentecostés.

Si Enrique Martyn, que entregó todo para el servicio del Rey de reyes, pudiese hoy visitar la India y Persia, cuán grande sería la obra que encontraría, obra realizada por tan gran número de fieles hijos de Dios, en los cuales ardió el mismo fuego encendido por la lectura de la biografía de ese precursor.

ADONIRAM JUDSON

Misionero, explorador espiritual de Birmania

1788-1850

El misionero, débil y enflaquecido por los sufrimientos y privaciones, fue conducido en compañía de los más empedernidos criminales, como ganado, a latigazos y sobre la arena ardiente a la prisión. Su esposa logró entregarle una almohada para que pudiese dormir mejor sobre el duro suelo de la prisión. Sin embargo, él descansaba todavía mejor porque sabía que dentro de la almohada que tenía debajo de la cabeza, estaba escondida la preciosa porción de la Biblia que tradujo con grandes esfuerzos a la lengua del pueblo que lo perseguía.

¡Sucedió que el carcelero le quitó la almohada para su propio uso! ¿Qué podía hacer el pobre misionero para recuperar su tesoro? Entonces su esposa preparó con grandes sacrificios una almohada mejor y consiguió cambiarla con la que tenía el carcelero. En esa forma la traducción de la Biblia fue conservada en la prisión durante casi dos años; la Biblia entera, después que él la completó, fue dada por primera vez a los millones de habitantes de Birmania.

En toda la historia, desde los tiempos de los apóstoles, son pocos los nombres que nos inspiran tanto a esforzarnos por la obra misionera, como los nombres de los esposos, Ana y Adoniram Judson. En cierta iglesia de Malden, suburbio de Boston, se encuentra una placa de mármol con la siguiente inscripción:

En memoria
del
Reverendo Adoniram Judson.
Nació el 9 de agosto de 1788.
Murió el 12 de abril de 1850.
Lugar de nacimiento: Malden.
Lugar de su sepultura: El mar.
Su obra: Los salvos de Birmania
y la Biblia birmana.
Su historial: En las alturas.

Adoniram fue un niño precoz: su madre le enseñó a leer un capítulo entero de la Biblia, antes de que cumpliese cuatro años de edad.

Su padre le inculcó el deseo ardiente de tratar de alcanzar siempre la perfección en todo cuanto hacía, superando a cualquiera de sus compañeros. Esa fue la norma de toda su vida.

Los años que pasó estudiando fue la época en que el ateísmo, que se había originado en Francia, se infiltró en el país. El gozo que experimentaron sus padres cuando el hijo ganó el primer lugar de su clase, se transformó en tristeza cuando Adoniram les confesó que ya no creía más en la existencia de Dios. El recién graduado sabía enfrentar los argumentos de su padre, que era un pastor instruido y quien nunca sufrió tales dudas. Sin embargo, las lágrimas y amonestaciones de su madre lo acompañaron siempre, después que abandonó el hogar paterno.

No mucho después de "ganar el mundo", se encontró, en casa de un tío suyo, con un joven predicador, quien conversó con él tan seriamente acerca de su alma, que Judson quedó muy impresionado. Viajó el día siguiente solo, montando a caballo. Al anochecer llegó a una villa donde pasó la noche en una pensión. En el cuarto contiguo al que él ocupaba, yacía un joven moribundo, y Judson no pudo conciliar el sueño durante toda la noche. ¿Sería el moribundo un creyente? ¿Estaría preparado para morir? Tal vez fuese un "libre pensador", ¡hijo de padres piadosos que oraban por él! Otra cosa que le perturbaba era el recuerdo de sus compañeros, los alumnos agnósticos del colegio de Providence. Cómo se avergonzaría si los antiguos colegas, especialmente el sagaz compadre, Ernesto, supiesen lo que él sentía ahora en su corazón.

Cuando amaneció, le informaron que el joven había muerto. Respondiendo a su pregunta, le dijeron que el fallecido era uno de los mejores alumnos del colegio de Providence, ¡Y su nombre era Ernesto!

La noticia de la muerte de su compañero ateo dejó a Judson estupefacto. Sin darse cuenta de cómo, se encontró viajando de regreso a su casa. Desde entonces, todas sus dudas acerca de Dios y de la Biblia se desvanecieron. Constantemente resonaban en sus oídos las palabras: "¡Muerto! ¡Perdido! ¡Perdido!"

Poco tiempo después de ese acontecimiento, se dedicó solemnemente a Dios y comenzó a predicar. Que su consagración fue profunda y completa, quedó probado por la manera en que se aplicó a la obra de Dios.

En ese tiempo Judson escribió a su novia: "En todo lo que hago, me pregunto: ¿Agradará esto al Señor? Hoy alcancé un mayor grado de gozo de Dios, pues sentí una gran alegría ante su trono."

Es así como Judson nos cuenta, en las siguiente palabras, el llamado que recibió para el servicio de misionero: "Fue cuando andaba en un lugar solitario en la floresta, meditando y orando sobre el asunto y casi resuelto a abandonar la idea, que me fue dada la orden: 'Id por todo el mundo y predicad el evangelio a toda criatura'. Este asunto se me reveló tan claramente y con tanta fuerza, que resolví obedecer, a pesar de los obstáculos que se me presentaron."

Judson, y cuatro de sus colegas se reunieron bajo un montón de heno para orar, y allí con solemnidad dedicaron su vida a Dios para llevar el evangelio "hasta lo último de la tierra". No había ninguna junta de misiones que los enviara. Sin embargo, Dios bendijo la dedicación de los jóvenes, tocando el corazón de los creyentes para que proveyeran el dinero para tal empresa.

A Judson se le ofreció en ese mismo tiempo un puesto en el cuerpo docente de la universidad de Brown, invitación que él rehusó. Después fue llamado a pastorear una de las mayores iglesias de América del Norte. También rechazó esa invitación. Fue grande el descontento del padre y el llanto de la madre y la hermana, al saber que Judson se había ofrecido para la obra de Dios en el extranjero, donde nunca antes había sido proclamado el evangelio.

La esposa de Judson demostró aún más heroísmo, porque era la primera mujer que salía de los Estados Unidos como misionera. A la edad de dieciséis años tuvo su primera experiencia religiosa. Era tan vanidosa, que las personas que la conocían, temían que el castigo repentino de Dios cayese sobre ella. Pero cierto domingo, mientras se preparaba para el culto, quedó profundamente impresionada por estas palabras: "Pero la que se entrega a los placeres, viviendo está muerta." Acerca de la transformación de su vida ella escribió más tarde lo siguiente: "Día tras día yo gozaba una dulce comunión con Dios bendito; en mi corazón sentía el amor que me unía a los creyentes de todas las denominaciones; encontré las Sagradas Escrituras dulce a mi paladar y sentí una sed tan grande de conocer las cosas religiosas, qué frecuentemente me pasaba casi noches enteras leyendo." Todo el ardor que había demostrado en la vida mundana, ahora lo sentía en la obra de Cristo. Por algunos años, antes de aceptar el llamado para ser misionera, trabajaba como profesora y se esforzaba por ganar a sus alumnos para Cristo.

Adoniram, después de despedirse de sus padres para emprender su viaje a la India, fue acompañado hasta Boston por su hermano Elnatán, un joven que no había sido salvo todavía. En el camino los dos se apearon de sus caballos, entraron al bosque y allí, de rodillas, Adoniram rogó a Dios que salvase a su hermano. Cuatro días después los dos se separaron para no volverse a encontrar nunca más en este mundo. Sin embargo, algunos años después, Adoniram tuvo noticias de que su hermano también había recibido la herencia del reino de Dios.

Judson y su esposa se embarcaron con rumbo a la India en 1812, debiendo pasar casi cuatro meses a bordo del navío. Ese tiempo lo aprovecharon para estudiar y los dos llegaron a comprender entonces que el bautismo bíblico es por inmersión y no por aspersión, como su denominación lo practicaba. Sin tomar en cuenta la oposición de sus conocidos, que eran muchos, y sin importarles su propio sustento, no vacilaron en informar sobre este hecho a aquellos que los habían enviado. Fueron bautizados en el puerto de desembarque, en Calcuta.

Poco después fueron expulsados de esa ciudad por causa de la situación política y fueron huyendo de país en país. Por fin, diecisiete largos meses después de haber partido de América, llegaron a Rangún, Birmania. Judson estaba casi exhausto por causa de los horrores que sufrió a bordo. Su esposa estaba tan cerca de la muerte que ya no podía caminar, por lo que tuvo que ser llevada a tierra en una camilla.

El imperio de la Birmania de aquella época era más bárbaro y de lengua y costumbres más extrañas que cualquier otro país que los Judson habían visitado. Al desembarcar, en respuesta a sus oraciones hechas durante las largas vigilias de la noche, los dos fueron sustentados por una fe invencible y por el amor divino que los llevaba a sacrificar todo para que la gloriosa luz del evangelio iluminase también las almas de los habitantes de ese país.

Ahora, un siglo después, podemos ver cómo el Maestro dirigía a sus siervos, cerrando las puertas durante el prolongado viaje para que no fuesen a los lugares que ellos esperaban y deseaban ir. Hoy se puede ver claramente que Rangún, el puerto principal de Birmania, era justamente el punto más estratégico para iniciar la ofensiva de la Iglesia de Cristo contra el paganismo en el continente asiático.

Para estudiar el difícil idioma de Birmania fue necesario que ellos preparasen su propio diccionario y gramática. Transcurrieron cinco años y medio antes que ellos llevaran a cabo el primer culto para el pueblo nativo. Ese mismo año bautizaron al primer convertido, a pesar de tener conocimiento de la orden del rey de que nadie podía cambiar de creencia, so pena de ser condenado a muerte.

Al salir de su tierra para ser misionero, Judson llevaba consigo una considerable suma de dinero, una parte la ganó en su empleo y otra parte correspondía a contribuciones ofrecidas por sus parientes y amigos. No solo puso todo eso a los pies de aquellos que dirigían la obra misionera, sino también cinco mil doscientas rupias que el Gobernador General de la India le pagó por sus servicios prestados en ocasión del armisticio de Yandabo

Rehusó el empleo de intérprete del gobierno, que representaba un salario elevado, prefiriendo ir a sufrir las mayores privaciones y oprobios, para ganar las almas de los pobres birmanios para Cristo.

Durante once meses, estuvo en cadenas preso en Ava, que en aquel tiempo era la capital de Birmania. Pasó algunos días en compañía de otros sesenta sentenciados a muerte como él, encerrado en un edificio sin ventanas, obscuro y donde hacía mucho calor, sin ventilación e inmundo en extremo. Pasaba el día con los pies y las manos en el cepo. Para pasar la noche, el carcelero le pasaba una caña de bambú entre los pies encadenados, juntándolo con otros prisioneros y, por medio de cuerdas, los levantaba hasta que apenas los hombros descansaban en el suelo. Además de ese sufrimiento, tenía que oír cada instante los gemidos mezclados con las torpes imprecaciones de los más endurecidos criminales de Birmania. Al ver a los otros prisioneros que arrastraban afuera para morir a manos del verdugo, Judson solía decir: "Cada día muero." Las cinco cadenas de hierro pesaban tanto, que llevó las marcas de los grilletes en su cuerpo hasta la muerte. Seguramente que él no habría resistido si su fiel esposa no hubiese conseguido permiso del carcelero para, en la obscuridad de la noche, llevarle comida y consolarlo con palabras de esperanza.

Un día, sin embargo, ella no apareció; su ausencia se prolongó durante veinte largos días. Al reaparecer, traía en los brazos una criaturita recién nacida.

Judson, cuando salió libre, se apresuró todo lo que pudo para llegar a casa, pero tenía las piernas estropeadas por el largo tiempo que había pasado en la cárcel. ¡Hacía muchos días que no recibía noticias de su querida Ana! ¿Vivía ella todavía? Por fin la encontró, aún con vida, pero con fiebre y próxima a morir.

En esa ocasión ella se recuperó, pero antes de completar catorce años en Birmania, falleció. Conmueve el alma leer la dedicación que Ana de Judson tuvo a su marido, así como la parte que desempeñó en la obra de Dios y en su hogar hasta el día de su muerte.

Algunos meses después de la muerte de la esposa de Judson, su hija también murió. Durante los seis largos años siguientes trabajó solo. Luego se casó con la viuda de otro misionero. La nueva esposa que gozaba los frutos de los incesantes esfuerzos que realizaron en Birmania, se mostró tan solícita y cariñosa como Ana.

Judson persevero durante veinte años para completar la mayor contribución que se podía hacer a Birmania: la traducción de toda la Biblia a la propia lengua del pueblo.

Después de trabajar con tesón en el campo extranjero durante treinta y dos años, para salvar la vida de su esposa, embarcó con ella y tres de los hijos, de regreso a América, su tierra natal. No obstante, en vez de mejorar de la enfermedad que sufría, como se esperaba, ella murió durante el viaje, y fue enterrada en Santa Helena, donde el navío aportó. ¿Quién podría describir lo que Judson sintió al desembarcar en los Estados Unidos, cuarenta y cinco días después de la muerte de su querida esposa?

Judson, que durante tantos años había estado ausente de su tierra, se sentía ahora desconcertado por el recibimiento que le daban en las ciudades de su país. Se sorprendió, después de desembarcar, al verificar que todas las casas se abrían para recibirlo. Su nombre era conocido por todos. Grandes multitudes afluían para oírlo predicar. Sin embargo, después de haber pasado treinta y dos años en Birmania, ausente de su país, como es natural, se sintió extranjero en su tierra natal y no quería levantarse delante del público para hablar en la lengua materna. Además, sufría de los pulmones y era necesario que otro repitiese al auditorio lo que él apenas podía decir balbuceando.

Se cuenta que cierto día en un tren, entró un vendedor de periódicos. Judson aceptó uno y distraído comenzó a leerlo; el pasajero que estaba a su lado le llamó la atención diciéndole que el muchacho aún estaba esperando que le pagase los cinco centavos que costaba el periódico. Mirando al vendedor, le pidió disculpas diciéndole que creía que el periódico lo ofrecían gratis, pues él acostumbraba distribuir mucha literatura en Birmania, durante muchos años, sin cobrar un centavo.

Apenas había pasado ocho meses entre sus compatriotas cuando se casó de nuevo, y embarcó por segunda vez para Birmania. Continuó su obra en aquel país, sin descansar, hasta alcanzar la edad de sesenta y un años. Judson recibió el llamado para estar con su Maestro mientras viajaba lejos de la familia. Conforme a su deseo, fue sepultado en alta mar.

Adoniram Judson acostumbraba pasar mucho tiempo orando de madrugada y de noche. Se dice que gozaba de la más íntima comunión con Dios cuando caminaba apresuradamente. Sus hijos, al oír sus pasos firmes y resueltos dentro del cuarto, sabían que su padre estaba elevando sus plegarias al trono de la gracia. Su consejo era: "Planifica tus asuntos, si te es posible, de manera que puedas pasar de dos a tres horas, todos los días, no solo adorando a Dios, sino orando en secreto."

Su esposa cuenta que, durante su última enfermedad, antes de fallecer, ella le leyó la noticia de cierto periódico, referente a la conversión de algunos judíos en la Palestina, justo donde él quería ir a trabajar antes de ir a Birmania. Esos judíos, después de leer la historia de los sufrimientos de Judson en la prisión de Ava, se sintieron inspirados a pedir también un misionero, y así fue como se inició una gran obra entre ellos.

Al oír eso, los ojos de Judson se llenaron de lágrimas. Con el semblante solemne y la gloria de los cielos estampada en el rostro, tomó la mano de su esposa y le dijo: "Querida, esto me espanta. No lo comprendo. Me refiero a la noticia que leíste. Nunca oré sinceramente por algo y que no lo recibiese, pues aunque tarde, siempre lo recibí, de alguna manera, tal vez en la forma menos esperada, pero siempre llegó a mí. Sin embargo, respecto a este asunto ¡yo tenía tan poca fe! Que Dios me perdone y si en su gracia me quiere usar como su instrumento, que limpie toda la incredulidad de mi corazón."

En esta historia se nota otro hecho glorioso: Dios no solo concede frutos por los esfuerzos de sus siervos, sino también por sus sufrimientos. Por muchos años, hasta poco antes de su muerte, Judson consideró los largos meses de horrores de la prisión en Ava enteramente perdidos para la obra misionera.

Al comienzo de su trabajo en Birmania, Judson concibió la idea de evangelizar por último a todo el país. Su mayor esperanza era ver durante su vida, una iglesia de cien birmanos salvos y la Biblia impresa en la lengua de ese país. Sin embargo, en el año de su muerte había sesenta y tres iglesias y más de siete mil bautizados, los cuales eran dirigidos por un número total de 163 misioneros, pastores y auxiliares. Las horas que pasó cada día suplicando a Dios, que da más abundantemente de lo que pedimos o entendemos, no fueron perdidas.

Durante los últimos días de su vida se refirió muchas veces al amor de Cristo. Con los ojos iluminados y las lágrimas corriéndole por el rostro, exclamaba: "¡Oh, el amor de Cristo! ¡El maravilloso amor de Cristo, la bendita obra del amor de Cristo!" En cierta ocasión dijo: "Tuve tales visiones del amor condescendiente de Cristo y de las glorias de los cielos, como pocas veces, creo, son concedidas a los hombres. ¡Oh, el amor de Cristo! Es el misterio de la inspiración de la vida y la fuente de la felicidad en los cielos. ¡Oh, el amor de Jesús! ¡No lo podemos comprender ahora, pero qué magnífica experiencia será para toda la eternidad!"

Hemos añadido aquí el último párrafo de la biografía de Adoniram Judson escrita por uno de sus hijos. ¿Quién puede leerlo sin sentir que el Espíritu Santo lo anima a tomar parte activa en llevar el evangelio a uno de los muchos lugares que aún no lo tienen?

Se dice que el corazón del héroe escocés Bruce fue embalsamado después de su muerte y guardado en un cofrecito de plata. Cuando sus descendientes estaban luchando en una batalla que parecía perdida, el general lanzó ese corazón entre el ejército enemigo. Al ver esto, las tropas escocesas lucharon reñida e invenciblemente a fin de recobrar la reliquia. Con toda certeza el cristianismo nunca se retirará de las tumbas de sus muertos en los países paganos. Hasta aquel día en que toda rodilla se doblará ante el Señor Jesús, los corazones creyentes serán inducidos a realizar los mayores esfuerzos por el recuerdo de Ana Judson, enterrada debajo del hopiaá (un árbol) en Birmania; de Sara Judson, cuyo cuerpo descansa en la isla pedregosa de Santa Helena, y de Adoniram Judson, sepultado en las aguas del Océano Índico.

CARLOS FINNEY

Apóstol de avivamientos
1792-1875

En el siglo XIX, cerca de la aldea de New York Mills, había una fábrica de tejidos, movida por la fuerza de las aguas del río Oriskany. Cierta mañana, los operarios conversaban conmovidos, sobre el poderoso culto de la noche anterior, celebrado en el edificio de la escuela pública.

Poco después de comenzar a oírse el ruido de las máquinas, el predicador, un joven alto y atlético, entró en la fábrica. El poder del Espíritu Santo todavía permanecía sobre él. Al verlo, los operarios sintieron la culpa de sus pecados, al extremo de tener que hacer grandes esfuerzos para poder continuar trabajando. Al pasar cerca de dos muchachas que trabajaban juntas, una de ellas en el momento que enmendaba un hilo, fue presa de tan fuerte convicción que cayó al suelo llorando. Instantes después, casi todos los que estaban alrededor tenían lágrimas en los ojos, y en pocos minutos, el avivamiento pasó a todas las dependencias de la fábrica.

El director, viendo que los operarios no podían trabajar, creyó que sería mejor que cuidasen de la salvación del alma, y ordenó que parasen las máquinas. La compuerta de las aguas se cerró y los operarios se reunieron en un salón del edificio. El Espíritu Santo obró entonces con gran poder y en pocos días casi todos ellos se convirtieron.

Se dice acerca de este predicador, que se llamaba Carlos Finney, que después de predicar en Governeur, en el Estado de Nueva York, no hubo baile ni representación de teatro en la ciudad durante seis años. Se calcula que durante los años de 1857 y 1858 más de cien mil personas se ganaron para Cristo, debido a la obra directa e indirecta de Finney.

Su autobiografía es uno de los más maravillosos relatos de manifestaciones del Espíritu Santo, exceptuando el libro de los Hechos de los Apóstoles; algunos consideran el libro de Finney, "Teología sistemática", una de las obras más importantes sobre teología, exceptuando, es claro, las Sagradas Escrituras.

¿Cómo se explica su éxito tan rotundo en los anales de los siervos de la Iglesia de Cristo? Sin duda, su notable éxito era, ante todo, el resultado de su profunda conversión.

Nació en el seno de una familia no creyente y se crió en un lugar donde los miembros de la iglesia conocían únicamente la fría formalidad de los cultos. Finney era abogado; al encontrar en sus libros de jurisprudencia muchas citas de la Biblia, compró un ejemplar, con la intención de conocer las Escrituras. El resultado fue que después de la lectura encontró mayor interés en los cultos de los creyentes. Acerca de su conversión él relata, en su autobiografía, lo siguiente:

"Al leer la Biblia, asistir a las reuniones de oración y oír los sermones del señor Gale, me di cuenta de que yo no estaba preparado para entrar a los cielos... Quedé impresionado, especialmente, con el hecho de que las oraciones de los creyentes, semana tras semana, no son contestadas. Leí en la Biblia: "Pedid, y se os dará; buscad, y hallaréis; llamad, y se os abrirá." Leí también que, Dios está más dispuesto a dar el Espíritu Santo a los que se lo pidan, que los padres terrenales a dar buenas cosas a sus hijos. Oía cómo los creyentes pedían un derramamiento del Espíritu Santo, y luego confesaban que no lo habían recibido.

"Se exhortaban unos a otros a avivarse y pedir en sus oraciones un derramamiento del Espíritu de Dios, y afirmaban que de esa manera habría un avivamiento con la conversión de pecadores... Pero al seguir leyendo la Biblia, comprendí que las oraciones de los creyentes no recibían respuesta porque no tenían fe, es decir, no confiaban que Dios les daría lo que pedían... Sin embargo, eso me hizo sentir un gran alivio con respecto a la veracidad del evangelio... y quedé convencido de que la Biblia, a pesar de todo, es la verdadera Palabra de Dios.

"Fue un domingo del año 1821 que me propuse sinceramente resolver el problema de la salvación de mi alma y estar en paz con Dios. Reconocí las grandes responsabilidades que tenía como abogado y decidí seguir rigurosamente la determinación de ser salvo. Por la Providencia divina no estuve muy ocupado ni el lunes ni el martes, por lo que pude pasar la mayor parte del tiempo leyendo la Biblia y orando.

"Pero al encarar la situación resueltamente, no tuve el suficiente coraje para ponerme a orar sin antes tapar el hueco de la cerradura de la puerta. Antes, dejaba la Biblia abierta sobre la mesa junto con los demás libros y no me avergonzaba de leerla delante de otras personas. Pero ahora, si entrase alguien, colocaría un libro abierto sobre la Biblia para esconderla.

"Durante el lunes y el martes mi convicción aumentó, pero parece que mi corazón se endureció. No podía ni llorar, ni orar... El martes por la noche me sentí muy nervioso y tuve la impresión de estar cerca de la muerte. Estaba seguro que si moría, iría al infierno.

"Muy temprano, salí para mi oficina... Parecía que una voz me preguntaba: "¿Por qué esperas? ¿No prometiste dar tu corazón a Dios? ¿Qué intentas: alcanzar la justificación por tus obras?" Fue entonces que percibí claramente, como lo veo ahora, la realidad y la plenitud de la propiciación de Cristo. Vi que su obra era completa y, en vez de necesitar de una justicia propia para que Dios me aceptara, tenía que sujetarme a la justicia de Dios por intermedio de Cristo... Sin saberlo, me quedé inmóvil por algún tiempo en medio de la calle, en el mismo lugar donde la voz interior se dirigió a mí. Entonces me asaltó una pregunta: "¿Lo aceptarás ahora, hoy?" Repliqué: "Lo aceptaré hoy o me esforzaré hasta morir..." En vez de ir a la oficina, me volví para entrar en el bosque, donde podía expresar mis sentimientos sin pena, sin que nadie me viera ni me oyese.

"Sin embargo, mi orgullo continuaba manifestándose; pasé por encima de una elevación del terreno y anduve furtivamente por detrás de una cerca para que nadie me viese y pensase que iba a orar. Me interné en el bosque y caminé cerca de medio kilómetro, hasta que encontré un lugar más escondido entre algunos árboles caídos. Al entrar allí, me dije: "Entregaré mi corazón a Dios, o de lo contrario no saldré de aquí."

"Pero al intentar orar, mi corazón se resistía. Yo había pensado que una vez que estuviese completamente solo, donde nadie pudiese oírme, podría orar libremente. Sin embargo, al tratar de hacerlo, descubrí que no tenía nada que decir a Dios. Cada vez que intentaba orar, me parecía oír que alguien se aproximaba.

"Por último, llegué casi a desesperarme. Mi corazón estaba muerto para con Dios y no quería orar. Entonces me reproché por haberme comprometido a entregar mi corazón a Dios antes de salir del bosque. Comencé a creer que Dios ya me había abandonado... Me sentí tan débil que no pude continuar arrodillado.

"Fue justamente en ese momento que creí oír de nuevo que alguien se aproximaba, y abrí los ojos para ver. Luego, me fue revelado que el orgullo de mi corazón era la barrera que había entre mi salvación y yo. Quedé vencido por la convicción del gran pecado de avergonzarme de que alguien me encontrase de rodillas ante Dios, y grité en alta voz que no abandonaría el lugar, aun cuando todos los hombres de la tierra y todos los demonios del infierno me rodeasen. Grité: "¡Vaya, un vil pecador como yo, de rodillas ante el gran y santo Dios, estoy confesándole mis pecados, y me avergüenzo de él ante el prójimo, que es un pecador como yo, porque me encuentro de rodillas buscando la paz con mi Dios ofendido!" El pecado me parecía horrendo, infinito. Quedé quebrantado hasta el polvo delante del Señor.

"En ese instante el siguiente versículo me iluminó: "Entonces me invocaréis, y vendréis, y oraréis a mí, y yo os oiré; y me buscaréis y me hallaréis, porque me buscaréis de todo vuestro corazón."

"Continué orando y recibiendo promesas, y apropiándome de ellas no sé por cuánto tiempo. Oré hasta que sin saber cómo, me vi regresando al camino. Recuerdo que me dije a mí mismo: "Si llego a convertirme, predicaré el evangelio."

"En el camino, de regreso a la aldea, tuve conciencia de una paz muy dulce y una gloriosa calma. "¿Qué es esto?' me pregunté a mí mismo." ¿Acaso entristecí al Espíritu Santo hasta hacerlo alejar de mí? No siento más ninguna convicción..." Entonces recordé que le había dicho a Dios, que iba a confiar en su Palabra... La calma de mi espíritu era indescriptible... Fui a almorzar, pero no tenía apetito. Fui a mi oficina, pero mi socio no había vuelto del almuerzo. Comencé a tocar la música de un himno en el contrabajo, como de costumbre. Sin embargo, al comenzar a cantar las palabras sagradas, mi corazón parecía derretirse, y solo podía llorar...

"Al entrar y cerrar la puerta, me pareció encontrarme con el Señor Jesucristo cara a cara. No se me ocurrió entonces, ni hasta después de algún tiempo, que esa fuera únicamente una concepción mental. Al contrario, me parecía haberme encontrado con él, como me encuentro con cualquier persona. Él no me dijo nada, pero me miró de tal manera, que quedé quebrantado y postrado a sus pies. Eso para mí fue, y ha sido siempre, una experiencia extraordinaria, porque me pareció una realidad, como si él mismo estuviese allí de pie delante de mí y yo me postrase a sus pies y le derramase mi alma. Lloré en alta voz y me confesé como me fue posible, entre sollozos. Me parecía que lavaba sus pies con mis lágrimas; no obstante, sin sentir que tocase al Señor...

"Al darme vuelta para sentarme, recibí el poderoso bautismo en el Espíritu Santo. Sin esperarlo, sin siquiera saber que hubiese tal cosa para mí, el Espíritu Santo descendió de tal manera sobre mi persona, que parecía llenarme el alma y el cuerpo. Lo sentí como una onda eléctrica que me traspasaba repetidas veces. Es más, me parecían ondas de amor líquido: no sabría describirlas de otra manera. Parecía el propio hálito de Dios.

"No existen palabras para describir el maravilloso amor que recibí en mi corazón. Lloré de tanto gozo y amor que sentí; creo que sería mejor decir que expresé, llorando en voz alta, el gozo indecible de mi corazón. Aquellas ondas de amor pasaron sobre mí una tras otra, hasta que clamé: "Moriré si estas ondas continúan pasando sobre mí. ¡Señor, no soporto más!" Sin embargo, yo no tenía miedo alguno a la muerte.

"No sé por cuánto tiempo ese bautismo siguió pasando sobre

mí y, por todo mi ser. Lo que sí sé es que ya había caído la noche cuando el director del coro vino a la oficina a visitarme. Me encontró en ese estado de llanto y gritando, por lo que me preguntó: "Señor Finney, ¿qué tiene?" Por algún tiempo no pude responderle. Volvió entonces a preguntarme: "¿Le duele algo?" Con dificultad le respondí: "No, pero me siento demasiado feliz para vivir."

"Salió y en breve volvió acompañado por uno de los ancianos de la iglesia. Ese anciano siempre fue un hombre de espíritu mesurado que casi nunca se reía. Al entrar, me encontró más o menos en el mismo estado que me encontró el joven que lo fue a llamar. Quiso saber lo que yo sentía, y comencé a explicarle. Pero en vez de responderme, se puso a reír con una risa espasmódica, incontenible, que no podía evitar, porque procedía del fondo de su corazón.

"En ese momento entró un joven que había comenzado a frecuentar los cultos de la iglesia. Presenció todo por algunos momentos, y luego cayó al suelo sintiendo una grande angustia en su alma y clamando: "¡Oren por mí!"

El anciano de la iglesia y el otro creyente oraron, y después Finney también oró. Poco después todos se retiraron dejando a Finney solo.

Al acostarse para dormir, Finney se adormeció, pero luego despertó debido al amor que le rebosaba del corazón. Eso le sucedió repetidas veces durante la noche. Él escribió después sobre lo sucedido lo siguiente:

"Cuando me desperté por la mañana, la luz del sol penetraba en mi aposento. No encontraba palabras para expresar mis sentimientos al ver la luz del sol. En ese mismo instante el bautismo del día anterior volvió sobre mí. Me arrodillé al lado de la cama y lloré del gozo que sentía. Pasé mucho tiempo sin poder hacer otra cosa que no fuera derramar mi alma delante de Dios."

Durante el día la gente se ocupó en hablar de la conversión del abogado. Al anochecer, sin que se hubiese anunciado ningún culto, se congregó una gran multitud en el templo. Cuando Finney narró lo que Dios había hecho en su alma, muchas personas se conmovieron profundamente, uno de los presentes sintió tanta convicción, que volvió a su casa olvidando el sombrero.

Cierto abogado afirmó: "No hay duda de que él es sincero, pero también es evidente que enloqueció." Finney habló y oró con toda libertad. Durante algún tiempo se realizaron cultos todas las noches, con la asistencia de personas pertenecientes a todas las clases sociales. Ese gran avivamiento se esparció por muchos lugares vecinos.

Respecto de ese acontecimiento escribió: "Por ocho días (después de su conversión) mi corazón permaneció tan lleno, que no sentía deseos ni de comer ni de dormir. Era como si tuviese un manjar para comer que el mundo no conocía. No sentía necesidad de alimentarme ni de dormir... Por fin, me di cuenta de que debía comer como de costumbre y dormir cuanto me fuese posible.

"Un gran poder acompañaba a la Palabra de Dios; todos los días me admiraba al notar cómo pocas palabras dirigidas a una persona, le traspasaba el corazón como una flecha.

"No demoré mucho en ir a visitar a mi padre. Él no era salvo; el único miembro de la familia que profesaba la religión era mi hermano menor. Mi padre me recibió en la puerta de entrada y me preguntó: "¿Cómo estás, Carlos?" Le respondí: "Bien, padre mío, tanto de cuerpo como de alma. Pero, papá, tú ya estás entrado en años; todos tus hijos ya son adultos y están casados; sin embargo, nunca oí a nadie orar en tu casa." Él bajó la cabeza y comenzó a llorar, diciendo: "Es verdad, Carlos; entra y ora tú mismo."

"Entramos y oramos. Mis padres quedaron muy conmovidos, y no mucho después, se convirtieron. Si mi madre había alimentado alguna esperanza antes, nadie lo sabía."

Fue así como ese abogado, Carlos G. Finney, perdió todo el gusto por su profesión y se convirtió en uno de los más famosos predicadores del evangelio. Sobre su método de trabajo él escribió:

"Di un gran énfasis a la oración, porque la consideraba indispensable, si realmente queríamos un avivamiento. Me esforzaba por enseñar la propiciación de Jesucristo, su divinidad, su misión divina, su vida perfecta, su muerte vicaria, su resurrección, el arrepentimiento, la fe, la justificación por la fe y otras doctrinas, las cuales tomaban vida mediante el poder del Espíritu Santo.

"Los medios empleados eran simplemente la predicación, los cultos de oración, mucha oración en secreto, evangelización personal intensiva y cultos para la instrucción de los interesados.

"Yo tenía la costumbre de pasar mucho tiempo orando; creo que a veces oraba realmente sin cesar. También vi que era muy provechoso observar frecuentemente días enteros de ayuno en secreto. En esos días, a fin de estar completamente solo con Dios, me iba al bosque, o me encerraba dentro del templo..."

A continuación podemos ver cómo Finney y su compañero de oración, el hermano Nash, "bombardeaban" los cielos con sus oraciones:

"Casi a un kilómetro de distancia de la residencia del señor S... vivía cierto adepto del universalismo. Debido a sus preconceptos religiosos rehusaba asistir a los cultos. Cierta vez el hermano Nash, que se hospedaba conmigo en la casa del señor S... se retiró al bosque, para luchar en oración, solo, bien temprano de madrugada, según era su costumbre. En esa ocasión la mañana estaba tan serena que podía oírse cualquier sonido a gran distancia. El universalista al levantarse de madrugada, salió de casa y oyó la voz de quien oraba. Después dijo que percibió que se trataba de una oración, a pesar de que no llegó a comprender muchas de las palabras, pero sí reconoció quién oraba. Aquello le traspasó el corazón como una flecha. Sintió la realidad de la religión como nunca. La flecha permanecía en su corazón, y solo encontró alivio creyendo en Cristo."

Respecto al espíritu de oración, Finney afirmó que "era común en esos avivamientos que los recién convertidos se sintiesen llevados del deseo de orar, hasta el punto de orar durante noches enteras, hasta faltarles las fuerzas físicas. El Espíritu Santo constreñía en gran manera el corazón de los creyentes, y sentían constantemente la responsabilidad por la salvación de las almas inmortales. La seriedad de sus pensamientos se manifestaba en el cuidado con que hablaban y se comportaban. Era muy común encontrar creyentes reunidos en un lugar, arrodillados orando, en vez de estar platicando."

En cierta época en que las nubes de la persecución eran cada vez más negras, Finney, como era su costumbre en tales circunstancias, se sintió guiado a disiparlas, orando. En vez de enfrentar las acusaciones hablando en público o en privado, oraba. Acerca de su experiencia, él escribió: "Alcé mis ojos a Dios con gran anhelo, día tras día, rogándole que me mostrase el plan que debía seguir, y me concediese la gracia para soportar la borrasca... Él Señor me mostró en una visión lo que tenía que enfrentar. Se acercó tanto a mí mientras yo oraba, que mi carne literalmente se estremecía sobre mis huesos. Temblaba de la cabeza a los pies, con pleno conocimiento de la presencia de Dios."

Añadimos a continuación otro ejemplo, que copiamos de su autobiografía, de la manera en que el Espíritu Santo obraba en su predicación:

"Al llegar la hora anunciada para iniciar el culto, encontré el edificio de la escuela tan repleto de gente, que tuve que quedarme en pie cerca de la entrada. Cantamos un himno, es decir, la gente pretendía cantarlo. Sin embargo, como no estaban acostumbrados a cantar los himnos de Dios, cada uno gritaba como le parecía. No pude contenerme y me tiré de rodillas y comencé a orar. El Señor abrió las ventanas de los cielos, derramó el espíritu de oración y yo me puse a orar con toda mi alma.

"No escogí ningún texto en particular, pero, al ponerme de pie, les dije: "Levantaos, salid de este lugar; porque Jehová va a destruir esta ciudad." Añadí, que había cierto hombre que se llamaba Abraham, otro llamado Lot... y les conté entonces cómo Lot se mudó para Sodoma... un lugar que era excesivamente corrompido... Dios resolvió destruir la ciudad y Abraham oró por Sodoma. Pero los ángeles encontraron solamente un justo allí, cuyo nombre era Lot. Los ángeles dijeron: "¿Tienes aquí alguno más? Yernos, y tus hijos y tus hijas, y todo lo que tienes en la ciudad, sácalo de este lugar; porque vamos a destruir este lugar, por cuanto el clamor contra ellos ha subido de punto delante de Jehová; por tanto Jehová nos ha enviado para destruirlo,"

"Al relatar yo esto, los oyentes se enojaron hasta el punto que me habrían azotado. En ese momento dejé de predicar y les expliqué que me había dado cuenta de que allí no se celebraba nunca ningún culto y que tenía el derecho de considerarlos corrompidos. Destaqué eso con más y más énfasis y, con el corazón lleno de amor, hasta no poder ya contenerme más.

"Después de hablarles de esa manera durante unos quince minutos, pareció envolver a los oyentes una tremenda solemnidad y comenzaron a caer al suelo, clamando y pidiendo misericordia. Si yo hubiese tenido en cada mano una espada, no habría podido derribarlos tan prontamente como iban cayendo. En efecto, dos minutos después de que los oyentes sintieron el impacto del Espíritu Santo derramado sobre ellos, casi todos estaban postrados de rodillas o caídos en el suelo. Todos los que podían articular palabras, oraban por sí mismos.

"Tuve que dejar de predicar porque los oyentes no prestaban atención. Vi al anciano que me había invitado a predicar, sentado en medio del salón, mirando a su alrededor, estupefacto. Grité bien alto para que él me oyese, porque había mucho ruido, y le pedí que orase. El cayó de rodillas y comenzó a orar con voz retumbante, pero la gente no le prestó ninguna atención. Entonces gritando les dije: —Ustedes no están todavía en el infierno; quiero guiarlos a Cristo... Mi corazón rebosaba de gozo al presenciar semejante escena. Cuando pude dominar mis sentimientos, me volví hacia un muchacho que estaba cerca de mí, conseguí llamar su atención y prediqué a Cristo, en voz bien alta, en su oído. Luego, al contemplar la cruz de Cristo, él se calmó por un momento y comenzó a orar fervorosamente por los otros. Después, hice lo mismo con otra persona, y luego con otra y otra, y así continué ayudándolos hasta la hora del culto de la noche en la aldea. Dejé al anciano que me había invitado a predicar allí, para que continuase la obra con los que oraban.

"Al volver, había todavía tantos clamando a Dios, que no podíamos clausurar la reunión, la cual continuó durante el resto de la noche. Al amanecer el día, algunos todavía permanecían con el alma herida. No se podían levantar y, para dar lugar a las clases, fue necesario llevarlos a una residencia no muy distante. En la tarde me mandaron a llamar porque el culto aún no había terminado.

"Solo en esta ocasión llegué a saber la razón de por qué mi mensaje había enfadado al auditorio. Aquel lugar se lo conocía con el nombre de "Sodoma", y en él habitaba un solo hombre piadoso, a quien el pueblo llamaba "Lot". Él, era el anciano que me había invitado a predicar."

En su ancianidad, Finney escribió acerca de lo que el Señor había hecho en "Sodoma": "A pesar de que el avivamiento cayó tan de repente sobre ellos, el mismo fue tan radical, que las conversiones fueron profundas y la obra realizada, permanente y genuina. Nunca oí ningún comentario desfavorable al respecto."

No fue solamente en la América del Norte que Finney vio al Espíritu Santo caer sobre los oyentes y postrarlos en tierra. En Inglaterra, durante los nueve meses de evangelización allí, grandes multitudes —en cierta ocasión, más de dos mil personas de una sola vez— se postraron también mientras él predicaba.

Algunos predicadores confían en la instrucción e ignoran la obra del Espíritu Santo. Otros, con razón, rechazan tal ministerio infructífero y carente de gracia; oran para que el Espíritu Santo se haga cargo, y se regocijan con el gran progreso de la obra de Dios. Pero otros más, como Finney, se dedican a buscar el poder del Espíritu Santo, sin despreciar la ayuda de la instrucción, obteniendo con ello resultados increíblemente más grandes.

Durante los años de 1851 a 1866, Finney fue director del colegio de Oberlin y enseñó a un total de veinte mil estudiantes. Él daba más énfasis a la pureza del corazón y al bautismo en el Espíritu Santo, que a la preparación del intelecto. De Oberlin salió una corriente continua de alumnos llenos del Espíritu Santo. Así, después de años de intensivo evangelismo y debido a sus esfuerzos realizados en el colegio, "en 1857, Finney veía la conversión a Dios de unas cincuenta mil almas todas las semanas" (By my Spirit, Jonatán Goforth, pág. 183). Los diarios de Nueva York, a veces casi no publicaban otras noticias, sino las del avivamiento.

Sus lecciones a los creyentes sobre avivamiento se publicaron primero en un periódico y después en un libro de cuatrocientos cuarenta y cinco páginas que se tituló: "Discursos sobre avivamientos." Las primeras dos ediciones, de doce mil ejemplares, se vendieron acabadas de salir de la prensa. Se imprimieron otras ediciones en varios idiomas. Una sola casa editora de Londres publicó ochenta mil ejemplares. Entre sus otras obras de circulación mundial se cuentan las siguientes: "Autobiografía", "Discursos a los creyentes" y "Teología sistemática".

Los convertidos en los cultos de Finney eran constreñidos por la gracia de Dios a ir de casa en casa para ganar almas. Él mismo se esforzó en preparar el mayor número de obreros en el colegio Oberlin. Pero el deseo que ardía siempre en todo lo que hacía, era transmitir a todos el espíritu de oración. Predicadores como Abel Cary y el Padre Nash viajaban con él, y mientras predicaba, ellos continuaban postrados orando. Son de él las palabras siguientes:

"Si yo no tenía el espíritu de oración, no conseguía nada. Si por un día, o por una hora, perdía el espíritu de gracia y de súplicas, no podía predicar con poder y obtener resultados, y ni siquiera ganar almas personalmente."

Para que nadie juzgue que su obra fue superficial, citamos a otro escritor: "Se descubrió mediante una investigación a fondo, que más de ochenta y cinco de cada cien personas que se convirtieron debido a la predicación de Finney, permanecieron fieles a Dios, mientras que setenta y cinco de cada cien personas que se convirtieron en los cultos de algunos de los más importantes predicadores, luego se desviaron. Parece que Finney tenía el poder de impresionar la conciencia de los hombres respecto a la necesidad de vivir en santidad, de tal manera que produjo frutos más permanentes." (Deeper Experiences of Famous Christians, p. 243).

Finney continuó inspirando a los estudiantes del colegio Oberlin hasta su muerte, a los ochenta y dos años. Hasta el fin su mente permaneció tan clara como cuando era joven y su vida nunca pareció tan rica en el fruto del Espíritu y en la belleza de su santidad, como en esos últimos años. El domingo 16 de agosto de 1875 predicó su último sermón. Pero no asistió al culto de la noche. Sin embargo, al oír que los creyentes cantaban "Jesús, amante de mi alma, déjame volar a tu regazo", salió hasta la entrada de la casa y cantó, junto con los que él tanto amaba. Esa fue la última vez que cantó en la tierra. A medianoche se despertó sintiendo dolores punzantes en el corazón. De esos dolores había sufrido muchas veces durante su vida. Sembró las semillas de avivamiento y las regó con sus lágrimas. Todas las veces que recibió el fuego de la mano de Dios, fue con sufrimiento. Finalmente, antes del amanecer, se durmió en la tierra, para despertar en la gloria de los cielos. Faltaban solamente trece días para que cumpliera sus ochenta y tres años de vida aquí en la tierra.

EL SALVADOR
ESPERA Y
EL MUNDO CARECE

ue cuando Stanley Smith y Carlos Studd se hospedaban en nuestra casa que inicié la etapa más importante de mi vida. Anteriormente yo había sido un creyente precipitado e inconstante; unas veces ardía de entusiasmo, para después estar triste y desanimado durante días enteros. Percibí que esos dos jóvenes poseían algo que yo no tenía, algo que era para ellos una fuente perenne de serenidad, fortaleza y gozo. Nunca me olvidaré de una mañana del mes de noviembre. Nacía en ese momento el sol y su luz penetraba por la ventana iluminando mi aposento, donde me encontraba meditando sobre las Escrituras desde la madrugada. La plática que tuve entonces con aquellos dos jóvenes fue suficiente para influir el resto de mi vida. ¿Acaso no debía yo hacer lo mismo que ellos habían hecho?

"No debía ser yo también un vaso, aunque sea de barro, para el uso del Maestro?"

Así escribió el amado y santo predicador F. B. Meyer, sobre el cambio de su vida que dio tanta gloria a Cristo en la tierra.

Hemos acabado la lectura de las biografías de algunos de los más importantes siervos de Dios. ¿No sería bueno volver a leer y meditar sobre la vida fiel de Savonarola, la estupenda obra de Lutero, el celo incansable de Wesley, el gran avivamiento de Edwards... en fin, sobre cada historia? ¿No deberíamos dejar que cada uno de esos grandes cristianos se "hospeden" con nosotros, como Stanley Smith y Carlos Studd en casa de F. B. Meyer, para que nos hablen y ejerzan influencia sobre nosotros, transformando milagrosamente el resto de nuestra vida?

Eso es lo que el Salvador espera y de lo que el mundo carece.

EL GEMIR DE
MILES DE MILLONES
DE ALMAS

Se dice que Martín Lutero tenía un amigo íntimo, cuyo nombre era Miconio. Este, al ver a Lutero sentado durante días interminables trabajando al servicio del Maestro, sintió compasión de él y le dijo: "Te puedo ayudar más desde donde yo estoy; permaneceré aquí orando, mientras tú perseveras incansablemente en la lucha." Miconio oró durante días seguidos por Martín. Pero al paso que perseveraba en la oración, comenzó a sentir el peso de la propia culpa.

Cierta noche soñó con el Salvador, quien le mostró las manos y los pies. Le mostró también la fuente en la cual lo había purificado de todo pecado. "Sígueme", le dijo el Salvador, llevándolo a un alto monte, desde donde señaló hacia el naciente. Miconio vio una planicie que se extendía hasta el lejano horizonte. La vasta planicie estaba cubierta de ovejas, de muchos millares de ovejas blancas. Solo había un hombre, Martín Lutero, que se esforzaba por apacentar a todas. Entonces el Salvador le dijo a Miconio que mirase hacia el poniente. Él miró y vio vastos campos de trigo blancos para la siega. El único segador que se esforzaba por segarlos, estaba casi exhausto; de todas maneras, persistía en su tarea. En ese momento, Miconio reconoció al solitario segador: ¡era su buen amigo, Martín Lutero! Al despertar del sueño, Miconio tomó esta resolución: "No puedo quedarme aquí orando mientras Martín se fatiga en la obra del Señor. Las ovejas deben ser apacentadas, y los campos tienen que ser segados. Héme aquí, Señor, ¡envíame a mi!" Fue así como Miconio salió para compartir la labor de su fiel amigo.

Jesús nos llama para trabajar y orar. Es de rodillas que la iglesia de Cristo avanza. Fue Lionel Fletcher quien escribió:

"Todos los grandes conquistadores de almas, a través de los siglos, han sido hombres y mujeres incansables en la oración. Conozco a casi todos los oradores que han tenido éxito en la generación actual, así como a los de la generación anterior, y sé que todos ellos han sido hombres de intensa oración.

"Cierto evangelista me impresionó profundamente cuando yo era todavía un joven periodista de un diario. Ese evangelista se había hospedado en casa de un pastor presbiteriano. Toqué a la puerta y pregunté si podía hablar con el evangelista. El pastor, con voz trémula y con el rostro iluminado por una luz extraña, respondió: "Nunca se hospedó un hombre como él en nuestra casa. No sé cuando él duerme. Si voy a su cuarto durante la noche para saber si precisa de alguna cosa, lo encuentro orando. Lo vi entrar en el templo muy temprano hoy por la mañana, y no volvió para desayunar ni para almorzar."

"Fui a la iglesia... Entré furtivamente para no perturbarlo. Lo hallé sin el saco y sin el cuello clerical. Estaba postrado de bruces delante del púlpito. Oí que con voz agonizante y conmovedora imploraba a Dios en favor de aquella ciudad de mineros, para que dirigiese las almas al Salvador. Había orado durante toda la noche; había orado y ayunado el día entero. "Me aproximé furtivamente al lugar donde él oraba postrado en el suelo. Me arrodillé y puse la mano sobre su hombro. El sudor le corría por el rostro. Él no me había visto nunca, pero me miró por un momento y entonces me rogó: 'Ore conmigo, hermano. No puedo vivir si esta ciudad no se acerca a Dios.' Había orado en ese lugar durante veinte días sin que se hubiese producido ninguna conversión. Me arrodillé a su lado y oramos juntos. Nunca había oído a nadie que insistiese como él. Volví de allí realmente asombrado, humillado y tembloroso."

"Aquella noche asistí al culto en el gran templo donde él oró.

Nadie sabía que él no había comido durante el día entero, ni dormido durante la noche anterior. Pero, cuando se levantó para predicar, oí a diversos oyentes que dijeron: "La luz de su rostro no es terrenal." Y no lo era en efecto. Él era un conceptuado instructor bíblico, pero no tenía el don de predicar. Sin embargo, esa noche, mientras predicaba, el auditorio entero fue tomado por el poder de Dios. Fue esa la primera gran cosecha de almas que presencié."

Hay muchos testigos oculares de que Dios continúa respondiendo las oraciones como en el tiempo de Lutero, de Edwards y de Judson. Transcribimos aquí el siguiente comentario publicado en cierto periódico:

"La hermana Dabney es una creyente humilde que se dedica a orar... Su marido, pastor de una gran iglesia, fue llamado para iniciar la obra en un suburbio habitado por gente pobre. Al primer culto no vino ningún oyente; solamente ellos dos asistieron. Se quedaron desilusionados. Era un campo dificilísimo; el pueblo no era solo pobre, sino también depravado. La hermana Dabney vio que no había esperanza, a no ser que se clamase a Dios, y resolvió dedicarse con persistencia a la oración. Hizo un voto a Dios, que, si él atraía a los pecadores a los cultos y los salvaba, ella se entregaría a la oración y ayunaría tres días y tres noches en el templo, todas las semanas, durante un período de tres años.

"Fue así que, después que la esposa de ese pastor angustiado comenzó a orar, sola, en el salón de cultos, Dios comenzó a obrar enviando pecadores en tan gran número, que el salón quedaba repleto de oyentes. Su marido le pidió entonces que orase al Señor y le pidiese un salón más grande. Dios conmovió el corazón de un comerciante para que desocupara el edificio que quedaba frente al salón, cediéndolo para los cultos. Ella continuó orando y ayunando tres veces por semana, y sucedió que aquel salón más grande también resultó ser insuficiente para acomodar al público. Su marido le pidió nuevamente que orase y pidiese un edificio en que todos los que deseaban asistir a los cultos pudiesen entrar. Ella oró y Dios les dio un gran templo situado en la calle principal de ese barrio. En ese nuevo templo la asistencia aumentó también a tal punto, que muchos de los oyentes se veían obligados a escuchar las predicaciones de pie o en la calle. Sin embargo, tal situación no impidió que muchos de ellos fueran liberados del pecado y bautizados."

Cuando los creyentes sienten dolores mientras oran, es que hay almas que están renaciendo. "Los que sembraron con lágrimas, con regocijo segarán."

"El gemir de miles de millones de almas en la tierra me llega a los oídos y me conmueve el corazón; me esfuerzo pidiendo el auxilio de Dios para evaluar, al menos en parte, la densa obscuridad, la extrema miseria y la indescriptible desesperación de esos miles de millones de almas que no tienen a Cristo. Medita hermano, sobre el amor del Maestro, amor profundo como el mar; contempla el horrible espectáculo de la desesperación de los hombres perdidos, hasta que no puedas ya censurar, hasta que no puedas descansar, hasta que no puedas dormir."

Al sentir las necesidades de los hombres que perecen sin Cristo, fue que Carlos Inwood escribió lo que acabamos de leer en el párrafo anterior, y es por esa razón que se consume el alma de los héroes de la Iglesia de Cristo a través de los siglos.

En la campaña de Piamonte, Napoleón se dirigió a sus soldados con las siguientes palabras: "Habéis ganado sangrientas batallas sin cañones, habéis atravesado ríos caudalosos sin puentes, habéis marchado increíbles distancias descalzos, habéis acampado innúmeras veces sin tener nada para comer. ¡Todo esto gracias a vuestra audaz perseverancia! ¡Pero, guerreros, es como si no hubiésemos hecho nada, puesto que nos queda aún mucho por alcanzar!"

Guerreros de la causa santa: nosotros podemos decir lo mismo; es como si no hubiésemos hecho nada. La audaz perseverancia nos es indispensable todavía; hay más almas para salvar en la actualidad que las que había en los tiempos de Müller, de Livingstone, de Paton, de Spurgeon y de Moody.

"¡Ay de mí, si no anunciare el evangelio!" (1 Corintios 9:16.)

No podemos taparnos los oídos espirituales para no oír el llanto y los suspiros de miles de millones de almas en la tierra, que no conocen el camino que conduce al hogar celestial.

JORGE MÜLLER

Apóstol de la fe

1805-1898

"Por la fe Abel... Por la fe Noé... Por la fe Abraham..." Así es como el Espíritu Santo cuenta las increíbles proezas que Dios hizo por intermedio de los hombres que osaron confiar únicamente en él. Fue en el siglo XIX que Dios añadió lo siguiente a esa lista: "Por la fe Jorge Müller erigió orfanatos, alimentó a millares de huérfanos, predicó a millones de oyentes alrededor del mundo y ganó multitud de almas para Cristo."

Jorge Müller nació en 1805 de padres que no conocían a Dios. A la edad de diez años fue enviado al colegio con el propósito de que comenzara su preparación para el ministerio, pero no con el fin de servir a Dios, sino única y exclusivamente para llegar a tener una carrera, y una vida cómoda. Esos primeros años de estudio transcurrieron en prácticas de vicios a los que se entregaba cada vez más, llegando en una ocasión a estar preso durante veinticuatro días por ese motivo. Pero Jorge, una vez que quedó en libertad, comenzó a esforzarse en sus estudios, levantándose a las cuatro de la mañana y estudiando durante todo el día hasta las diez de la noche. Sin embargo, él hacia todo eso para alcanzar una vida de predicador descansada .

No obstante, a los veinte años de edad se produjo una completa transformación en la vida de ese joven. Asistió a un culto donde los creyentes, de rodillas, imploraban a Dios que hiciese caer su bendición sobre la reunión. Nunca se olvidó de aquel culto, en que vio por la primera vez a los creyentes orando de rodillas; quedó profundamente conmovido con el ambiente espiritual, al extremo de querer buscar él también la presencia de Dios, costumbre esa que, luego, no abandonó por el resto de su vida.

Fue en esos días, después de sentirse llamado para ser misionero, que pasó dos meses hospedado en el famoso orfanato de A. H. Franke. A pesar de que ese fervoroso siervo de Dios, el señor Franke había muerto hacía casi cien años (en 1727), su orfanato continuaba funcionando con las mismas reglas de confiar enteramente en Dios para todo sustento. Más o menos al mismo tiempo en que Jorge Müller se hospedó en el orfanato, un dentista, el señor Graves, abandonó sus actividades que le daban un salario de $7.500 dólares al año, a fin de hacerse misionero en Persia, confiando solamente en las promesas de Dios para la provisión de todo su sustento. Fue así que Jorge Müller, el nuevo predicador, recibió en esa visita la inspiración que lo indujo más tarde a fundar su orfanato, sobre los mismos principios.

De inmediato, después de abandonar su vida de vicios, para dedicarse a Dios, Müller llegó a reconocer el error, más o menos universal, de leer mucho acerca de la Biblia y casi nada de la Biblia. Ese libro pasó a ser la fuente de toda su inspiración y el secreto de su maravilloso crecimiento espiritual. Él mismo escribió: "El Señor me ayudó a abandonar los comentarios y a usar la simple lectura de la Palabra de Dios hecha con meditación. El resultado fue que, cuando la primera noche cerré la puerta de mi cuarto para orar y meditar sobre las Escrituras, aprendí más en pocas horas, que todo lo que había aprendido antes durante varios meses." Y añadió: "La mayor diferencia, sin embargo, fue que recibí de esta manera la verdadera fuerza para mi propia alma." Antes de fallecer dijo que había leído la Biblia entera cerca de doscientas veces; cien veces lo hizo estando de rodillas.

Estando aún en el seminario, durante los cultos domésticos que celebraba de noche con los otros alumnos, con frecuencia se quedaba orando hasta la media noche. De mañana, al levantarse, nos llamaba de nuevo para la oración de las seis de la mañana.

Cierto predicador, poco tiempo antes de la muerte de Jorge Müller, le preguntó si oraba mucho. La respuesta fue esta: "Algunas horas todos los días, y además, vivo en el espíritu de oración; oro cuando camino, mientras estoy acostado y cuando me levanto. Constantemente recibo respuestas. Una vez persuadido de que cierta cosa es justa, continúo orando hasta recibirla. ¡Nunca dejo de orar...! Millares de almas han sido salvadas como respuesta a mis oraciones... Espero encontrar decenas de millares de ellas en el cielo... Lo más importante es no dejar de orar nunca hasta recibir la respuesta. He orado durante cincuenta y dos años, diariamente, por dos hombres, hijos de un amigo de mi mocedad. No se han convertido aún; sin embargo, espero que lo hagan. ¿Cómo puede ser de otra manera? Hay una promesa inquebrantable de Dios y sobre ella descanso."

Poco antes de su casamiento, Müller no se sentía a gusto con la costumbre de un salario fijo, prefiriendo confiar en Dios, en vez de confiar en las promesas de los hermanos. Sobre esto dio las siguientes tres razones: "(1) Un salario significa una cantidad de dinero designada, generalmente adquirida del arriendo de los bancos. Pero la voluntad de Dios no es arrendar los bancos. (Santiago 2:1-6.) (2) El precio fijo de un asiento en la iglesia, a veces, es demasiado pesado para algunos hijos de Dios y no quiero colocar el menor obstáculo en el camino del progreso espiritual de la iglesia. (3) Toda la idea de arrendar los asientos para tener un salario llega a ser un tropiezo para el predicador, induciéndolo a trabajar más por el dinero que por razones espirituales."

A Jorge Müller le parecía casi imposible reunir y guardar dinero, para cualquier emergencia, sin recurrir también a ese fondo para suplir las necesidades, en vez de acudir directamente a Dios para ello. Así el creyente confía en el dinero en vez de confiar en Dios.

Un mes después de su casamiento, colocó una caja en el salón de cultos y anunció que podían dejar allí las ofrendas para su sustento, y que de ahí en adelante, no le pediría a nadie nada más, ni a sus amados hermanos; porque como él dijo; "Casi sin darme cuenta, he sido inducido a confiar en el brazo de carne en vez de ir directamente al Señor."

El primer año culminó con un gran triunfo y Jorge Müller les dijo a los hermanos que, a pesar de la poca fe al comenzar, el Señor le había suplido ricamente todas sus necesidades materiales y, lo que era más importante todavía, le había concedido el privilegio de ser un instrumento de su obra.

Sin embargo, el año siguiente fue un año de grandes pruebas, porque muchas veces no le había quedado ni siquiera un chelín. Y Jorge Müller añade que en el momento preciso su fe siempre fue recompensada con la llegada del dinero o de los alimentos.

Cierto día, cuando solo le quedaban ocho chelines, Müller pidió al Señor que le enviase dinero. Esperó durante muchas horas sin recibir ninguna respuesta. Entonces, llegó una señora que le preguntó: "¿Hermano, precisa usted de dinero?" Fue una gran prueba de su fe, sin embargo, el pastor le respondió: "Hermana mía, yo les dije a los hermanos, cuando renuncié a mi salario, que solo informaría al Señor de mis necesidades. Respondiendo la señora: "Él me ha dicho que le diese a usted esto", y colocó cuarenta y dos chelines en la mano del predicador.

En otra ocasión, transcurrieron tres días sin que Müller tuviese dinero en casa y fueron fuertemente tentados por el diablo, al punto de que casi resolvieron que se habían equivocado en aceptar la doctrina de fe en ese sentido. Sin embargo, cuando volvió a su cuarto, encontró cuarenta chelines que una hermana le había dejado. Y entonces, añadió: "Así triunfó el Señor, y nuestra fe fue fortalecida."

Antes de finalizar ese año, se quedaron nuevamente sin dinero, el día en que tenían que pagar el alquiler. Pidieron a Dios que les enviase el dinero, y este les fue enviado. En esa ocasión Jorge Müller formuló para sí la siguiente regla, de la cual jamás se desvió: "No nos endeudaremos, porque hemos visto que tal cosa no es bíblica (Romanos 13:8), y así, no tendremos cuentas que pagar. Solamente compraremos con el dinero en la mano; así siempre sabremos cuánto poseemos realmente y cuánto es lo que tenemos derecho de dar."

De esta manera Dios entrenaba gradualmente al nuevo predicador para que confiase en sus promesas. Estaba tan seguro de la fidelidad de las promesas de la Biblia, que no se desvió, durante todos los largos años de su obra en el orfanato, de la resolución de no pedir al prójimo, ni de endeudarse.

Otro secreto que lo llevó a alcanzar una bendición tan grande como es la de confiar en Dios, fue su determinación de usar el dinero que recibía, solamente para el fin al que el mismo fuera destinado. De esta regla tampoco se desvió nunca, ni siquiera para tomar prestado de tales fondos, a pesar de hallarse millares de veces frente a las mayores necesidades.

En esos días, cuando comenzó a verificar que las promesas de Dios se cumplían, se sintió conmovido por el estado de los huérfanos y de los pobres niños que encontraba en las calles. Reunió algunos de esos niños para que desayunasen con él a las ocho de la mañana, y después les enseñaba las Escrituras durante una hora y media. La obra aumentó rápidamente. Mientras más crecía el número de niños que venían a su mesa para comer, más era el dinero que recibía para alimentarlos, hasta el punto en que se encontró cuidando de treinta a cuarenta personas.

Al mismo tiempo, Jorge Müller fundó la Junta para el conocimiento de las Escrituras en el país y en el extranjero. El fin era: (1) Auxiliar a las escuelas bíblicas y a las Escuelas Dominicales. (2) Divulgar las Escrituras. (3) Aumentar la obra misionera. No es necesario añadir que todo eso se hizo con las mismas resoluciones de no endeudarse por ningún motivo, sino siempre pedir a Dios en secreto.

Cierta noche, cuando él leía la Biblia, se quedó profundamente impresionado con las palabras: "Abre tu boca, y yo la llenaré", (Salmo 81:10). Se sintió llevado a aplicar esas palabras al orfanato, siéndole dada la fe para pedir al Señor que enviase mil libras esterlinas; también pidió a Dios que levantase hermanos con las aptitudes necesarias para cuidar de los niños. Desde aquel momento ese texto del Salmo 81 le sirvió como lema, y la promesa se convirtió en un poder que determinó todo el curso de su vida futura.

Dios no demoró mucho en dar su aprobación para que arrendase una casa para los huérfanos. Apenas dos días después de haber comenzado a pedir, escribió en su diario lo siguiente: "Hoy recibí el primer chelín para la casa de los huérfanos."

Cuatro días después, recibió la primera contribución de muebles: un armario guardarropa, y también una hermana le ofreció prestar sus servicios para cuidar de los huérfanos. Jorge Müller escribió ese día que estaba muy alegre y que confiaba en que el Señor le completaría todo lo demás.

Al día siguiente Müller recibió una carta con estas palabras: "Por la presente le ofrecemos nuestro servicio para la obra del orfanato, si es que usted cree que tenemos las aptitudes necesarias para tal fin. También le ofrecemos todos los muebles, etc., que el Señor nos ha dado. Haremos todo esto sin pretender ninguna retribución económica, creyendo que si es la voluntad de Dios usarnos, El se encargará de suplir todas nuestras necesidades". Desde aquel día, nunca faltaron en el orfanato auxiliares alegres y dedicados, a pesar de que la obra aumentó mucho más rápido de lo que Müller esperaba.

Fue tres meses después que Jorge Müller consiguió alquilar una casa grande, y anunció la fecha de la inauguración del orfanato para el sexo femenino. El día de la inauguración, sin embargo, tuvo la gran desilusión de comprobar que no se había recibido ninguna huérfana. Solamente después que llegó a su casa se acordó de que no las había pedido. Aquella noche se postró rogando a Dios lo que anhelaba. Obtuvo la victoria de nuevo, pues vino una huérfana al día siguiente. Y luego, cuarenta y dos pidieron su admisión antes de que el mes terminase, y ya había veintiséis en el orfanato.

Durante el año hubo grandes y repetidas pruebas de fe. Por ejemplo, se lee en su diario lo siguiente: "Sintiendo una gran necesidad ayer por la mañana, fui guiado a pedir con insistencia a Dios y, como respuesta, por la tarde, un hermano me dio diez libras esterlinas." Muchos años antes de su muerte, afirmó que, hasta aquella fecha, había recibido de la misma manera, cinco mil veces, la respuesta el mismo día en que había hecho la petición.

Era su costumbre, y la recomendaba también a los otros hermanos, llevar un libro. En una página registraba su petición, con la fecha, y en el lado opuesto, la fecha en que recibía la respuesta. De esa manera, fue inducido a esperar respuestas concretas a sus peticiones, y no había dudas acerca de esas respuestas.

Con el crecimiento del orfanato y el aumento del servicio de pastorear a los cuatrocientos miembros de su iglesia, Jorge Müller se halló demasiado ocupado para orar. Fue en ese tiempo que llegó a reconocer que el creyente podía hacer más en cuatro horas, después de emplear una en orar, que en cinco horas sin oración. Desde entonces, observó fielmente esa regla durante sesenta años.

Cuando arrendó la segunda casa para huérfanos del sexo masculino, dijo lo siguiente: "Al orar, yo sabía que le pedía a Dios algo que no había esperanza de recibir de los hermanos; pero que, sin embargo, no era demasiado para el Señor." Él oraba, con noventa personas sentadas a las mesas, de esta manera: "Señor, mira las necesidades de tu siervo..." Y esa fue una oración a la que Dios siempre respondió abundantemente. Antes de morir, declaró que mediante la fe alimentaba a dos mil huérfanos, y ninguna comida se sirvió con un atraso de más de treinta minutos.

Muchas personas le preguntaban con frecuencia a Jorge Müller, y muchas aún lo preguntan, cómo lograba saber la voluntad de Dios, pues nunca realizaba ninguna transacción, por pequeña que fuese, sin tener primero la seguridad de la voluntad de Dios. A esa pregunta él respondía:

"1) Procuro mantener mi corazón en tal estado, que no tenga ninguna voluntad propia en el caso. De diez problemas, ya tenemos la solución de nueve, cuando logramos tener un corazón dispuesto a hacer la voluntad del Señor, sea cual sea. Cuando llegamos verdaderamente a ese punto, estamos casi siempre próximos a saber cuál es la voluntad de Dios.

2) Teniendo dispuesto el corazón para hacer la voluntad del Señor, no dejo el resultado al mero sentimiento o a la simple impresión. Si lo hago, estaré sujeto a grandes engaños.

3) Procuro la voluntad del Espíritu de Dios por medio de su Palabra o de acuerdo con la Palabra. Es esencial que el Espíritu y la Palabra vayan juntos el uno al lado de la otra. Si yo mirase al Espíritu sin tomar en cuenta la Palabra, quedaría sujeto del mismo modo a sufrir grandes engaños.

4) Después considero las circunstancias providenciales. Esas, junto con la Palabra de Dios y con su Espíritu, indican claramente la voluntad del Señor.

5) Pido a Dios en oración que me revele su propia voluntad.

6) De esta manera, después de orar a Dios, estudiar la Palabra y reflexionar sobre su contenido, es que logro la mejor resolución deliberada que puedo, con mi capacidad y conocimiento; si continúo sintiendo paz, en ese caso, después de dos o tres peticiones más, sigo conforme a esa dirección. Tanto en los casos mínimos como en las transacciones de mayor responsabilidad, siempre encuentro que este método es eficiente."

Tres años antes de su muerte, Jorge Müller escribió: "No recuerdo en toda mi vida de creyente durante un período de sesenta y nueve años, que yo jamás haya buscado SINCERAMENTE Y CON PACIENCIA, saber la voluntad de Dios mediante las enseñanzas del Espíritu Santo, por intermedio de la Palabra de Dios, que no haya sido guiado con certeza. Sin embargo, si mi corazón no era lo suficientemente sincero y puro ante Dios, o si no buscaba con paciencia su dirección, o si prefería más bien el consejo del prójimo al de la Palabra del Dios vivo, entonces erraba gravemente."

Su confianza en el "Padre de los huérfanos" era tal, que ni una sola vez rehusó aceptar niños en el orfanato. Cuando le preguntaron por qué asumió el cargo, respondió: "No fue solo para alimentar a los huérfanos material y espiritualmente, sino que 'el primer objetivo básico del orfanato ha sido, y aún es, que Dios sea glorificado por el hecho de que, estando bajo mi cuidado, los huérfanos han sido y aún son suplidos de todo lo necesario, solamente por la oración y la fe, sin que ni yo ni mis compañeros de trabajo pidamos nada al prójimo; por eso mismo se puede ver que Dios continúa siendo fiel y aún responde a la oración.'"

Como respuesta a muchos que querían saber cómo el creyente podía adquirir una fe tan grande, les dio las siguientes reglas:

1) Leer la Biblia y meditarla. Se llega a conocer a Dios por medio de la oración y de la meditación de su Palabra.

2) Procurar mantener un corazón íntegro y una buena conciencia.

3) Si deseamos que nuestra fe crezca, no debemos evitar aquello que la pruebe y por medio de lo cual sea fortalecida.

"Además, para que nuestra fe se fortalezca, es necesario que dejemos que Dios actúe por nosotros al llegar la hora de la prueba, y no procuremos nuestra propia liberación.

"Si el creyente desea poseer una fe grande, debe dar tiempo para que Dios trabaje."

Los cinco edificios construidos de piedra labrada y situados en Ashley Hill, Bristol, Inglaterra, con sus mil setecientas ventanas y espacio suficiente para acomodar a más de dos mil personas, son testigos fieles de esa gran fe sobre la cual él se expresó.

Debemos recordar que, por cada una de esas dádivas, Jorge Müller luchó en oración para conseguirlas de las manos de Dios; oró con un fin seguro y con perseverancia, y Dios respondió con una solución definitiva en cada necesidad.

Estas palabras son de Jorge Müller: "Muchas y repetidas veces me he encontrado en situaciones en que no tenía más recursos. No solamente había que alimentar a dos mil cien personas diariamente, sino también había que conseguir todo lo necesario para suplir lo demás, y todos los fondos estaban agotados. Había ciento ochenta y nueve misioneros que sustentar, sin tener cosa alguna; cerca de cien escuelas, con más o menos nueve mil alumnos, y sin tener a la mano nada con que proveerlos; casi cuatro millones de tratados para distribuir, y todo el dinero se había acabado."

Cierta vez, el doctor A. T. Pierson fue huésped de Jorge Müller en su orfanato. Una noche, después que todos se habían acostado, Müller lo llamó para que viniese a orar, diciéndole que en la casa no había nada para comer. El doctor Pierson quiso recordarle que los comercios estaban cerrados, pero Müller lo sabía perfectamente. Después de orar, se acostaron y durmieron, y al amanecer ya los alimentos habían sido suplidos, y en abundancia, para los dos mil niños. Ni el doctor Pierson, ni Jorge Müller llegaron a saber nunca cómo esos alimentos habían sido enviados. La historia le fue contada aquella misma mañana al señor Simón Short, bajo la promesa de que la guardaría en secreto hasta el día de la muerte del benefactor. El Señor despertó a esa persona de su sueño y lo llamó para que llevase alimentos suficientes para suplir la despensa del orfanato para todo un mes. Y eso ocurrió sin que él supiera nada de que Jorge Müller y el doctor Pierson habían orado al respecto.

A la edad de sesenta y nueve años Jorge Müller comenzó sus viajes, predicando millares de veces, en cuarenta y dos países, a más de tres millones de personas. Recibió de Dios todo como respuesta a sus oraciones, para pagar los grandes gastos de esos viajes. Más tarde escribió: "Digo con razón: Creo que no fui dirigido a ningún lugar donde no hubiese prueba evidente de que el Señor me mandaba para allá." Él no hizo esos viajes con el propósito de solicitar dinero para la junta; no recibió lo suficiente para los gastos de medio día de la junta. Según sus propias palabras, el objeto era: "Que yo pudiese, por mi propia experiencia y conocimiento de las cosas divinas, comunicar una bendición a los creyentes... y que, pudiese predicar el evangelio a los que no conocían al Señor."

Jorge Müller escribió lo siguiente sobre un problema espiritual: "Siento constantemente mi necesidad... No puedo estar solo, sin caer en las garras de Satanás. El orgullo, la incredulidad u otros pecados me llevarían a la ruina. Solo, no permanezco firme un momento. ¡Que ningún lector piense de mí que no estoy sujeto a la jactancia y al orgullo, que no puedo dejar de creer en Dios!"

El estimado evangelista Charles Inglis, contó lo siguiente respecto a Jorge Muller: "Cuando por primera vez vine a América, hace treintiún años, el capitán del navío era uno de los más devotos creyentes que yo había conocido jamás. Cuando nos aproximábamos a Terranova, me dijo: 'Señor Inglis, la última vez que pasé por aquí, hace cinco semanas, sucedió una cosa tan extraordinaria, que causó la transformación de toda mi vida de creyente. Hasta aquel momento yo había sido un creyente común y corriente. Había a bordo con nosotros un hombre de Dios, el señor Jorge Müller, de Bristol. Yo había pasado veintidos horas sin alejarme del puente de mando ni por un momento, cuando de pronto me asusté porque alguien me tocó en el hombro. Era el señor Jorge Müller.'"

–Capitán –me dijo–, vine a decirle que tengo que estar en Quebec el sábado por la tarde. Era miércoles. ¡Es imposible! –le contesté–. Pues bien, si su navío no puede llevarme, Dios encontrará otro medio de transporte. Durante cincuenta y siete años, nunca dejé de estar en el lugar y a la hora que me había comprometido, respondió el señor Müller. Tendría muchísimo placer en ayudarlo, pero, ¿qué puedo hacer? No hay medios, –le dije yo¬. Entremos aquí para orar – respondió el señor Müller¬. Miré a aquel hombre y me dije: "¡¿De qué casa de locos se habrá escapado este?! Nunca había oído hablar de una cosa semejante. Entonces le dije: –Señor Müller, ¿sabe usted cómo está de espesa esta neblina? –Él me respondió¬: No, mis ojos no están viendo la neblina, sino que están viendo al Dios vivo, el que gobierna todas las circunstancias de mi vida. Entonces, cayó de rodillas y oró en la forma más simple. Yo pensé: "Esa es una oración como la de un niño que no tiene más de ocho o nueve años." Fue más o menos así que oró: "Oh Señor, si es tu voluntad, retira esta neblina en cinco minutos. Tú sabes que me he comprometido a estar en Quebec el sábado. Creo que esa es tu voluntad." Cuando acabó, yo también quise orar, pero él me puso la mano sobre mi hombro y me pidió que no lo hiciese, diciendo: Primero, usted no cree que Dios lo haría, y segundo, yo creo que El ya lo hizo. No hay ninguna necesidad de que usted ore con el mismo fin. Miré al Señor Müller, quien continuó diciendo: Capitán, conozco a mi Señor desde hace cincuenta y siete años, y no ha habido un solo día en que yo no haya tenido audiencia con el Rey. Levántese, Capitán, abra la puerta y verá que la neblina ya desapareció. Me levanté, y en efecto, la neblina ya había desaparecido. "El sábado por la tarde, Jorge Müller estaba en Quebec, como lo deseaba."

Para ayudarlo a llevar la pesada carga de los orfelinatos y a apropiarse de las promesas de Dios mediante la oración, estuvo siempre al lado de Jorge Müller su fiel esposa que lo acompañó durante casi cuarenta años. Cuando ella falleció, muchos millares de personas asistieron a su entierro, entre las cuales se contaban cerca de mil doscientos huérfanos que podían caminar. Él mismo, fortalecido por el Señor, conforme confesó, dirigió los cultos fúnebres en el templo y en el cementerio.

A la edad de sesenta y seis años se casó por segunda vez. Luego, a los noventa años predicó el sermón fúnebre de su segunda esposa, como lo hiciera a la muerte de su primera esposa. Una persona que asistió a ese entierro se expresó de la siguiente manera: "Tuve el privilegio, el viernes, de asistir al entierro de la señora de Müller... y presenciar un culto sencillo, ¡que, tal vez, ha sido el único en la historia del mundo! Aquí un venerable patriarca presidía el culto entero; a la edad de noventa años permanecía todavía lleno de aquella enorme fe que lo ha habilitado para alcanzar tanto, y que lo ha sustentado en emergencias, problemas y trabajos durante una larga vida..." En el año 1898, a la edad de noventa y tres años, la última noche antes de partir para estar con Cristo, sin haber demostrado ninguna señal de disminución en sus fuerzas físicas, se acostó como de costumbre. A la mañana del día siguiente fue "llamado", según la expresión de un amigo al recibir las noticias que así explican la partida: "¡Querido anciano Müller! Desapareció de nuestro medio para irse al Hogar celestial, cuando el Maestro le abrió la puerta y lo llamó tiernamente, diciéndole: 'Ven'."

Los periódicos publicaron, medio siglo después de su muerte, la siguiente noticia: "El orfelinato de Jorge Muller, en Bristol, permanece como una de las maravillas del mundo. Desde su fundación en 1836, la cifra de contribuciones que Dios ha concedido únicamente como respuesta a las oraciones, llega a más de veinte millones de dólares, y el número de huérfanos atendidos asciende a diecinueve mil novecientos treinta y cinco. A pesar de que los vidrios de cerca de cuatrocientas ventanas se quebraron recientemente por las bombas (en la segunda guerra mundial), ningún niño, ni ningún auxiliar resultaron heridos."

DAVID LIVINGSTONE
Célebre misionero y explorador
1813-1873

*C*ierto comerciante, al visitar la abadía de Westminster, en Londres, donde se encuentran sepultados los reyes y personajes eminentes de Inglaterra, preguntó cuál era la tumba más visitada, excluyendo la del "soldado desconocido". El conserje respondió que era la tumba de David Livingstone. Son pocos los humildes y fieles siervos de Dios, que el mundo distingue y honra de esta manera.

Se cuenta que, en Glasgow, después de haber pasado dieciséis años de su vida en el África, Livingstone fue invitado a pronunciar un discurso ante el cuerpo estudiantil de la universidad. Los alumnos resolvieron mofarse de quien ellos llamaban "camarada misionero", haciendo el mayor ruido posible para interrumpir su discurso. Cierto testigo del acontecimiento dijo lo siguiente: "A pesar de todo, desde el momento en que Livingstone se presentó delante de ellos, macilento y delgado, como consecuencia de haber sufrido más de treinta fiebres malignas en las selvas del África, y con un brazo apoyado en un cabestrillo, resultado de un encuentro con un león, los alumnos guardaron un gran silencio. Oyeron, con el mayor respeto, todo lo que el orador les relató, y cómo Jesús le había cumplido su promesa: "He aquí yo estoy con vosotros todos los días, hasta el fin del mundo."

David Livingstone nació en Escocia. Su padre, Neil Livingstone, acostumbraba relatar a sus hijos las proezas de ocho generaciones de sus antepasados. Uno de los bisabuelos de David tuvo que huir, con su familia, de los crueles partidarios de los pactos o "covenanters" a los pantanos y montes escabrosos donde podían adorar a Dios en espíritu y en verdad. Pero aun esos cultos que se realizaban entre los espinos y a veces sobre el hielo, eran interrumpidos de vez en cuando por la caballería, que llegaba galopando para matar o llevarse presos tanto a hombres como a mujeres.

Los padres de David educaron a sus hijos en el temor de Dios. En su hogar siempre reinaba la alegría y servía como modelo ejemplar de todas las virtudes domésticas. No se perdía una sola hora de los siete días de la semana, y el domingo era esperado y honrado como un día de descanso. A la edad de nueve años David se ganó un Nuevo Testamento, como premio ofrecido por repetir de memoria el capítulo más largo de la Biblia, el Salmo 119.

"Entre los recuerdos más sagrados de mi infancia", escribió Livingstone, "están los de la economía de mi madre para que los pocos recursos fuesen suficientes para todos los miembros de la familia. Cuando cumplí diez años de edad, mis padres me colocaron en una fábrica de tejidos para que yo ayudara a sustentar la familia. Con una parte de mi salario de la primera semana me compré una gramática de latín."

David iniciaba su día de trabajo en la fábrica de tejidos a las seis de la mañana y, con intervalos para el café y el almuerzo, trabajaba hasta las ocho de la noche. Sujetaba su gramática de latín abierta sobre la máquina de hilar algodón y mientras trabajaba, estudiaba línea por línea. A las ocho de la noche, se dirigía sin perder un minuto, a la escuela nocturna. Después de las clases, estudiaba sus lecciones para el día siguiente, a veces quedándose hasta la media noche, cuando su madre tenía que obligarlo a que apagase la luz y se acostase.

La inscripción sobre la lápida de la tumba de los padres de David Livingstone indica las privaciones del hogar paterno:

Para marcar el lugar donde descansan
Neil Livingstone y Agnes Hunter, su esposa,
y para expresar a Dios la gratitud de sus hijos:
Juan, David, Janet, Charles y Agnes
por haber tenido padres pobres
y piadosos

Los amigos insistieron en que él cambiase las últimas palabras de esa inscripción para que dijese "padres pobres, pero piadosos". Sin embargo, David rehusó aceptar esa sugerencia porque, para él, tanto la pobreza como la piedad eran motivos de gratitud. Siempre consideró que el hecho de haber aprendido a trabajar durante largos días, mes tras mes, año tras año, en la fábrica de algodón, constituyó una de las mayores felicidades de su vida.

En los días feriados, a David le gustaba ir a pescar y a hacer largas excursiones por los campos y por las márgenes de los ríos. Esos extensos paseos le servían tanto de instrucción como de recreo; salía para verificar en la propia naturaleza lo que había estudiado en los libros sobre botánica y geología. Sin saberlo, de ese modo se fue preparando, en cuerpo y mente, para las exploraciones científicas y para lo que escribiría con exactitud acerca de la naturaleza del África. A los veinte años se produjo un gran cambio espiritual en la vida de David Livingstone, que determinó el rumbo de todo el resto de su vida. "La bendición divina le inundó todo el ser, como había inundado el corazón de San Pablo o el de San Agustín, y de otros del mismo tipo, dominando sus deseos carnales... Actos de abnegación, muy difíciles de realizar bajo la ley férrea de la conciencia, se convirtieron en servicio de la voluntad libre bajo el brillo del amor divino... Es evidente que a él lo había impulsado una fuerza, pasiva pero tremenda, dentro del propio corazón, hasta el fin de su vida. El amor que había comenzado a conmoverlo en la casa paterna, continuó inspirándolo durante todos los largos y pesados viajes que realizó por el África, y lo llevó a arrodillarse a media noche en el rancho en Ilala, de donde su espíritu, mientras aún oraba, regresó a su Dios y Salvador.

Desde su infancia, David había oído hablar de un misionero valiente destacado en la China, cuyo nombre era Gutzlaff. En sus oraciones de la noche, al lado de su madre, oraba también por él.

A la edad de dieciséis años, David comenzó a sentir un deseo profundo de que el amor y la gracia de Cristo fuesen conocidos por aquellos que permanecían aún en las densas tinieblas. Por ese motivo, resolvió con firmeza en su corazón dar también su vida como médico y misionero al mismo país: la China.

Al mismo tiempo, el maestro de su clase en la Escuela Dominical, David Hogg, lo aconsejó de esta manera: "Ora, muchacho; haz de la religión el motivo principal de tu vida cotidiana y no una cosa inconstante, si quieres vencer las tentaciones y otras cosas que te quieren derribar." Y David resolvió sinceramente dirigir su vida futura bajo esa norma.

Cuando cumplió nueve años de servicios en la fábrica, fue promovido para un trabajo más lucrativo. Consiguió completar sus estudios, recibiendo el diploma de licenciado de la Facultad de Medicina y Cirugía de Glasgow, sin recibir de nadie ningún auxilio económico que lo ayudase a completar su carrera. Si los creyentes no lo hubiesen aconsejado a que hablase a la Sociedad Misionera de Londres acerca de enviarlo como misionero, él habría ido por sus propios medios, según declaró más tarde.

Durante todos los años de estudios para llegar a ser médico y misionero, se sintió impelido para ir a la China. Cierta vez, en una reunión, oyó el discurso de un hombre, de larga barba blanca, alto, robusto y de ojos bondadosos y penetrantes, llamado Robert Moffat. Ese misionero había regresado del África, un país misterioso, cuyo interior era todavía desconocido. Los mapas de ese continente tenían en el centro enormes espacios en blanco, sin ríos y sin sierras. Hablando sobre el África, Moffat dijo al joven David Livingstone: "Hay una vasta planicie al norte, donde he visto en las mañanas de sol, el humo de millares de aldeas, donde ningún misionero ha llegado todavía."

Conmovido, al oír hablar de tantas aldeas que permanecían todavía sin el evangelio y sabiendo que no podía ir a la China por causa de la guerra que se había desencadenado en aquel país, Livingstone respondió: "Iré inmediatamente para el África."

Los hermanos de la misión concordaron con esa resolución y David volvió a su humilde hogar de Blatire para despedirse de sus padres y hermanos. A las cinco de la mañana del día 17 de noviembre de 1840, la familia se levantó. David leyó los Salmos 121 y 135 junto con ellos. Las siguientes palabras quedaron impresas en su corazón, y lo fortalecieron para resistir el calor y los peligros durante los largos años que pasó después en el África: "El sol no te fatigará de día, ni la luna de noche... Jehová guardará tu salida y tu entrada desde ahora y para siempre." Después de orar, se despidió de su madre y de sus hermanas y viajó a pie, junto con su padre que lo acompañó, hasta Glasgow. Después de despedirse uno del otro, David se embarcó en el navío para no volver a ver nunca más, aquí en la tierra, el rostro del noble Neil Livingstone.

El viaje desde Glasgow a Río de Janeiro y luego a Ciudad del Cabo en el África, duró tres meses. Pero David no desperdició su tiempo. El capitán se volvió su amigo íntimo y lo ayudó a preparar los cultos en los que David predicaba a los tripulantes del navío. El nuevo misionero aprovechó también la oportunidad de aprender, a bordo, el uso del sextante y a saber exactamente la posición del barco, observando la luna y las estrellas. Ese conocimiento le fue más tarde de incalculable valor para orientarse en sus viajes de evangelización y exploración en el inmenso interior desconocido, del cual "subía el humo de mil villas sin misionero."

Desde Ciudad del Cabo, el viaje de 190 leguas (1.058 km.) lo hizo a tropezones, en un carro de buey, traqueteando a través de campos incultos. El viaje duró dos meses, hasta llegar a Curumá, donde debía esperar el regreso de Robert Moffat. Deseaba establecerse en un lugar que estuviese situado a 50 ó 60 leguas (280 ó 330 km.) más al norte de cualquier otro en que existiese ya una obra misionera.

A fin de aprender la lengua y las costumbres del pueblo, nuestro explorador empleaba su tiempo viajando y viviendo entre los indígenas. Su buey de transporte se pasaba la noche amarrado, mientras él se sentaba con los africanos alrededor del fuego, oyendo las leyendas de sus héroes; Livingstone por su parte les contaba las preciosas y verdaderas historias de Belén, de Galilea y de la cruz. Continuó estudiando siempre mientras viajaba, trazando mapas de los ríos y de las sierras del territorio que recorría. En una carta a un amigo suyo le escribió que había descubierto 32 clases de raíces comestibles y cuarenta y tres especies de árboles y arbustos frutales que se producían en el desierto sin ser cultivados. Desde un punto que alcanzó en esos viajes, le faltaron apenas diez días de viaje para llegar al gran lago Ngami, que descubrió siete años más tarde.

Desde Curumá, el misionero, licenciado de la Facultad de Medicina y Cirugía de Glasgow, escribió a su padre: "Tengo una clientela bien grande. Hay pacientes aquí que caminan más de 60 leguas (330 km.) para recibir tratamiento médico. Esas personas, al regresar, envían otras con el mismo fin."

Estableció su primera misión en el lindo valle de Mabotsa, en la tierra de Bacatla. En una carta, que escribió desde Curumá, Livingstone se expresó de la siguiente manera sobre el lugar que había escogido para su centro de evangelización: "Está situado en una comunidad de seres que se llama 'Mabotsa', que quiere decir "Cena de Bodas". Que Dios nos ilumine con su presencia, para que por intermedio de siervos tan débiles, mucha gente encuentre la entrada para la Cena de las Bodas del Cordero."

Fue en Mabotsa donde tuvo lugar el histórico encuentro con un león. Acerca de ese acontecimiento David escribió lo siguiente: "El saltó y me alcanzó el hombro; ambos rodamos por el suelo. Rugiendo horriblemente cerca de mi oído, me sacudió como un perro lo hubiese hecho con un gato, produciéndome un entorpecimiento igual al que debe sentir un ratón, después de la primera sacudida que le da el gato. Me atacó entonces una especie de adormecimiento, y no sentí ningún dolor ni ninguna sensación de temor."

No obstante, antes de que la fiera tuviese tiempo de matarlo, lo dejó para atacar a otro hombre que, con una lanza en la mano, había entrado en la lucha. El hombro desgarrado de Livingstone nunca sanó por completo; pero nunca más pudo apuntar un rifle o llevarse la mano a la cabeza sin sentir dolores.

Fue en la casa de Robert Moffat, en Curumá, que llegó a conocer a María, la hija mayor de ese misionero. Después de abrir la misión en Mabotsa, los dos se casaron. Seis hijos fueron el fruto de ese enlace.

Después que Livingstone se casó, la Escuela Dominical de Mabotsa se transformó en una escuela común, pasando su esposa a ser la maestra. Schele, el jefe de la tribu, se volvió un gran estudiante de la Biblia, pero quería "convertir" a todo su pueblo a fuerza de "litupa", es decir, de látigo de cuero de rinoceronte. El "inició un culto doméstico en su casa, y el propio Livingstone se admiró de su manera sencilla y natural de orar". Era costumbre de Livingstone comenzar el día con un culto doméstico, y no es de admirarse que el jefe la adoptase también.

Livingstone se vio obligado a mudarse para Chonuane, situada a diez leguas, y más tarde, por falta de agua, él y todo el pueblo, se trasladaron para Colobeng. Fue en ese último lugar que el jefe de la tribu construyó una casa para los cultos, y Livingstone fabricó, con gran sacrificio de dinero y mucho trabajo, su tercera casa de residencia. En esa casa vivió durante cinco años, y nunca más consiguió fijar residencia en otro lugar de la tierra.

Acerca del trabajo en ese lugar, se expresó así: "Aquí tenemos un campo sumamente difícil de cultivar... Si no confiásemos en que el Espíritu Santo obra en nosotros, desistiríamos en desesperanza."

A través del desierto de Calari llegaban rumores de un inmenso lago y de un lugar llamado "Humazo Ruidoso", el que se creían era una gran catarata de agua. Las sequías lo oprimían tanto en Colobeng, que Livingstone resolvió hacer un viaje de exploración para encontrar un lugar más apropiado para establecer su misión. Así fue como el 1° de julio de 1849, David Livingstone, junto con el jefe de la tribu, sus "guerreros", tres hombres blancos y su propia familia, salieron para atravesar el gran desierto de Calari. El guía del grupo, Romotobi, conocía el secreto de subsistir en el desierto cavando con las manos y chupando el agua de debajo de la arena mediante una caña sorbedora.

Después de viajar durante muchos días, llegaron al río Zouga. Al preguntarles a los indígenas, ellos les informaron que el río tenía su naciente en una tierra de ríos y bosques. Livingstone quedó convencido de que el interior del África no era un gran desierto, como el mundo de entonces suponía, y su corazón ardía con el deseo de encontrar una vía fluvial, para que otros misioneros pudiesen ir y penetrar el interior del continente con el mensaje de Cristo.

"La perspectiva", escribió él, "de encontrar un río que diese entrada a una vasta, populosa y desconocida región, fue creciendo constantemente desde entonces; creció tanto, que cuando por fin llegamos al gran lago, ese importante descubrimiento, en sí mismo, nos pareció de poca importancia".

Fue el 1° de agosto de 1849 que el grupo llegó al lago Ngami; era un lago tan grande que desde una orilla no se podía ver la orilla opuesta. Sufrieron largos días de sed atormentadora sin poder obtener una sola gota de agua, pero vencieron todas las dificultades y descubrieron el lago, mientras que otros pretendientes, mucho mejor equipados que ellos, pero menos persistentes, fallaron.

Las noticias de ese descubrimiento fueron comunicadas a la Real Sociedad Geográfica, la que le concedió una hermosa recompensa de veinticinco guineas, "por haber descubierto una tierra y un río importantes, y un enorme lago".

El grupo tuvo que volver a Colobeng. Sin embargo, algunos meses después, inició un nuevo viaje para el lago Ngami. No quería separarse de su familia y la llevó en un carro tirado por bueyes. Pero al llegar al río Zouga, sus hijos fueron atacados por la fiebre y tuvo que volver con la familia. Le nació una hija, la que murió luego de fiebre. Con todo, Livingstone permaneció más firme que nunca en su resolución de encontrar un camino para llevar el evangelio al interior del continente africano.

Después de descansar durante algunos meses con su familia en la casa de su suegro en Curumá, salieron con el propósito de encontrar un lugar saludable donde pudiese establecer una misión más al interior. Fue en ese viaje, en junio de 1851, que descubrió el río más grande del África oriental, el Zambeze, río del que el mundo de entonces nunca había oído hablar.

En un párrafo que escribió Livingstone, se descubre algo de lo que habían sufrido durante esos viajes: "Uno de los ayudantes desperdició el agua que llevábamos en el carro y en la tarde apenas si quedaba un poquito para los niños. Pasamos esa noche muy angustiados, y al día siguiente, a medida que iba disminuyendo más y más el agua, tanto más la sed de los niños iba en aumento. El pensar que fuesen a perecer ante nuestros ojos, nos llenaba de angustia. En la tarde del quinto día sentimos un gran alivio, cuando uno de los hombres volvió trayendo tanto de ese precioso líquido, como jamás antes lo habíamos pensado."

Livingstone, convencido de que era la voluntad de Dios que saliese para establecer otro centro de evangelización, y con una indómita fe de que el Señor supliría todo lo necesario para que se cumpliese su voluntad, avanzaba sin vacilar.

Después de descubrir el río Zambeze, Livingstone vino a saber que los lugares saludables eran lugares sujetos a saqueos inesperados por parte de otras tribus. Solamente en los lugares plagados de enfermedades y azotados por la fiebre era donde se encontraban tribus pacíficas.

Resolvió, por tanto, enviar a su esposa a descansar en Inglaterra, mientras él continuaba sus exploraciones con el fin de establecer un centro para su obra de evangelización. Se veía obligado a establecer tal centro, porque los bóers holandeses invadían el territorio, robando las tierras y el ganado de los indígenas y poniendo en práctica un régimen de la más vil esclavitud. Livingstone enviaba a creyentes fieles para evangelizar a los pueblos que estaban a su alrededor, pero los bóers acabaron con su obra, matando a muchos de los indígenas y destruyendo todos los bienes que el misionero poseía en Colobeng.

Livingstone llevó a su familia para Ciudad del Cabo, desde donde sus seres queridos se embarcaron en un navío con destino a Inglaterra.

Fue en ese tiempo, cuando Dios le proveyó todo lo necesario para que su necesitada familia volviese a Inglaterra, que dijo: "Oh, Amor divino, no te amo con la fuerza, la profundidad y el ardor que convienen."

La separación de su familia le causó profunda pena, pero, de nuevo, dirigió su rostro heroicamente hacia su meta que era ir a socorrer a las desgraciadas tribus del interior del África.

Había tres motivos para hacer un viaje de exploración: Primero, quería encontrar un lugar donde residir con su familia en medio de los barotses, para evangelizarlos. Segundo, la comunicación entre el territorio de los barotses y Ciudad del Cabo era muy demorada y difícil, por lo tanto, quería descubrir un camino para un puerto más próximo. Tercero, quería hacer todo lo posible para influir a las autoridades contra el horrendo tráfico de esclavos.

Fue en esa época de su vida que Livingstone, debido a sus hazañas, se volvió mundialmente conocido.

En su fervor, deseando que Dios le conservase la vida y lo usase como medio para que el evangelio penetrase en el continente africano, Livingstone oró así: "Oh Jesús, te ruego que ahora me llenes de tu amor y me aceptes y me uses un poco para tu gloria. Hasta ahora no he hecho nada por ti, pero quiero hacer algo. Oh Dios, te imploro que me aceptes y me uses, y que sea tuya toda la gloria." Además, escribió lo siguiente: "No tendría ningún valor nada de lo que poseo o llegare a poseer, si no tuviese relación con el reino de Cristo. Si algo de lo que poseo, puede servir para tu reino, te lo daré a ti, a quien debo todo en este mundo y en la eternidad."

Livingstone atravesó, ida y vuelta, el continente africano, desde la desembocadura del río Zambeze hasta San Pablo de Luanda, siendo él el primer blanco en realizar semejante hazaña. En sus memorias, que escribía a diario, se nota cómo él admiraba los lindos paisajes de un país que el mundo consideraba como un vasto desierto, pues lo desconocía por completo.

Llegó a Luanda flaco y enfermo. A pesar de la insistencia del cónsul británico para que regresase a Inglaterra, a fin de recuperar la salud quebrantada, él volvió de nuevo por otro camino, para llevar a sus fieles compañeros hasta su casa, conforme les había prometido antes de iniciar el viaje.

En ese viaje, Livingstone descubrió las magníficas cataratas de Victoria, nombre que dio a esas grandes caídas de agua en honor de la reina de Inglaterra. En ese lugar el río Zambeze tiene un ancho de más de un kilómetro; allí las aguas de ese gran río se precipitan espectacularmente desde una altura de cien metros.

Continuó predicando el evangelio en todo tiempo, a veces a auditorios de más de mil naturales del país. Sobre todo, se esforzaba en ganar la estimación de las tribus hostiles por donde pasaba, con su conducta cristiana que era un gran contraste con la de los mercaderes de esclavos.

En un período de siete meses estando acompañado solo de sus

fieles macololos, cayó con fiebre en la selva treinta y una veces. Pero no era solo el sufrimiento físico lo que lo afligía. Sus cartas revelan su angustia moral, al ver los horrores del pueblo africano masacrado y arrebatado de sus hogares, conducido como ganado para ser vendido en el mercado. Desde un lugar alto a donde subió contó diecisiete aldeas en llamas, incendiadas por esos nefandos mercaderes de seres humanos. Prometió a su esposa que se reuniría con su familia después de dos años, pero, ¡transcurrieron cuatro años y medio antes que ella recibiese alguna noticia de él!

Por fin, después de una ausencia de diecisiete años de su patria, regresó a Inglaterra. Volvió a la civilización y a reunirse con su familia, como quien vuelve de la muerte. Antes de desembarcar supo que su querido padre había fallecido. En toda la historia de David Livingstone, no se cuenta un acontecimiento más conmovedor que su encuentro con su esposa y sus hijos. En Inglaterra fue aclamado y honrado como un heroico descubridor y gran benefactor de la humanidad. Los diarios publicaban todos sus actos de valentía. Las multitudes afluían para oírlo contar su historia. "El doctor Livingstone era muy humilde... No le gustaba andar por la calle, por temor a ser atropellado por las multitudes. Cierto día, en la calle Regent en Londres, fue apretado por una multitud tan grande, que solo con gran dificultad logró refugiarse en un coche. Por la misma razón evitaba ir a los cultos. Cierta vez, deseoso de asistir al culto, mi padre lo persuadió a ocupar un asiento debajo de la galería, en un lugar no visible para el auditorio. Pero fue descubierto y la gente pasó por encima de los bancos para rodearlo y estrecharle la mano."

Una de las muchas cosas que llevó a efecto, mientras permaneció en Inglaterra, fue la de escribir su libro: "Viajes misioneros", obra que alcanzó una enorme circulación, y produjo más interés sobre la cuestión africana que cualquier otro acontecimiento anterior.

En el mes de marzo de 1858, a la edad de cuarenta y seis años, Livingstone, acompañado de su esposa y el hijo menor Osvaldo, embarcaron nuevamente para el África. Dejando a los dos en casa de su suegro, el misionero Moffat, Livingstone continuó sus viajes. En el año siguiente descubrió el lago Nyasa. Recibió también una carta de su esposa desde la casa de los padres de ella, en Curumá, informándole el nacimiento de una nueva hija... ¡Hacia casi un año! Solo entonces pudo su padre conocer el acontecimiento.

Realizó exploración de los ríos Zambeze, Tete y Shiré, y la del lago Nyasa, con el propósito de saber cuáles eran los puntos más estratégicos para la evangelización, y luego enviaron misioneros desde Inglaterra para que ocupasen esos lugares.

En 1862 su esposa se reunió con él de nuevo, y lo acompañó en sus viajes; pero tres meses después falleció víctima de la fiebre, y fue enterrada en una ladera verdeante en las márgenes del río Zambeze. En su diario, Livingstone escribió al respecto de esta manera: "La lloré, porque merece mis lágrimas. La amé cuando nos casamos y cuanto más tiempo vivíamos juntos, tanto más la amaba. Que Dios tenga piedad de nuestros hijos..."

Uno de los mayores obstáculos que Livingstone enfrentó en su obra misionera, fue el terror de los indígenas al ver un rostro de hombre blanco. Las aldeas enteras en ruinas; fugitivos escondiéndose en los campos de hierba alta, sin tener nada para comer; centenares de esqueletos y cadáveres insepultos; caravanas de hombres y mujeres esposados a los troncos asegurados al cuello, eran conducidos a los puertos. -Resulta difícil concebir la magnitud de la desolación creada por los hombres crueles que participaban del tráfico de la esclavitud.

Esos hombres procuraban también, con odio cruel y arte diabólica, acabar con la obra de Livingstone. Finalmente, por medio de la política de su país, consiguieron inducir a Inglaterra a que lo llamase de regreso a su tierra. Fue así como Livingstone llegó de nuevo a su patria, después de una ausencia de cerca de ocho años.

Los creyentes y amigos de Inglaterra, animados por la visión de Livingstone, comenzaron a orar y a enviarle dinero para que continuase su obra en el continente negro. Y nuestro héroe desembarcó por tercera, y última vez, en el África, en Zanzíbar.

En la expedición que inició en Zanzíbar, descubrió los lagos Tanganyka (1867), Moero (1867) y Bangüeolo (1868). Pasó cinco largos años explorando las cuencas de esos lagos. La constante oración y el pan de la Palabra de Dios fueron su sustento espiritual durante todos esos años de prueba que sufrió debido a las crueldades de los negociantes de esclavos.

Resolvió entonces, hacer todo lo posible para descubrir la cabecera del río Nilo y resolver un problema que durante millares de años se había burlado de los geógrafos. Sabía que si descubriese el nacimiento del famoso Nilo, el mundo le daría oídos acerca de la llaga abierta que tenía el África con el comercio de los esclavos. Es interesante conocer lo que él escribió: "El mundo cree que yo busco fama; sin embargo, yo tengo una regla, es decir, no leo nada sobre los elogios que me hacen." Sabía que al acabarse la esclavitud, el continente se abriría para dejar entrar el evangelio.

Durante los largos intervalos que había entre los periodos en que sus cartas eran recibidas en Inglaterra, llegadas desde el corazón del África, circularon rumores de que Livingstone había muerto. No eran solo los hombres que traficaban con esclavos, los que querían matarlo, sino también muchos de los propios naturales, que no creían que existiese un hombre blanco que fuese amigo de verdad. Él mismo contó muchos hechos relacionados con las celadas que le prepararon en la tierra de Maniuema para matarlo. En ese lugar él escribió en su diario lo siguiente: "Leí toda la Biblia cuatro veces mientras estuve en Maniuema." En la soledad encontró un gran alivio en las Escrituras.

Reconocía siempre la posibilidad de perecer en manos de los enemigos, pero siempre respondía así a la insistencia de los amigos: "¿No puede el amor de Cristo constreñir al misionero a que vaya adonde el comercio ilegal lleva al mercader de esclavos?"

Por primera vez, en los millares de leguas que caminó, los pies del explorador le fallaron. Obligado a quedarse por algún tiempo en una cabaña, todos sus compañeros lo abandonaron, con excepción de tres que se quedaron con él.

Por fin, llegó a Ujiji, reducido a piel y huesos, por causa de la grave enfermedad que sufrió en Maniuema. No había recibido cartas desde hacía dos años y esperaba recibir también las provisiones que había enviado para allá. Sin embargo, las cartas no habían llegado, entonces, con el cuerpo enflaquecido y carente de ropas y de alimentos, vino a saber que le habían robado todo. En esa situación escribió: "En mi pobreza me sentí como el hombre que, descendiendo de Jerusalén a Jericó, cayó en manos de ladrones. No tenía esperanza de que un sacerdote, un levita o un buen samaritano viniese en mi auxilio. Sin embargo, cuando mi alma estaba más abatida, el buen samaritano ya se hallaba muy cerca de mí."

El "buen samaritano" era Henry Stanley, enviado por el diario New York Herald, a insistencia de muchos millares de lectores de ese periódico, para saber con seguridad si Livingstone todavía vivía o, en el caso de que hubiese muerto, para que su cuerpo fuese devuelto a su patria.

Stanley pasó el invierno con Livingstone, quien se negó a ceder a la insistencia de volver a Inglaterra. Podía volver y descansar entre amigos con toda comodidad, pero prefirió quedarse y realizar su anhelo de abrir el continente africano al evangelio.

Realizó su último viaje con el propósito de explorar el Luapula, para verificar si ese río era el origen del Nilo o del Congo. En esa región llovía incesantemente. Livingstone sufría dolores atroces; día tras día se le iba volviendo más y más difícil caminar. Fue entonces que tuvo que ser cargado por vez primera, por sus fieles compañeros: Susi, Chuman y Jacó Wainwright, todos indígenas.

En su diario, las últimas notas que escribió, dicen lo siguiente: "Cansadísimo, estoy... recuperada la salud... Estamos en las márgenes del Mililamo."

Llegaron a la aldea de Chitambo, en Ilala, donde Susi hizo una cabaña para él. En esa cabaña, el 1° de mayo de 1873, el fiel Susi encontró a su bondadoso maestro, de rodillas, al lado de su cama, muerto. ¡Oró mientras vivió y partió de este mundo orando!

Sus dos fieles compañeros, Susi y Chuman, enterraron el corazón de Livingstone debajo de un árbol en Chitambo, secaron y embalsamaron el cuerpo y lo llevaron hasta la costa, viaje que duró varios meses, a través del territorio de varias tribus hostiles. El sacrificio de esos valientes hijos del África, sin que tuvieran ningún propósito de recibir remuneración económica alguna, no será olvidado por Dios, ni por el mundo.

El cuerpo, después que hubo llegado a Zanzíbar, fue transportado a Inglaterra, donde fue sepultado en la Abadía de Westminster, entre los monumentos de los reyes y héroes de aquella nación. No había dudas con respecto al cuerpo de Livingstone; era fácil de identificarlo; el hueso por encima del brazo izquierdo tenía bien patentes las marcas de los dientes del león que lo atacara años atrás.

Entre los que asistieron a su entierro, se encontraban sus hijos y el viejo misionero Robert Moffat, padre de su querida esposa. La multitud estaba compuesta tanto de un pueblo humilde, que lo amaba, como de los grandes, que lo honraban y respetaban.

Se cuenta, que entre la multitud que permanecía en las aceras de las calles de Londres, el día en que el cortejo que llevaba el cuerpo de David Livingstone pasó, había un viejo llorando amargamente. Al preguntársele por qué lloraba, respondió: "Es porque Davidcito y yo nacimos en la misma aldea, cursamos el mismo colegio y asistimos a la misma Escuela Dominical; trabajamos en la misma máquina de hilar, pero, él se fue por aquel camino y yo, por este. Ahora es honrado por la nación, mientras que yo soy despreciado, desconocido y deshonrado. El único futuro para mí es el entierro del borracho."

No es solamente el ambiente, sino las preferencias de nuestra juventud lo que determina nuestro destino, no solamente aquí en este mundo, sino para toda la eternidad.

Cuando Livingstone hablaba a los alumnos de la Universidad de Cambridge, en 1857, dijo lo siguiente: "Por mi parte, nunca ceso de regocijarme porque Dios me haya designado para tal oficio. El pueblo habla del sacrificio que yo he hecho en pasarme tan gran parte de mi vida en el África. ¿Es sacrificio pagar una pequeña parte de la deuda, deuda que nunca podremos liquidar, y que debemos a nuestro Dios? ¿Es sacrificio aquello que trae la bendita recompensa de la salud, el conocimiento de practicar el bien, la paz del espíritu y la viva esperanza de un glorioso destino? ¡No hay tal cosa! Y lo digo con énfasis: No es sacrificio... Nunca hice un sacrificio. No debemos hablar de sacrificio, si recordamos el gran sacrificio que hizo Aquel que descendió del trono de su Padre, de allá de las alturas, para entregarse por nosotros."

Si Livingstone no se hubiese enfermado, habría descubierto

la cabecera del Nilo. Durante los treinta años que pasó en el África, nunca se olvidó del propósito que tenía de llevar a Cristo a los pueblos de ese oscuro continente. Todos los viajes que realizó, fueron misioneros.

Grabadas en su tumba se pueden leer estas palabras: "El corazón de Livingstone permanece en el África, su cuerpo descansa en Inglaterra, pero su influencia continúa."

Pero, grabadas en la historia de la iglesia de Cristo están los grandes éxitos alcanzados en el África durante un período de más de setenta y cinco años después de su muerte, éxitos inspirados en gran parte, por las oraciones y por la gran persistencia de ese gran siervo que fue fiel hasta la muerte.

JUAN PATON
Misionero a los antropófagos
1824-1907

*C*erca de Dalswinton, en Escocia, vivía un matrimonio conocido en toda la región como los viejos Adán y Eva. A ese hogar llegó de visita, cierta vez, una sobrina, Janet Rogerson. Es de suponerse que no hubiese muchas cosas en aquella casa aislada de un par de ancianos, que pudiesen distraer a la joven siempre viva y alegre. Pero algo le atrajo su interés; cierto muchacho llamado Santiago Paton, entraba, día tras día, en el bosque próximo a la casa. Llevaba siempre un libro en la mano, como si él fuese allí con el propósito de estudiar y meditar. Cierto día, la jovencita, vencida por la curiosidad, entró furtivamente por entre los árboles y espió al muchacho que recitaba los Sonetos Evangélicos de Erskine. Su curiosidad se convirtió en una santa admiración cuando el joven, dejando el sombrero a un lado, en el suelo, se arrodilló debajo de un árbol para derramar su alma en oración ante Dios. Ella, con su espíritu juguetón, avanzó y le colgó el sombrero en una rama del árbol que estaba más próximo. En seguida se escondió en donde pudo, para presenciar cómo el muchacho, perplejo, buscando su sombrero. Al día siguiente la escena se repitió. Pero el corazón de la muchacha se conmovió al ver la perturbación del joven, inmóvil por algunos minutos, con el sombrero en la mano. Fue así como él, al volver al día siguiente al lugar donde se arrodillaba a diario, encontró una tarjeta prendida en el árbol. La tarjeta decía lo siguiente: "La persona que escondió su sombrero se confiesa con sinceridad arrepentida de haberlo hecho y le pide que ore, rogando a Dios que la convierta en una creyente tan sincera como lo es usted."

El joven se quedó mirando por algún tiempo la tarjeta, olvidándose completamente de los Sonetos aquel día. Por fin, desprendió la tarjeta del árbol, y se reprochó por no haberse dado cuenta de que era un ser humano quien le había escondido el sombrero en dos ocasiones, más tarde vio entre los árboles, una muchacha que llevaba un balde en la mano, cantando un himno escocés que pasaba frente a la casa del viejo Adán.

En aquel momento el muchacho, por instinto divino, y en forma tan infalible como por cualquier voz que jamás hablara a un profeta de Dios, supo que la visita angélica que había invadido su retiro de oración, era la gentil y hábil sobrina de los viejos Adán y Eva. Santiago Paton todavía no conocía a Janet Rogerson, pero había oído hablar de sus extraordinarias cualidades intelectuales y espirituales.

Es probable que Santiago Paton comenzase a orar por ella, en un sentido diferente de aquel que ella le pidiera. De cualquier manera, la joven hurtó, no solamente el sombrero del muchacho, sino también su leal corazón, un hurto que culminó en matrimonio.

Santiago Paton, fabricante de medias del condado de Dunfries y su esposa Janet, andaban, como Zacarías y Elizabeth en la antigüedad, en forma irreprensible delante del Señor. Cuando les nació el primogénito, le pusieron el nombre de Juan, dedicándolo con solemnidad a Dios, en sus oraciones, para que fuese misionero a los pueblos que no tenían la oportunidad de conocer a Cristo.

Entre la casa propiamente dicha, en que vivía la familia Paton, y la parte que servía de fábrica, había un pequeño aposento. Acerca de ese cuarto, Juan Paton escribió lo siguiente:

"Ese era el santuario de nuestra humilde casa. Varias veces al día, generalmente después de las comidas, nuestro padre entraba en aquel cuarto y, "cerrada la puerta", oraba. Nosotros, sus hijos, comprendíamos como por instinto espiritual, que esas oraciones eran por nosotros, como sucedía en la antigüedad cuando el sumo sacerdote entraba detrás del velo al Lugar Santísimo, para interceder en favor del pueblo. De vez en cuando, se oía el eco de una voz, en un tono como de quien suplica por la vida; pasábamos delante de esa puerta de puntillas, a fin de no perturbar esa santa e íntima conversación. El mundo exterior no sabía de dónde provenía el gozo que resplandecía en el rostro de nuestro padre; pero nosotros, sus hijos, si lo sabíamos; era el reflejo de la Presencia divina, que era siempre una realidad para él en la vida cotidiana. Nunca espero sentir, ni en el templo, ni en las sierras, ni en los valles, a Dios más cerca, más visible, andando y conversando más íntimamente con los hombres, que en aquella humilde casa cubierta de paja. Si, debido a una catástrofe indecible, todo cuanto pertenece a la religión fuese borrado de mi memoria, mi alma volvería de nuevo a los tiempos de mi mocedad: se encerraría en aquel santuario, y al oír de nuevo los ecos de aquellas súplicas a Dios, lanzaría lejos toda duda con este grito victorioso: *Mi padre anduvo con Dios; ¿por qué no puedo andar yo también?"*

En la autobiografía de Juan Paton se ve que sus luchas diarias eran grandes. Pero lo que leemos a continuación, revela cuál era la fuerza que operaba para que él siempre avanzase en la obra de Dios:

"Antes, solo se celebraban cultos domésticos los domingos en la casa de mis abuelos: pero mi padre indujo a mi abuela primero, y luego a todos los miembros de la familia, para que orasen y leyesen un pasaje de la Biblia y cantasen un himno cada día, por la mañana y por la noche. Fue así que mi padre comenzó, a los diecisiete años de edad, la bendita costumbre de celebrar cultos matinales y vespertinos en su casa; esa fue una costumbre que observó, tal vez, sin ninguna excepción, hasta que se halló en el lecho de muerte, a los setenta y ocho años de edad; cuando aun en ese, su último día de vida, se leyó un pasaje de las Escrituras, y se oyó su voz mientras oraba. Ninguno de sus hijos se recuerda de un solo día que no hubiese sido así santificado; muchas veces había prisa por atender algún negocio; innúmeras veces llegaban amigos, disfrutábamos de momentos de gran gozo o de profunda tristeza; pero nada nos impedía que nos arrodillásemos alrededor del altar familiar, mientras el sumo sacerdote dirigía nuestras oraciones a Dios y se ofrecía a sí mismo y a sus hijos al mismo Señor. La luz de tal ejemplo era una bendición, tanto para el prójimo, como para nuestra familia. Muchos años después, me contaron que la mujer más depravada de la villa, una mujer de la calle, pero que más tarde fue salvada y reformada por la gracia divina, declaró que la única cosa que evitó que cometiese suicidio fue que, encontrándose ella una noche obscura cerca de la ventana de la casa de mi padre, lo oyó implorando en el culto doméstico, que Dios convirtiese "al impío, del error de su camino y lo hiciese lucir como una joya en la corona del Redentor". "Vi", dijo ella, "cómo yo era un gran peso sobre el corazón de ese buen hombre, y sabía que Dios respondería a sus súplicas. Fue por causa de esa seguridad que no entré al infierno y que encontré al único Salvador."

No es de admirarse que en tal ambiente, tres de los once hijos, Juan, Walter y Santiago, fuesen inducidos a entregar su vida a la obra más gloriosa, que es la de ganar almas. Creemos que este punto no estaría completo si no le añadiésemos un párrafo más de la misma autobiografía:

"Hasta qué punto fui impresionado en ese tiempo por las oraciones de mi padres, no lo puedo decir, ni nadie podría comprenderlo. Cuando todos nos encontrábamos arrodillados alrededor de nuestro padre en el culto doméstico, y él, igualmente de rodillas, derramaba toda su alma en oración, con lágrimas, no solo por todas las necesidades personales y domésticas, sino también por la conversión de aquella parte del mundo donde no había predicadores para servir a Jesús, nos sentíamos en la presencia del Salvador vivo y llegamos a conocerlo y amarlo como nuestro Amigo divino. Cuando nos levantábamos después de esas oraciones, yo acostumbraba quedarme contemplando la luz que reflejaba el rostro de mi padre y ansiaba tener el mismo espíritu; anhelaba, como respuesta a sus oraciones, tener la oportunidad de prepararme y salir, llevando el bendito evangelio a una parte del mundo que estuviese entonces sin misionero."

Acerca de la disciplina en el hogar, veremos aquí lo que él escribió:

"Si había algo en realidad serio para corregir, mi padre se retiraba primeramente al cuarto de oración, y nosotros comprendíamos que él estaba llevando el caso ante Dios; ¡esa era la parte más severa del castigo para mí! Yo estaba listo a encarar cualquier castigo, pero esto que él hacía penetraba en mi conciencia como un mensaje de Dios. Amábamos aun más a nuestro padre al ver cuánto tenía que sufrir para castigarnos y, es más, tenía muy poco que castigar, pues nos dirigía a todos nosotros, sus once hijos, mucho más mediante el amor que mediante el temor."

Por fin llegó el día en que Juan tenía que dejar el hogar paterno. Sin tener dinero para el pasaje y con todo lo que poseía, incluyendo una Biblia, envuelta en un pañuelo, salió a pie para ir a trabajar y a estudiar en Glasgow. El padre lo acompañó durante una distancia de nueve kilómetros. Durante el último kilómetro, antes de separarse, los dos caminaron sin decirse una palabra, el hijo sabía por el movimiento de los labios de su padre, que iba orando en su corazón, por él. Al llegar al lugar donde debían separarse uno del otro, el padre balbuceó: "¡Que Dios te bendiga hijo mío! ¡Que el Dios de tu padre te prospere y te guarde de todo mal!" Después de abrazarse mutuamente el hijo salió corriendo, mientras el padre de pie en medio del camino, inmóvil, con el sombrero en la mano y las lágrimas corriéndole por el rostro, continuaba orando con todo su corazón. Algunos años después el hijo confesó que esa escena le quedó grabada en su alma, y lo estimulaba como un fuego inextinguible a no desilusionar a su padre en lo que de él esperaba, es decir, que siguiese su bendito ejemplo de andar siempre con Dios.

Durante los tres años de estudios que pasó en Glasgow, a pesar de trabajar con sus propias manos para sustentarse, Juan Paton hizo, en el gozo del Espíritu Santo, una gran obra en la siega del Señor. No obstante, resonaba constantemente en sus oídos el clamor de los salvajes de las islas del Pacífico y ese, fue el asunto que ocupó principalmente sus meditaciones y oraciones diarias. Había otros que podían continuar la obra que él hacía en Glasgow, pero ¡¿quién deseaba llevar el evangelio a esos pobres bárbaros?!

Al declarar su resolución de ir a trabajar entre los antropófagos de las Nuevas Hébridas, casi todos los miembros de su iglesia se opusieron a su salida. Uno de los más estimados hermanos así se explicó: "Entre los antropófagos! ¡Será comido por los antropófagos!" A eso Juan Paton respondió: "Usted hermano, es mucho mayor que yo, y en breve será sepultado y luego será comido por los gusanos; le digo a usted hermano, que si yo logro vivir y morir sirviendo y honrando al Señor Jesús, no me importará ser comido por los antropófagos o por los gusanos; en el gran día de la resurrección mi cuerpo se levantará tan bello como el suyo, a semejanza del Redentor resucitado."

En efecto, las Nuevas Hébridas habían sido bautizadas con sangre de mártires. Los dos misioneros, Williams y Harris, que habían sido enviados para evangelizar esas islas pocos años antes, fueron muertos a garrotazos, y sus cadáveres fueron cocidos y comidos. "Los pobres salvajes no sabían que habían asesinado a sus amigos más fieles; así pues, los creyentes de todos los lugares al recibir la noticia del martirio de los dos, oraron con lágrimas por esos pueblos despreciados."

Y Dios oyó sus súplicas llamando entre otros a Juan Paton. Sin embargo, la oposición a su salida era tal que él resolvió escribir a sus padres. Mediante su respuesta llegó a saber que ellos lo habían dedicado para tal servicio el mismo día de su nacimiento. Desde ese momento, Juan Paton ya no tuvo más duda de que esa era la voluntad de Dios, y decidió en su corazón emplear toda su vida sirviendo a los indígenas de las islas del Pacífico.

Nuestro héroe nos cuenta muchas cosas de interés acerca del largo viaje en barco de vela a las Nuevas Hébridas. Casi al fin del viaje se quebró el mástil del navío. Las aguas los llevaban lentamente para Tana, una isla de antropófagos, donde todo su equipaje habría sido saqueado y todos los de a bordo cocidos para ser comidos. Sin embargo, Dios oyó sus súplicas y alcanzaron otra isla. Unos meses después fueron a la misma isla de Tana, donde consiguieron comprar un terreno de los salvajes y edificar una casa. Resulta conmovedor leer que construyeron la casa sobre los mismos cimientos que había echado el misionero Turner quince años antes, y quien tuvo que huir de la isla para escapar de ser muerto y comido por los salvajes.

Acerca de su primera impresión sobre la gente, Paton escribió:

"Estuve al borde de la mayor desesperación. Al ver su desnudez y miseria sentí tanto horror como piedad. ¿Había yo dejado la obra entre mis amados hermanos de Glasgow, obra en la que sentía un gran gozo para dedicarme a criaturas tan degeneradas como estas? Me pregunté a mí mismo: "¿Será posible enseñarles a distinguir entre el bien y el mal, y llevarlos a Cristo, o aun civilizarlos?" Pero todo eso fue apenas un sentimiento pasajero. Luego sentí un deseo tan profundo de llevarlos al conocimiento y al amor de Jesús, como jamás había sentido antes cuando trabajaba en Glasgow."

Antes de que la casa donde irían a vivir los Paton estuviese terminada, hubo una batalla entre dos tribus. Las mujeres y los niños huyeron hacia la playa, donde conversaban y reían ruidosamente, como si sus padres y hermanos estuviesen ocupados en algún trabajo pacífico. Pero mientras los salvajes gritaban y se empeñaban en conflictos sangrientos, los misioneros se entregaban a la oración por ellos. Los cadáveres de los muertos fueron llevados por los vencedores hasta una caldera de agua hirviendo, donde fueron cocinados y comidos. En la noche, todavía se escuchaba el llanto y los gritos prolongados de las aldeas vecinas. Los misioneros fueron informados de que un guerrero, herido en la batalla, había acabado de morir en su casa. Su viuda fue estrangulada inmediatamente, conforme a la costumbre, para que su espíritu acompañase al espíritu del marido y continuase sirviéndole de esclava.

Los misioneros entonces, en ese ambiente de la más repugnante superstición, de la más baja crueldad y de la más flagrante inmoralidad, se esforzaron por aprender a usar todas las palabras posibles de ese pueblo que no conocía la Escritura. Anhelaban hablar de Jesús y del amor de Dios a esos seres que adoraban árboles, piedras, fuentes, riachos, insectos, espíritus de los hombres fallecidos, reliquias de cabellos y uñas, astros, volcanes, etc. etc.

La esposa de Paton era una colaboradora muy esforzada y en el espacio de pocas semanas reunió a ocho mujeres de la isla y las instruía diariamente. Tres meses después de la llegada de los misioneros a la isla, la esposa de Paton falleció de malaria y un mes después su hijito también murió. ¡Resulta imposible describir el inmenso pesar que sentía Paton durante los años que trabajó sin su colaboradora en Tana! A pesar de casi haber muerto también de malaria; a pesar de que los creyentes insistían en que volviese a su tierra; y a pesar de que los indígenas hacían un plan tras otro plan para matarlo y luego comérselo, ese héroe permaneció orando y trabajando fielmente en el puesto donde Dios lo había colocado.

Se construyó un templo y un buen número de indígenas se congregaba allí para oír el mensaje divino. Este misionero, no solo logró llevar la lengua de los tanianos a la forma escrita, sino que también tradujo a esa lengua una parte de las Escrituras, la que imprimió, a pesar de no conocer el arte tipográfico. Acerca de esa gloriosa hazaña de imprimir el primer libro en taniano, él escribió lo siguiente: "Confieso que grité de alegría cuando la primera hoja salió de la prensa, con todas las páginas en el orden adecuado; era entonces la una de la mañana. Yo era el único hombre blanco en la isla, y hacía horas que todos los nativos dormían. No obstante, tiré mi sombrero al aire y dancé como un chiquillo, durante algún tiempo, alrededor de la máquina impresora."

"¿Habré perdido la razón? ¿No debería yo, como misionero, estar de rodillas alabando a Dios, por esta nueva prueba de su gracia? ¡Creedme amigos, mi culto fue tan sincero como el de David, cuando danzó delante del Arca de su Dios! No debéis pensar que, después de que estuvo lista la primera página, yo no me arrodillé pidiendo al Todopoderoso que propagase la luz y la alegría de su santo Libro en los corazones entenebrecidos de los habitantes de aquella tierra inculta."

Luego, cuando Paton había pasado tres años en Tana, una pareja de misioneros que vivía en la isla vecina, Erromanga, fue martirizada bárbaramente a hachazos, en pleno día. Cuando se cumplieron cuatro años de estar viviendo en Tana, el odio de los indígenas de esa isla llegó al máximo. Diversas tribus acordaron matar al "indefenso" misionero y acabar de esa manera con la religión del Dios de amor en toda la isla. Sin embargo, como él mismo se declaraba inmortal hasta acabar su obra en la tierra, eludía, en pleno campo, los innumerables lanzazos, hachazos y porrazos que le dirigían los indígenas, y así, logró escapar a la isla de Aneitium. Entonces, decidió ocuparse en la obra de traducción del resto de los Evangelios a la lengua taniana, mientras esperaba la oportunidad de volver a Tana. Con todo, se sintió dirigido a aceptar un llamado para ir a Australia. En el transcurso de unos meses, animó a las iglesias a que compraran una embarcación de vela para el servicio de los misioneros. También las instó a que contribuyesen liberalmente y que enviasen más misioneros para evangelizar todas las islas.

Acerca de su viaje a Escocia, después de haber pasado algunos años en las Nuevas Hébridas, él escribió: "Fui en tren a Dunfries, y allí encontré transporte para ir a mi querido hogar paterno donde fui acogido con muchas lágrimas. Solamente habían transcurrido cinco cortísimos años desde que yo había salido de ese santuario con mi joven esposa, y ahora, ¡ay de mí! madre e hijo yacían en su tumba en Tana, abrazados, hasta el día de la resurrección... No fue con menos gozo, a pesar de sentirme angustiado, que pocos días después me encontré con los padres de mi querida y desaparecida esposa."

Antes de partir de Escocia en su nuevo viaje, Paton se casó con la hermana de otro misionero. Llamada por Dios a trabajar entre los naturales de las Nuevas Hébridas, sumergidos en las tinieblas, ella sirvió como fiel compañera de su marido por muchos años.

"Lo último que hice en Escocia fue arrodillarme en el hogar paterno, durante el culto doméstico, mientras mi venerado padre, como sacerdote de cabellos blancos, nos encomendaba, una vez más, 'a los cuidados y protección de Dios, Señor de las familias de Israel.' Yo sabía, por cierto, cuando nos levantamos después de la oración y nos despedimos unos de otros, que no nos encontraríamos más con ellos antes del día de la resurrección. No obstante, mi padre y mi querida madre nos ofrecieron de nuevo al Señor con corazones alegres, para su servicio entre los salvajes."

"Más tarde, mi querido hermano me escribió que la 'espada' que traspasó el alma de mi madre fue demasiado aguda y que después de nuestra partida, ella estuvo por mucho tiempo, como muerta, en los brazos de mi padre."

De regreso a las islas, Paton fue constreñido por el voto de todos los misioneros a no volver a Tana, sino a iniciar la obra en la vecina isla de Aniwa. De esa manera, tuvo que aprender otra lengua y comenzar todo de nuevo. ¡Al preparar el terreno para la construcción de la casa, Paton llegó a juntar dos cestas de huesos humanos, provenientes de víctimas devoradas por los habitantes de la isla!

"Cuando esas pobres criaturas comenzaban a usar un pedacito de tela, o un faldón, era señal exterior de una transformación, a pesar de estar muy lejos de la civilización. Y cuando comenzaban a mirar hacia arriba a orar a aquel a quien llamaban 'Padre, nuestro Padre', mi corazón se derretía en lágrimas de gozo; y sé, por cierto, que había un Corazón divino en los cielos que estaba regocijándose también."

Con todo, igual que en Tana, Paton se consideraba inmortal hasta que completase la obra que le había sido designada por Dios. muchas fueron las veces que evitó la muerte arrebatando el arma levantada contra él por los salvajes para matarlo.

Por fin, la fuerza de las tinieblas unidas contra el evangelio en Aniwa cedió. Eso tuvo lugar cuando él cavó un pozo en la isla. Para los indígenas el agua de coco era suficiente para satisfacer su sed, porque se bañaban en el mar; usaban un poco de agua para cocinar, ¡y ninguna para lavar la ropa! Pero para los misioneros la falta de agua dulce era el mayor sacrificio, y Paton resolvió cavar un pozo.

Al principio los indígenas lo ayudaron en esa obra, a pesar de que consideraban que el plan "de que el Dios del misionero proporcionara lluvia desde abajo", era la concepción de una mente extraviada. Pero después, amedrentados por la profundidad del pozo, dejaron que el misionero continuase cavando solo, día tras día, mientras lo contemplaban desde lejos, diciendo entre sí: "¡¿Quién oyó jamás hablar de una lluvia que venga desde abajo?! ¡Pobre misionero! ¡Pobrecito!" Cuando el misionero insistía en decirles que el abastecimiento de agua en muchos países provenía de pozos, ellos respondían: "Es así como suelen hablar los locos; nadie puede desviarlos de sus ideas fijas."

Después de muchos y largos días de trabajo fatigante; Paton alcanzó tierra húmeda. Confiaba en que Dios lo ayudaría a obtener agua dulce como respuesta a sus oraciones. A esa altura, sin embargo, al meditar sobre el efecto que causaría entre la gente si encontrase agua salada, se sentía casi horrorizado al pensar en ello. "Me sentí escribió él, tan conmovido, que quedé bañado en sudor y me temblaba todo el cuerpo cuando el agua comenzó a brotar desde abajo y empezó a llenar el pozo. Tomé un poco de agua en la mano y la llevé a la boca para probarla. ¡Era agua! ¡Era agua potable! ¡Era agua viva del pozo de Jehová!"

Los jefes indígenas acompañados de todos sus hombres asistieron a este acontecimiento. Era una repetición, en pequeña escala, de la escena de los israelitas que rodeaban a Moisés cuando este hizo brotar agua de la roca. Después de pasar algún tiempo alabando a Dios, el misionero se sintió más tranquilo y bajó nuevamente al pozo, llenó un jarro con "la lluvia que Jehová Dios le daba mediante el pozo", y se lo entregó al jefe. Este sacudió el jarro para ver si realmente había agua en él; entonces tomó un poco de agua en la mano, y no satisfecho aún, llevó a la boca un poco más. Después de poner los ojos en blanco de alegría, la bebió y rompió en gritos: "¡Lluvia! ¡Lluvia! ¡Sí; es verdad, es lluvia! ¿Pero, cómo la conseguiste?" Paton respondió: "Fue Jehová, mi Dios, quien la dio de su tierra en respuesta a nuestra labor y nuestras oraciones. ¡Mirad y ved, por vosotros mismos, cómo brota el agua de la tierra!"

Entre toda esa gente no había un solo hombre que tuviese el valor de acercarse a la boca del pozo; entonces, formaron una larga fila y asegurándose los unos a los otros con las manos, avanzaron hasta que el hombre que estaba al frente de la fila pudiese mirar dentro del pozo. Entonces, el que había mirado, pasaba al fin de la "cola", dejando que el segundo mirase para ver la "lluvia de Jehová, allí, bien abajo".

Después que todos hubieron mirado, uno por uno, el jefe se dirigió a Paton diciéndole: "¡Misionero, la obra de tu Dios, Jehová, es admirable, es maravillosa! Ninguno de los dioses de Aniwa jamás nos bendijo tan maravillosamente. Pero, misionero, ¿continuará él dándonos siempre esa lluvia en esa forma? o ¿vendrá como la lluvia de las nubes?" El misionero explicó, para gozo inefable de todos, que esa bendición era permanente y para todos los aniwaianos.

Durante los años siguientes a este acontecimiento, los nativos trataron de cavar pozos en seis o siete de los lugares más probables, cerca de varias villas. Sin embargo, todas las veces que lo hicieron, o se encontraron con roca, o el pozo les daba agua salada. Entonces se decían: "Sabemos cavar, pero no sabemos orar como el misionero, y por lo tanto, Jehová no nos da lluvia desde abajo!"

Un domingo, después que Paton había conseguido el agua de pozo, el jefe Namakei convocó a todo el pueblo de la isla. Haciendo ademanes con una pequeña hacha en la mano, se dirigió a los oyentes de la siguiente manera: "Amigos de Namakei, todos los poderes del mundo no podrían obligarnos a creer que fuese posible recibir la lluvia de las entrañas de la tierra, si no lo hubiésemos visto con nuestros propios ojos y probado con nuestra propia boca... Desde ahora, pueblo mío, debo adorar al Dios que nos abrió el pozo y nos da la lluvia desde abajo. Los dioses de Aniwa no pueden socorrernos como el Dios del misionero. De aquí en adelante, yo soy un seguidor del Dios Jehová. Todos vosotros, los que quisiéreis hacer lo mismo, tomad los ídolos de Aniwa, los dioses que nuestros padres temían, y lanzadlos a los pies del misionero... Vamos donde el misionero para que él nos enseñe cómo debemos servir a Jehová... Quien envió a su Hijo, Jesús, para morir por nosotros y llevarnos a los cielos."

Durante los días siguientes, grupo tras grupo de salvajes, algunos con lágrimas y sollozos, otros con gritos de alabanzas a Jehová, llevaron sus ídolos de palo y de piedra y los lanzaron en montones delante del misionero. Los ídolos de palo fueron quemados; los de piedra, enterrados en cuevas de 4 a 5 metros de profundidad, y algunos, de mayor superstición, fueron lanzados al fondo del mar, lejos de la tierra.

Uno de los primeros pasos en la vida cotidiana de la isla, después de que se destruyeron todos los ídolos, fue la invocación de la bendición del Señor en las comidas. El segundo paso, una sorpresa mayor y que también llenó al misionero de inmenso gozo, fue un acuerdo entre ellos de celebrar un culto doméstico por la mañana y otro por la noche. Sin duda esos cultos estuvieron mezclados, por algún tiempo, con muchas de las supersticiones del paganismo.

Pero Paton tradujo las Escrituras y las imprimió en la lengua aniwaiana, y enseñó al pueblo a leerlas. La transformación que ocurrió en los habitantes de esa isla fue una de las maravillas de los tiempos modernos. ¡Qué emoción tan grande se siente al leer acerca de la ternura que el misionero sentía por esos amados hijos en la fe, y del cariño que ellos, los otrora crueles salvajes que se comían los unos a los otros, mostraban para con el misionero!

¡Ojalá que nuestro corazón arda también en deseos de ver la misma transformación de los millones de habitantes primitivos que hay aún en tantas partes del mundo!

Paton describió la primera Cena del Señor que celebraron en Aniwa, con las siguientes palabras: "Al colocar el pan y el vino en las manos de esos ex antropófagos, otrora manchadas de sangre y ahora extendidas para recibir y participar de los símbolos del amor del Redentor, me anticipé al gozo de la gloria hasta el punto de que mi corazón parecía salírseme del pecho. ¡Yo creo que me sería imposible experimentar una delicia mayor que esta, antes de poder contemplar el rostro glorificado del propio Jesucristo!"

Dios, no solamente le concedió a nuestro héroe el inefable gozo de ver a los aniwaianos ir a evangelizar las islas vecinas, sino también, el gozo de ver a su propio hijo, Frank Paton y a su esposa, ir a vivir en la isla de Tana, para continuar la obra que él había comenzado con el mayor sacrificio.

Fue a la edad de ochenta y tres años que Juan G. Paton oyó la voz de su precioso Jesús, llamándolo para el hogar eterno. ¡Cuán grande ha sido su gozo, no solamente al reunirse con sus queridos hijos de las islas del sur del Pacífico, los que entraron al cielo antes que él, sino también al poder dar la bienvenida a los otros que llegan allí, uno por uno!

HUDSON TAYLOR

Padre de la misión en el interior de la China
1832-1905

Santiago Taylor se había levantado temprano, de madrugada. Había llegado, por fin, el anunciado y tan anhelado día de su casamiento; el joven se ocupaba de arreglar todo para recibir a su novia en la casa que vivirían. Mientras trabajaba, meditaba sobre los acontecimientos recientes que habían ocurrido en la aldea.

Dos familias, la de los Cooper y la de los Shaw, se habían convertido, e invitaron a Juan Wesley a que predicase en la feria. El anciano predicó sobre "La ira venidera", de tal manera, que el pueblo desistió de su amarga persecución, dejando al intrépido orador que se hospedase en la casa del señor Shaw.

Mientras Santiago preparaba la casa para la llegada de la novia, se escuchaba la voz de la vecina, la señora de Shaw, cantando. Recordó entonces de cómo ella, meses antes, pasaba todo el tiempo en cama, gimiendo día tras día por causa del reumatismo que la había dejado imposibilitada. Pero cuando "confió en el Señor", como ella dijo, para su cura inmediata, muy grande fue su transformación. Asimismo, indecible fue la sorpresa de su marido cuando volvió a la casa: su esposa, no solamente estaba curada y de pie, sino también ¡barriendo la cocina!

Santiago Taylor odiaba la religión. Aun más: ese era el día en que él se iba a casar. Después de la boda iban a bailar y a beber, como se hacía en tales ocasiones. Sin embargo, no podía librarse de las palabras, tal vez oídas en el sermón del predicador: "Pero yo y mi casa serviremos al Señor."

Sí, iba a tomar una esposa e iba a asumir las responsabilidades de marido y de padre de familia. Hasta allí había sido muy grande su descuido. Resuelto entonces a entrar seriamente en la vida de casado, comenzó a repetir las palabras: ¡Serviremos al Señor!

Las horas fueron transcurriendo. El sol subía más y más en el cielo, bañando con su luz las casas cubiertas de nieve. Pero el joven Santiago, olvidado de todo lo material, y tomado por la realidad de las cosas eternas, permaneció de rodillas, frente a frente a Dios. Por fin, el amor del Salvador venció el corazón de Santiago Taylor, quien se levantó poseído de Jesucristo.

Podemos imaginarnos cómo repicaban las campanas, cómo la novia y los invitados se impacientaban ese día. Había pasado la hora para el culto del casamiento, cuando el joven volvió en sí y se levantó de la oración. Después de vestirse, recorrió con rapidez los tres kilómetros que lo separaban de la aldehuela de Royston.

Sin perder tiempo en preguntar al muchacho la razón de tanto atraso, se realizó el culto y Santiago y Elizabeth salieron de la iglesia, casados. El joven no vaciló, sino que al salir de la iglesia, contó todo lo relativo a su conversión al oído de Betty. Al oír lo que él le relataba, ella exclamó en un tono de desesperación: "¡Entonces me he casado con uno de esos metodistas!"

Ese día no hubo baile; la voz y el violín del novio se usaron para glorificar al Maestro. Betty, a pesar de saber en su corazón que Santiago tenía la razón, continuó resistiendo y quejándose día tras día. Entonces, cierto día, cuando ella se mostraba aun más contrariada, el robusto Santiago la levantó en sus brazos y la llevó al cuarto, donde se arrodilló a su lado, derramando toda su alma en oración por ella. Conmovida por la profunda pena y el cuidado que Santiago sentía por su alma, ella comenzó a sentir también su pecado y al día siguiente, de rodillas, al lado de su marido, Elizabeth Taylor clamó a Dios, renunciando a la vanidad del mundo y entregándose a Cristo.

Es así, con los bisabuelos, que comienza la verdadera biografía del héroe de la fe, Hudson Taylor. Los abuelos y los padres, en su orden, criaron a sus hijos en el mismo temor de Dios.

En un memorable día, antes del nacimiento de Hudson, el primogénito de la familia, el padre llamó a su esposa para conversar sobre un pasaje de las Escrituras que lo impresionaba profundamente. En su Biblia le leyó una parte de los capítulos 13 de Éxodo y 3 de Números: "Conságrame todo primogénito... Mío es todo primogénito... Míos serán... Dedicarás a Jehová todo aquel que abriere matriz...

Los esposos conversaron durante largo rato sobre la alegría que les esperaba. Entonces, de rodillas, entregaron su primogénito al Señor, pidiéndole que ya desde ese momento lo separase para su obra.

Santiago Taylor, el padre de Hudson, no solo oraba con fervor por sus cinco hijos, sino también les enseñó a todos a pedir a Dios todas las cosas detalladamente. Arrodillados cada día al lado de la cama, el padre colocaba el brazo alrededor de cada uno, mientras oraba con insistencia por él. Insistía en que cada miembro de la familia pasase también, al menos media hora todos los días, ante Dios renovando su alma por medio de la oración y el estudio de las Escrituras.

La puerta cerrada del cuarto de la madre diariamente, al mediodía, a pesar de las constantes e innumerables obligaciones de ella, tenía también una gran influencia sobre todos, puesto que sabían que se postraba delante de Dios para renovar sus fuerzas, y para pedir que el prójimo se sintiese atraído al Amigo invisible que habitaba en ella.

No es de admirarse, por lo tanto, que al crecer Hudson se consagrase por entero a Dios. El gran secreto de su increíble éxito era que cuando carecía de algo, fuera espiritual o material, siempre recurría a Dios y recibía de él los tesoros infinitos.

No obstante, no debemos pensar que la juventud de Hudson Taylor estuviese exenta de grandes luchas. Como sucede con muchas personas, el joven llegó a la edad de diecisiete años sin reconocer a Cristo como su Salvador. Acerca de eso él escribió más tarde lo siguiente:

"Puede parecer extraño, pero me siento agradecido por el tiempo que pasé en el escepticismo. Lo absurdo de que hay creyentes que profesan creer en la Biblia, mientras que se comportan justamente como si tal Libro no existiese, era uno de los más fuertes argumentos de mis compañeros de escepticismo. Con frecuencia afirmaba, que si yo aceptase la Biblia, al menos haría todo lo posible por seguir sus enseñanzas, y en el caso de que no las hallase de un valor práctico, lanzaría todo para afuera. Esa fue mi resolución cuando el Señor me salvó. Yo creo que desde entonces realmente he verificado la Palabra de Dios. En verdad, nunca he tenido que arrepentirme por haber confiado en sus promesas o por haber seguido sus normas.

"Por eso quiero contarles cómo Dios respondió a las oraciones, que mi madre y mi hermana querida, elevaron al Señor por mi conversión.

"Cierto día, para mí inolvidable... con el fin de distraerme, tomé un folleto de la biblioteca de mi padre. Pensé leer el comienzo de la historia pero no la exhortación del fin.

"Yo no sabía lo que sucedía en ese mismo instante en el corazón de mi querida madre, quien se encontraba a más de cien kilómetros de distancia. Ella se había levantado de la mesa anhelando la salvación de su hijo. Hallándose lejos de su familia, y libre de los quehaceres domésticos, entró en su cuarto resuelta a no salir de ahí hasta que no recibiese una respuesta a sus oraciones. Oró durante varias horas hasta que por fin, solo pudo alabar a Dios, puesto que el Espíritu Santo le reveló que el hijo por quien estaba orando, se había convertido.

"Yo, como ya lo mencioné, fui guiado al mismo tiempo a leer el folleto. Entonces mi atención fue atraída por las siguientes palabras: La obra consumada. Me pregunté a mí mismo: "¿Por qué el escritor no escribió: La obra propiciatoria? ¿Cuál es la obra consumada?" Entonces me di cuenta de que la propiciación de Cristo era plena y perfecta. Toda la deuda de nuestros pecados quedó pagada, y no me quedaba nada por hacer. En ese momento sentí una gloriosa convicción, fui iluminado por el Espíritu Santo y reconocí que lo único que necesitaba era postrarme y, aceptando al Salvador y su salvación, alabarlo para siempre.

"Así pues, mientras mi querida madre, de rodillas en su cuarto, alababa a Dios, yo estaba alabando a Dios en la biblioteca de mi padre a donde había entrado para leer el librito."

Fue de esta manera como Hudson Taylor aceptó para su propia vida la obra propiciatoria de Cristo, un acto que transformó totalmente el resto de su existencia. Acerca de su consagración, escribió lo siguiente:

"Recuerdo muy bien ese momento cuando con mi corazón lleno de gozo, derramé mi alma ante Dios, confesándome repetidamente agradecido y lleno de amor porque Él lo había hecho todo, salvándome cuando yo había perdido toda esperanza, y no quería la salvación. Le supliqué entonces, que me concediese una obra que realizar como expresión de mi amor y gratitud, algo que requiriese abnegación, fuese lo que fuese; algo para agradar a quien había hecho tanto por mí. Recuerdo cómo, sin reservas, consagré todo; colocando mi propia persona, mi vida, mis amigos y todo sobre el altar. Con la seguridad de que mi ofrecimiento fue aceptado, la presencia de Dios se volvió verdaderamente real y preciosa. Me postré en tierra ante él, humillado y lleno de indecible gozo. Para qué servicio había sido aceptado, no lo sabía. Pero sentí una certidumbre tan profunda de que ya no me pertenecía a mí mismo, que ese sentimiento, después, dominó toda mi vida.

El joven que entró en su cuarto para estar solo con Dios ese día, no era el mismo cuando salió. El conocimiento de un objetivo y un poder se habían apoderado de él. Ya no le bastaba con alimentar solo su propia alma en los cultos, sino que comenzó a sentir una responsabilidad hacia su prójimo, ahora anhelaba ocuparse en los asuntos de su Padre. Se regocijaba con riquezas y bendiciones indecibles. Y como los leprosos en el campamento de los sirios, Hudson y su hermana Amelia decían: "No estamos haciendo bien; hoy es día de buenas nuevas, y nosotros callamos." Así pues, desistieron de ir a los cultos de los domingos por la noche y salieron para anunciar el mensaje, de casa en casa, entre las clases más pobres de la ciudad. Sin embargo, Hudson Taylor no estaba satisfecho todavía; sabía que aún no estaba en el centro de la voluntad de Dios. Entonces, en la angustia de su espíritu exclamó, como aquel personaje de la antigüedad: "No te dejaré, si no me bendices." Entonces, encontrándose solo y de rodillas, surgió en su alma un gran propósito; si Dios rompiese el poder del pecado y lo salvase en espíritu, alma y cuerpo, para toda la eternidad, él renunciaría a todo en la tierra para entregarse para siempre a la disposición de Dios. Acerca de esta experiencia, él mismo se expresó como sigue:

"Nunca me olvidaré de lo que sentí en aquel momento; no hay palabras para describirlo. Me sentí ante la presencia de Dios, haciendo una alianza con el Todopoderoso. Me pareció oír una voz enunciando estas palabras: "Tu oración ha sido oída; tus condiciones han sido aceptadas." Desde entonces, nunca dudé de que Dios me llamaba para ir a trabajar en la China."

A pesar de que Hudson Taylor casi nunca lo mencionaba, ese llamamiento de Dios ardía como un fuego dentro de su corazón. Copiamos a continuación el siguiente párrafo de una de las cartas que escribió a su hermana:

"¡Imagínate trescientos sesenta millones de almas sin Dios y sin esperanza en la China! ¡Parece increíble, que 12 millones de personas mueran cada año sin ningún consuelo del evangelio! Casi nadie le da importancia a la China donde habita cerca de la cuarta parte de la raza humana... Ora por mí, querida Amelia, pidiéndole al Señor que me dé más de la mente de Cristo... Yo oro en el almacén, en la caballeriza, en cualquier lugar donde puedo estar solo con Dios. Y él me concede momentos gloriosos... No es justo esperar que V... (la novia de Hudson) vaya conmigo para morir en el extranjero. Siento profundamente dejarla, pero mi Padre sabe lo que es mejor para mí y no me negará nada que sea bueno..."

Por falta de espacio no podemos relatar aquí el heroísmo de la fe que el joven demostró, soportando los sacrificios y las privaciones necesarias para cursar la escuela de medicina y de cirugía, para servir mejor al pueblo de China.

Antes de embarcarse escribió estas palabras a su madre: "Anhelo estar allí una vez más, pues sé que tú, madre mía, quieres verme, pero creo que lo mejor es no abrazarnos más, puesto que eso sería como encontrarnos, para luego separarnos para siempre..." De todas maneras, su madre fue al puerto desde donde el barco se haría a la vela. Años más tarde él describió la partida como sigue:

"Mi querida madre, que ahora está con Cristo, fue hasta Liverpool para despedirse de mí. Nunca me olvidaré de cómo ella entró conmigo al camarote en que yo iba a permanecer casi seis largos meses. Con su cariño de madre arregló la ropa de la pequeña cama. Se sentó a mi lado y cantamos el último himno antes de separarnos uno del otro. Nos arrodillamos y ella oró: (esa fue la última oración de mi madre antes de que yo partiese para la China). Se oyó entonces la señal para que todos los que no eran pasajeros bajasen del navío. Nos despedimos uno del otro, sin esperanza de volvernos a encontrar otra vez... Al pasar el navío por las compuertas, y cuando la separación comenzó a ser una realidad, de su corazón salió un grito de angustia tan conmovedor, que jamás lo olvidaré. Fue como si mi corazón hubiese sido traspasado por un puñal. Nunca había reconocido tan plenamente, hasta entonces, lo que significaban las palabras: "Porque de tal manera amó Dios al mundo." Estoy seguro de que, en ese momento, mi querida madre también llegó a comprender más que en cualquier otra oportunidad de su vida, el amor de Dios para con el mundo que perece. ¡Oh, cómo se entristece el corazón de Dios al ver cómo sus hijos cierran los oídos al llamamiento divino para salvar al mundo, por el cual su amado, su único Hijo sufrió y murió!"

Los pasajeros de los navíos modernos conocen muy poco la incomodidad de viajar en un barco de vela. Después de pasar una de las muchas tempestades por que atravesó el Dumfries, nuestro héroe escribió: "La mayor parte de lo que poseo está mojado. El camarote del pobre comisario se inundó..." Solo por las oraciones y los grandes esfuerzos de todos a bordo fue que lograron salvar su propia vida, cuando el barco, arrastrado por un gran temporal, estuvo a punto de naufragar en las rocas de la playa de Gales. ¡El viaje que habían esperado realizar en cuarenta días, les llevó cinco meses y medio! Fue el 1° de marzo de 1854 que Hudson Taylor, a la edad de 21 años, logró desembarcar en Shangai. Fue entonces que escribió las siguientes impresiones:

"No puedo describir lo que sentí al pisar tierra. Me parecía que el corazón me iba a estallar dentro del pecho; las lágrimas de gratitud y de gozo me corrían por el rostro."

Entonces lo invadió una gran nostalgia; no había ni un amigo, ni un conocido, ni siquiera una persona en todo el país, que estuviese allí para darle la bienvenida, ni siquiera alguien que lo conociese por su nombre.

En ese tiempo la China era una tierra incógnita, con excepción de los cinco puertos del litoral, abiertos para la residencia de los extranjeros. Fue en la casa de un misionero en Shangai, uno de los cinco puertos, que el joven encontró hospedaje.

La victoria alcanzada en todas las diferentes pruebas que experimentó en ese tiempo, fue debida a la característica sobresaliente de Hudson Taylor, tal vez la de seguir siempre adelante, sin quedarse nunca paralizado en su obra, fuese cual fuese el contratiempo.

Durante los primeros tres meses que pasó en la China, distribuyó mil ochocientos Nuevos Testamentos y Evangelios y más de dos mil libros. Durante el año de 1855 hizo ocho viajes –uno de ellos de 300 kilómetros, subiendo por el río Yangtsé. En otro viaje visitó cincuenta y una ciudades en las que nunca antes se había oído el mensaje del evangelio. En esos viajes siempre lo prevenían del peligro que corría su vida entre la gente que nunca había visto a un extranjero.

A fin de ganar más almas para Cristo, a pesar de la censura de los demás misioneros, adoptó el hábito de vestirse igual que los chinos. Se rasuró la cabeza por el frente, dejando el resto del cabello que formase una larga trenza. El pantalón, que tenía más de medio metro de holgura, lo aseguraba conforme era la costumbre, con un cinturón. Las medias eran de algodón blanco, el calzado de satén. El manto que le colgaba de los hombros, le sobresalía de la punta de los dedos de las manos más de setenta centímetros.

Pero, una de las cruces más pesadas que nuestro héroe tuvo que llevar, era la falta de dinero cuando la misión que lo había enviado se encontraba sin recursos.

El 20 de enero de 1858, Hudson Taylor se casó con María Dyer, una misionera de talento en la China. De ese enlace nacieron cinco hijos. La casa en que vivieron primero, en la ciudad de Ningpo, se convirtió después en la cuna de la famosa Misión del Interior de la China.

Las privaciones y las obligaciones del servicio en Shangai,

Ningpo y otros lugares fueron tales, que Hudson Taylor antes de completar seis años en la China, se vio obligado a volver a Inglaterra para recuperar su salud. Para él fue casi como una sentencia de muerte cuando los médicos le informaron que nunca más debía volver a la China.

No obstante, el hecho de que perecían un millón de almas todos los meses en China era una realidad para Hudson Taylor; así pues, al llegar a Inglaterra inició de inmediato, con su espíritu indómito, la tarea de preparar un himnario, así como la revisión del Nuevo Testamento para los nuevos convertidos que había dejado en China. Continuaba usando su típico traje chino y trabajaba con el mapa de la China en la pared y la Biblia siempre abierta sobre la mesa. Después de alimentarse y llenarse con la Palabra de Dios, observaba el mapa, recordando a aquellos que no disfrutaban de tales riquezas. Le llevaba todos los problemas a Dios. No había nada demasiado grande ni demasiado insignificante que él no encomendase al Señor en sus oraciones.

En cuanto a sus actividades, estaba tan sobrecargado de trabajo con la correspondencia y la preparación de los cultos en pro de la China, que después de su llegada transcurrieron más de veinte días antes de poder ir a abrazar a sus queridos padres en Bransley.

Acostumbraba a pasar orando, en ayunas, a veces la mañana, otras veces la mañana y la tarde. El siguiente pasaje que él escribió, demuestra cómo su alma continuó ardiendo en los discursos que pronunciaba en las iglesias de Inglaterra sobre la obra misionera:

"Había a bordo, entre los compañeros de viaje, cierto chino que se llamaba Pedro, quien había pasado algunos años en Inglaterra, pero a pesar de conocer algo del evangelio, no reconocía nada de su poder de salvación. Me sentí entonces responsable por él y me esforcé en orar y en hablarle, con el fin de encaminarlo hacia Cristo. Pero cuando el barco se acercaba a Sung-Kiang y me preparaba para bajar a tierra para predicar y distribuir folletos, oí el grito de un hombre que había caído al agua. Salí a la cubierta junto con otras personas, para descubrir que Pedro había desaparecido.

"De inmediato, arriamos las velas, pero la corriente de la marea era tan fuerte, que no podíamos asegurar cuál era el lugar exacto donde el hombre había caído. Entonces, vi que había unos pescadores cerca de nuestro barco, que estaban usando una red barredora. Angustiado les grité:

–Vengan a pasar la red por aquí, pues un hombre se está muriendo ahogado!

–Veh bin –fue la respuesta inesperada, que quería decir: "No es conveniente."

–No digan si es o no conveniente. Vengan ligero, antes de que ese hombre perezca.

–Estamos pescando.

–¡Lo sé! Pero vengan inmediatamente y les pagaré bien.

–¿Cuánto nos quiere dar?

–Cinco dólares, pero no se queden conversando allí. ¡Salven al hombre sin demora!

–Cinco dólares no es suficiente; respondieron ellos. No lo haremos por menos de treinta dólares.

–¡Pero yo no tengo tanto! Les daré todo lo que tengo.

–¿Cuánto tiene usted?

–No lo sé... pero no es más de catorce dólares.

"Entonces los pescadores vinieron y pasaron su red en el lugar indicado. Enseguida, en la primera pasada recogieron el cuerpo del hombre. Sin embargo, todos mis esfuerzos para restaurarle la respiración fueron inútiles. Una vida había sido sacrificada por la indiferencia de los que podían salvarla casi sin esfuerzo."

Al oír contar esta historia, una onda de indignación recorrió todo el gran auditorio. ¡¿Habría en todo el mundo un pueblo tan endurecido e interesado como ese?! Pero al continuar su discurso, la convicción hirió aún más el corazón de los oyentes.

"¿Vale más entonces el cuerpo que el alma? Censuramos a esos pescadores, diciendo que fueron culpables de la muerte de Pedro porque era fácil salvarlo. ¿Pero, qué sucede entonces con los millones de personas que estamos dejando perecer por toda una eternidad? ¿Qué diremos acerca de la orden implícita: "Id por todo el mundo y predicad el evangelio a toda criatura? Dios nos dijo también:

"Libra a los que son llevados a la muerte; salva a los que están en peligro de muerte. Porque si dijeres: Ciertamente no lo supimos, ¿acaso no lo entenderá el que pesa los corazones? El que mira por tu alma, él lo conocerá, y dará al hombre según sus obras.

"¿Creéis que cada persona entre esos millones de la China, tiene un alma inmortal y que no hay otro nombre debajo del cielo, dado a los hombres, a no ser el precioso nombre de Jesús, por el cual debamos ser salvos? ¿Creéis que él, solamente él, es el Camino, y la Verdad, y la Vida, y que nadie viene al Padre, sino por él? Si así lo creéis, examinaos para ver si estáis haciendo todo lo posible para llevar su nombre a todos.

"Nadie debe decir que no ha sido llamado para ir a la China. Al enfrentar tales hechos, todos necesitan saber si han sido llamados para quedarse en casa. Amigo, si no tienes la seguridad de que has sido llamado para continuar donde estás, ¿cómo puedes desobedecer la clara orden del Salvador para ir? ¿Si, con todo, estás seguro de que te encuentras en el lugar donde Cristo quiere que estés, no por causa de tu conveniencia o de las comodidades de la vida, entonces, estás orando como conviene a favor de los millones de perdidos de la China? ¿Usas tus recursos para la salvación de esos millones de almas?"

Cierto día, al completar la estadística, no mucho después de haber regresado a Inglaterra, Hudson Taylor vino a saber que el número total de misioneros evangélicos en la China había disminuido en vez de aumentar. A pesar de que la mitad de la población pagana del mundo se encuentra en la China, el número de misioneros había disminuido durante el año, de ciento quince a solamente noventa y uno. Comenzaron a resonar en los oídos del misionero estas palabras: "Cuando yo dijere al impío: Impío, de cierto morirás; si tú no hablares para que se guarde el impío de su camino, el impío morirá por su pecado, pero su sangre yo la demandaré de tu mano."

Era la mañana de un domingo, 25 de junio de 1865, a la orilla del mar, Hudson Taylor, cansado y enfermo, estaba con algunos amigos en Brighton. Pero no pudiendo soportar más el regocijo de la multitud en la casa de Dios, se retiró para andar solo en la arena de la playa mientras la marea bajaba. Todo a su alrededor era paz y bonanza, pero en el alma del misionero rugía una tempestad. Por fin, sintiendo un alivio indecible, exclamó: "Tú, Señor, solo Tú puedes asumir toda la responsabilidad. A tu llamado y como tu siervo, avanzaré, dejando todo en tus manos."

Así pues, la "Misión del Interior de la China" fue concebida en su alma, y todas las etapas del progreso de la misma se realizaron por medio de sus esfuerzos. En la calma de su corazón, en la comunión profunda e indecible con Dios, se originó la misión.

Teniendo un lápiz en la mano, abrió la Biblia y mientras las ondas del vasto mar le bañaban los pies, escribió estas simples pero memorables palabras: "Oré en Brighton pidiendo que se me concediesen veinticuatro obreros competentes y dispuestos, el 25 de junio de 1865."

Más tarde, recordando la victoria de esa ocasión, escribió:

"Grande fue el alivio que sentí al regresar de la playa. Después que terminó el conflicto interior, todo fue gozo y paz. Parecía que me faltaba muy poco para correr hasta la casa del señor Pearse. En la noche de ese día, dormí profundamente. Mi querida esposa tuvo la impresión de que la visita a Brighton me había servido para renovarme maravillosamente. ¡Y era verdad!"

El victorioso misionero, juntamente con su familia y con los veinticuatro misioneros llamados por Dios, embarcaron en Londres, en el Lammermuir, con destino a China, el 26 de septiembre de 1866. El anhelado objetivo de todos ellos era el de erguir la bandera de Cristo en las once provincias, aún no ocupadas, de la China. Algunos de los amigos los animaron, pero otros dijeron: "Todo el mundo se olvidará de los hermanos. Como no existe una junta aquí, en Inglaterra, nadie se interesará en la obra por mucho tiempo. Es fácil hacer promesas hoy en día; dentro de poco tiempo no tendrán ni el pan cotidiano."

El viaje duró más de cuatro meses. Acerca de una de las tempestades que ellos sufrieron, uno de los misioneros escribió estas palabras:

"Durante todo el temporal, el señor Taylor demostró la mayor serenidad. Por fin, los marineros se negaron a trabajar. El capitán aconsejó entonces a todos los de a bordo que se pusieran los salvavidas, diciendo que el navío no iba a resistir la fuerza de las olas por más de dos horas. Entonces, el capitán avanzó en dirección de los marineros con el revólver en la mano. Viéndolo, el señor Taylor se aproximó a él y le pidió que no obligase de ese modo a los marineros a trabajar. El misionero se dirigió a los hombres también y les explicó que Dios iba a salvarlos, pero que -eran necesarios los mayores esfuerzos de todas las personas que, se encontraban a bordo. Añadió que tanto él como todos los pasajeros estaban dispuestos a ayudarlos, y que, como era evidente, la vida de ellos también corría peligro. Los hombres, convencidos por esos argumentos, comenzaron a quitar todos los destrozos ayudados por todos nosotros; en poco tiempo conseguimos amarrar los grandes masteleros, los cuales golpeaban con tanta fuerza, que estaban destruyendo un lado del navío."

Así pues, fueron horas de inmenso regocijo cuando, por fin, el Lammermuir arribó al puerto de Shangai con todos los de a bordo sanos y salvos. ¡Otro navío, que llegó poco después, había perdido dieciséis de las veintidós personas que traía a bordo!

Los misioneros iniciaron el año de 1867 con un día de ayuno y oración, pidiendo como Jabes, que Dios los bendijese y les ensanchara su territorio. ¡El Señor los oyó, y les contestó dándoles entrada durante ese año, a otras tantas ciudades! Finalizaron el año con otro día de ayuno y oración. Un culto duró desde las once da la mañana hasta las tres de la tarde, sin que nadie se sintiera disgustado. En otro culto, que comenzó a las ocho y media de la noche y en el cual sintieron aún más la unción del Espíritu Santo, continuaron juntos, orando, hasta la media noche, cuando celebraron la Cena del Señor.

A comienzos del año 1867, el Señor llamó a Gracia Taylor, la hija de Hudson Taylor, para el Hogar eterno, cuando cumplía ocho años de edad. Al año siguiente la esposa de Taylor y su hijo, Noel, fallecieron de cólera. Fue así como se expresó el padre y esposo:

"Cuando amaneció el día, apareció a la luz del sol lo que había sido ocultado por la luz de la vela -el color característico de la muerte en el rostro de mi esposa. Mi amor no podía ignorar por más tiempo, no solamente su estado grave, sino que realmente ella se estaba muriendo. Cuando logré calmar mi espíritu, le dije:

-¿Sabes, querida, que te estás muriendo?

–¡Muriendo! ¿Tú lo crees? ¿Por qué piensas tal cosa?

–Puedo ver que sí, querida. Tus fuerzas se están acabando.

–¿De veras? No siento ningún dolor, solamente cansancio.

–Si, estás partiendo para la Casa paterna, en breve estarás con Jesús.

"Mi querida esposa, acordándose de mí y de cómo me iba a quedar solo, en un tiempo de tan grandes luchas, privado de la compañera con la cual había tenido la costumbre de llevar todos los problemas al trono de la gracia, me dijo: 'Siento mucho...' Entonces ella se detuvo, como queriendo corregir lo que dijera, por eso le pregunté:

–¿Sientes pena de irte para estar con Jesús?"

Nunca me olvidaré de cómo ella me miró y me respondió: –Oh, no. Bien sabes, querido, que durante más de diez años no hubo sombra alguna entre mi Salvador y yo. No siento la partida para estar con él, sino que me entristezco porque tendrás que quedarte solito en estas luchas. Pero... él estará contigo y te suplirá todas tus necesidades..."

"Nunca presencié una escena tan conmovedora", escribió la señora Duncan: "Cuando la señora de Taylor dio su último suspiro, el señor Taylor cayó de rodillas, con su corazón transido de dolor, y la entregó al Señor, agradeciéndole la dádiva de los doce años y medio que pasaron juntos. Le agradeció también la bendición de que él mismo se la llevara a su presencia. Entonces, solemnemente, se dedicó nuevamente al servicio del Señor."

Como es de suponerse, Satanás no dejó que la Misión del Interior de la China invadiese su territorio con veinticuatro obreros más, sin incitar al pueblo a una mayor persecución. En muchos lugares se distribuyeron impresos que atribuían a los extranjeros los más bárbaros y horripilantes crímenes, especialmente, a los que propagaban la religión de Jesús. Ciudades enteras se alborotaron, y muchos de los misioneros tuvieron que abandonarlo todo y huir para escapar con vida.

Casi seis años después que "el grupo del Lammermuir" desembarcase en la China, Hudson Taylor regresaba de nuevo a Inglaterra. Durante ese tiempo de la obra en la China, la misión aumento, de dos estaciones con siete obreros, a trece estaciones con más de treinta misioneros y cincuenta obreros, separadas una de la otra, unos ciento veinte kilómetros, como termino medio.

Fue durante esa visita a Inglaterra que Hudson Taylor se casó con la señorita Faulding, también una fiel y probada misionera a la China.

En ese tiempo, cierta persona amiga escribió lo siguiente acerca de Hudson Taylor:

"El señor Taylor anunció un himno, se sentó al armonio y tocó. No fui atraído por su personalidad. Era de físico delgado y habló con una voz suave. Como los demás jóvenes, yo creía que una voz potente siempre acompañaba a un prestigio verdadero. Pero cuando él dijo: "Oremos" y nos dirigió en la oración, mudé de parecer; yo nunca había oído a nadie orar como él. Había en su oración una determinación, un poder, que hizo que todas las personas presentes se humillaran y se sintieran ante la presencia de Dios.

Hablaba con Dios frente a frente, como si estuviese hablando con un amigo suyo. Sin duda tal oración era el fruto de una larga permanencia con el Señor; era como el rocío que baja del cielo. He oído orar a muchos hombres, pero nunca había oído a nadie como el señor Taylor y el señor Spurgeon. Nadie, después de haber oído cómo esos hombres oraban, puede olvidarse de tales oraciones. La mayor experiencia que he tenido en mi vida fue oír al señor Spurgeon, quien tomó, como si dijésemos, de la mano a un auditorio de seis mil personas y lo llevó hasta el Santo de los Santos. Y escuchar al señor Taylor rogar por la China fue como reconocer algo de lo que significa la oración eficaz del justo."

Fue en 1874 que Hudson Taylor escribió lo siguiente, cuando junto con su esposa, subía el gran río Yangtsé y meditaba sobre las nueve provincias que se extendían, desde los trópicos de Birmania, hasta las altiplanicies de Mongolia y las montañas del Tibet:

"Mi alma ansía y mi corazón desea con ardor la evangelización de los ciento ochenta millones de habitantes de esas provincias que se encuentran sin obreros cristianos. ¡Oh, si yo tuviese cien vidas para consumirlas o darlas en bien de ellos!"

Pero, en medio del viaje, recibieron la noticia de la muerte de

Amelia Blatchley, la fiel misionera, en Inglaterra. Ella no solo cuidaba a los hijos del señor Taylor, sino también servía como secretaria de la Misión.

Fue grande la tristeza que sintió Hudson Taylor cuando llegó a Inglaterra y encontró que no solamente sus hijos queridos estaban separados y dispersos, sino que la obra de la Misión estaba casi paralizada. Pero esa no fue aún su mayor tristeza. Durante su viaje por el río Yangtsé, el señor Taylor, al bajar la escalera del navío, sufrió una seria caída, pues cayó sobre los calcañares, de tal manera que el golpe lesionó la espina dorsal. Después de llegar a Inglaterra, la lesión producida por la caída se agravó hasta dejarlo postrado en cama. Fue entonces que le sobrevino la mayor crisis de su vida, en el momento que había la mayor necesidad de sus esfuerzos. ¡Completamente paralítico de las piernas, tenía que pasar todo el tiempo acostado boca arriba!

Una pequeña cama era su prisión; o mejor dicho, era su oportunidad. Al pie de la cama, en la pared, se encontraba colgado un mapa de la China. Y alrededor de él, de día y de noche, estaba la Presencia divina.

Allí, acostado de espaldas, mes tras mes, permaneció nuestro héroe, rogando y suplicando al Señor a favor de la China. Le fue concedida la fe para pedir que Dios enviase dieciocho misioneros. En respuesta a sus "Llamamientos para la oración," escritos con la mayor dificultad y publicados en el periódico, sesenta jóvenes respondieron de una vez. Veinticuatro de ellos fueron escogidos. Allí, al lado de su lecho, inició clases para los futuros misioneros y les enseñó las primeras lecciones de la lengua china –y el Señor los envió a la China.

El siguiente párrafo nos habla de cómo el misionero que se encontraba inutilizado físicamente se puso bien:

"El se curó tan maravillosamente, en respuesta a sus oraciones, que podía cumplir con un increíble número de sus obligaciones. Pasó casi todo el tiempo de sus vacaciones con sus hijos en Guernsey, escribiendo. Durante los quince días que pasó allí, a pesar de tener deseos de disfrutar con sus hijos las delicias de la playa, salió con ellos solo una vez. Sin embargo, dedicó su tiempo a escribir, y las cartas que escribió para la China y otros lugares, valieron más que el oro."

Cierto misionero escribió lo siguiente acerca de una visita que le hiciera en la China:

"Nunca me olvidaré del gozo y la amabilidad con que me recibió. Me condujo de inmediato a la "oficina" de la Misión del Interior de la China. ¿Debo decir que fue para mí una sorpresa o una extrañeza, o ambas cosas? Los "muebles" eran cajones de madera. Una mesa estaba cubierta de innumerables papeles y cartas. Al lado de la chimenea había una cama, bien arreglada, que tenía un pedazo de tapete que le servía de cubrecama. En esa cama, el señor Taylor descansa tanto de día como de noche.

"El señor Taylor, sin ofrecerme ninguna disculpa, se tendió en la cama y comenzamos la plática más preciosa de toda mi vida. Todos los conceptos que yo tenía sobre las cualidades que debe poseer un "gran hombre", quedaron por completo cambiados; no había en él nada de espíritu de superioridad. Vi en él el ideal de Cristo, de la verdadera grandeza, tan evidente que permanece aún en mi corazón, a través de los años, hasta el momento presente. Hudson Taylor reconocía profundamente que para evangelizar a los millones de chinos, era imperioso que los creyentes de Inglaterra mostrasen mucha más abnegación y sacrificio. Pero, ¿cómo podía él insistir en que otros practicasen el sacrificio, sin primero practicarlo él en su propia vida? Así pues, cortó deliberadamente de su vida toda apariencia de comodidad y lujo."

Durante los viajes que hizo por el interior de la China, "invariablemente él se levantaba para pasar una hora con Dios, antes que rayase el día" (escribió otro, que lo acompañaba) a veces, para irse después a dormir de nuevo. "Cuando yo me despertaba para ir a alimentar a los animales, siempre lo encontraba leyendo la Biblia a la luz de una vela. Fuese cual fuese el ambiente o el bullicio en las hospederías inmundas, no descuidaba el hábito de leer su Biblia. En tales viajes, por lo general oraba de bruces, porque le faltaban fuerzas para permanecer tanto tiempo arrodillado."

–¿Cuál será hoy el tema de su discurso?– le preguntó cierto creyente que viajaba con él en el mismo tren.

–No sé a ciencia cierta; aún no he tenido tiempo para decidirlo– le respondió Hudson Taylor.

–¡Que no tuvo tiempo! –exclamó el hombre–. Pero, ¿qué otra cosa ha hecho usted sino descansar, después que se sentó allí?

–No conozco lo que sea descansar –fue la respuesta serena que él le dio–. Desde que nos embarcamos en Edimburgo, he pasado todo este tiempo orando y llevando todos los nombres de los miembros de la Misión del Interior de la China, y los problemas de cada uno, al Señor."

No llegamos a comprender cómo en medio de una de las mayores obras de evangelización de toda la historia, él podía decir: "Nunca fuimos obligados a abandonar una puerta abierta, por falta de recursos. A pesar de que en muchas ocasiones gastamos hasta el último centavo, a ninguno de los obreros nacionales, ni a ninguno de los misioneros, les faltó el 'pan' cotidiano prometido. Los tiempos de privaciones son siempre tiempos bendecidos, y lo que es necesario nunca llega demasiado tarde."

Otro secreto del gran éxito que alcanzó al llevar el mensaje de salvación al interior de la China, fue la determinación de que la obra no solamente continuase con carácter internacional, sino también que se extendiese entre todas las denominaciones, es decir, que se aceptase a misioneros dedicados a Dios, de cualquier nacionalidad y de cualquier denominación. En 1878, al regresar de un viaje, comenzó a orar pidiendo que Dios enviase treinta misioneros más, antes de que acabase el año 1879. Si consideramos todo el dinero que hacía falta para pagar los pasajes y sustentar a tantas personas, ¿diremos que su fe era grande? Pues bien, veintiocho personas, cuyo corazón ardía por el deseo de la salvación de los perdidos de la China, confiando solo en Dios para su sustento cotidiano, se embarcaron antes de acabar el año 1878, y seis más partieron en 1879.

En una conversación que tuvo con un compañero de luchas, en la ciudad de Wuchang, Hudson Taylor comenzó a enumerar los puntos estratégicos en que debían comenzar de inmediato a evangelizar los dos millones de habitantes del valle del gran río Yangtsé, y el de su tributario, el río Han. Con no más de cincuenta o sesenta nuevos obreros, la misión no podía dar semejante paso, ¡y la propia misión no tenía más de cien obreros en total! Sin embargo, a Hudson Taylor le fue dada la fe de pedir otros setenta –recordando las palabras: Designó el Señor también a otros setenta.

"Hoy nos reunimos para pasar el día en ayuno y oración", escribió Hudson Taylor el 30 de junio de 1872. "El Señor nos bendijo grandemente... Algunos pasaron, la mayor parte de la noche en oración... El Espíritu Santo nos llenó hasta parecernos imposible recibir más sin morir."

En cierto culto alabamos sin interrumpción a Dios durante casi dos horas, por los setenta obreros ya recibidos, mediante la fe. En realidad se recibieron más de setenta, y dentro del plazo fijado.

El Señor condujo la misión poco a poco, a tener una visión todavía más amplia, llevó a los obreros a pedir al Señor otros cien, en 1887. Así dijo el señor Stephenson: "Si me mostrase una foto de todos los cien, sacada aquí en la China, no sería más real de lo que realmente es."

Con todo, Hudson Taylor no inició con precipitación el programa de orar y de esforzarse para recibir cien misioneros más. Como siempre, debía tener la seguridad de la dirección de Dios, antes de comenzar a orar y de esforzarse para alcanzar la meta.

¡Seis veces más del número que habían pedido se ofrecieron para ir! Pero la misión rechazó con firmeza a todos los que no concordaban con los principios declarados desde el comienzo. Así pues, el número pedido embarcó para la China, no fueron ciento uno, ni tampoco noventa y nueve, sino exactamente cien.

Después que Hudson Taylor visitó el Canadá, los Estados Unidos y Suecia en 1888 y 1889, la misión del Interior de la China alcanzó uno de sus mayores progresos, nunca antes registrados en los anales de la historia de las misiones. Al referirse a su visita a Suecia, nuestro misionero escribió lo siguiente acerca del pesar que lo acompañó durante todo ese viaje:

"Confieso que me siento avergonzado porque hasta este momento nunca antes había meditado sobre lo que el Maestro en realidad quiso expresar cuando mandó a predicar el evangelio a toda criatura. Durante muchos años me esforcé, como muchos otros siervos de Dios, para llevar el evangelio a los lugares más distantes; hice planes para alcanzar a todas las provincias y muchos de los distritos menores de la China, sin comprender el sentido evidente de las palabras del Salvador.

"¿A toda criatura? El número total de proclamadores entre los creyentes de la China no pasaba de cuarenta mil. Si hubiese otro tanto de adherentes, o si ese número se triplicase, y si cada uno de ellos llevase el mensaje a ocho de sus compatriotas, aún así, no llegarían a más de un millón. A toda criatura: estas palabras me quemaban el alma. ¡Pero cómo la iglesia, y yo mismo, fallábamos en aceptarlas justamente como Cristo quería! Eso lo percibí entonces; y para mí había solo una salida, la de obedecer al Señor.

"¿Cuál será nuestra actitud para con el Señor Jesucristo con respecto a esa orden? ¿Substituiremos acaso el título de "Señor", que le fue dado, para reconocerlo solo como nuestro Salvador? ¿Aceptaremos el hecho de que él quitó la penalidad del pecado, y rehusaremos reconocer que fuimos comprados por precio, y que él tiene derecho de esperar nuestra obediencia implícita? ¿Diremos que somos nuestros propios señores, listos a concederle lo que le debemos a él que nos compró con su propia sangre, con la condición de que no nos pida demasiado? Nuestra vida, nuestros seres queridos, nuestras posesiones, ¿son solamente nuestros, no son de él? ¿Daremos lo que creemos conveniente y obedeceremos su voluntad si él no nos pide demasiados sacrificios? ¿Estamos dispuestos a dejar que Jesucristo nos lleve a los cielos, pero no queremos que ese hombre reine sobre nosotros?

"El corazón de todo hijo de Dios rechazará, seguramente, tal hecho así formulado: pero ¿no es verdad que innumerables creyentes, en todas las generaciones, se comportaron y se comportan como si esa fuese la propia base de su vida? Son pocas las personas de entre el pueblo de Dios, que reconocen la verdad de que ¡Cristo es el Señor absoluto, o no lo es en forma alguna! Si somos nosotros los que juzgamos la Palabra de Dios, y no es la Palabra la que nos juzga; si concedemos a Dios solo cuanto queremos, entonces somos nosotros los señores y él es nuestro Deudor, y consecuentemente, él debe estar agradecido por la limosna que le damos; debe sentir gratitud por nuestro asentimiento a sus deseos. Si por el contrario, él es el Señor, entonces debemos tratarlo como Señor: ¿por qué me llamáis Señor, Señor, y no hacéis lo que yo digo?"

Fue así como Hudson Taylor, sin esperarlo, obtuvo la más amplia visión de su vida, una visión que dominó la última década de su ministerio. Con los cabellos ya grises, después de cincuenta y siete años de experiencia, afrontó el nuevo sentido de responsabilidad con la misma fe y confianza que lo caracterizaban cuando era más joven. ¡Su alma ardía al meditar en sus antiguos propósitos! ¡Se volvió aún más firme al ejecutar la visión de otrora!

Fue así como se sintió guiado a unificar todos los grupos que trabajaban en la evangelización de la China, pidiéndoles que orasen y se esforzasen por aumentar el número de misioneros, enviando otros mil, en el espacio de cinco años. ¡El número exacto de misioneros enviado a la China durante ese período, fue de mil ciento cincuenta y tres!

No es pues de admirar que las fuerzas físicas de Hudson Taylor comenzasen a flaquear, no tanto por las privaciones y el cansancio de los continuos viajes, ni por los agotadores esfuerzos de escribir y predicar, ni debido al peso de las grandes e innumerables responsabilidades de dirigir la Misión del Interior de la China. Los que lo conocían íntimamente, sabían que era un hombre gastado de tanto amar.

La gloriosa cosecha de almas que tenía lugar en la China, aumentaba cada vez más. Pero la situación política del país empeoraba día tras día, hasta que culminó en la matanza de los bóxers, en el año 1900, cuando centenares de creyentes fueron asesinados. Solamente de la Misión del Interior de la China perecieron cincuenta y ocho misioneros, y veintiuno de sus hijos.

En esa ocasión, Hudson Taylor y su esposa se encontraban de nuevo en Inglaterra, cuando comenzaron a llegar telegrama tras telegrama, comunicándoles los horribles sucesos acaecidos en la China; aquel corazón que tanto amaba a cada uno de los misioneros, casi cesó de latir a causa de esas noticias. Acerca de esos acontecimientos él se expresó así: "No sé leer, ni sé pensar, ni siquiera sé orar; pero si sé confiar."

Cierto día, algunos meses después, Hudson Taylor, con el corazón transido de dolor y las lágrimas corriéndole por el rostro, estaba contando lo que había leído en la carta que acababa de recibir de dos misioneras, que la habían escrito justamente el día antes de ser asesinadas en las manos de los bóxers. He aquí lo que él dijo:

"¡Oh, qué gozo el de salir de tal motín de personas enfurecidas, para ir ante la presencia del Señor, para estar en su regazo y contemplar su sonrisa!" Cuando pudo continuar, añadió: "¡Ellas ahora no están arrepentidas, pues tienen la corona incorruptible! Andan con Cristo en vestiduras blancas, porque son dignas."

Hablando acerca de su gran deseo de ir a Shangai, para estar al lado de los refugiados, él dijo: "No sé si podría ayudarlos, pero sé que me aman. Si pudiesen venir a mi en su tristeza para llorar juntos, al menos tendrían tener un poco de consuelo." Pero al recordar que le era imposible realizar tal viaje por causa de su salud quebrantada, su tristeza parecía mayor de lo que podía soportar.

A pesar de sentir profundamente su incapacidad para trabajar como de costumbre, encontró un gran alivio al permanecer junto a su esposa, a quien tanto amaba. Terminó para ellos la época en que debían pasar largos meses y años separados uno del otro, debido a las luchas que él debía sostener en tantos lugares.

Fue el 30 de julio de 1904 que su esposa falleció. "No siento ningún dolor, ningún dolor", le decía ella, a pesar de la dificultad para respirar. Entonces, de madrugada, percibiendo la angustia de espíritu de su marido, le pidió que orase rogando al Señor que se la llevase lo más pronto posible. Esa fue la oración más difícil de la vida de Hudson Taylor, pero por amor a ella, oró pidiendo a Dios que libertase el espíritu de su querida esposa. Después que él oró, en cuestión de minutos, la angustia cesó en su pecho y ella durmió poco después en Cristo.

La desolación de espíritu que Hudson Taylor sintió después de la partida de su fiel compañera, era indescriptible. Sin embargo, encontró una paz inefable en esta promesa: Bástate mi gracia. Comenzó a recuperar las fuerzas físicas, y en la primavera hizo su séptimo viaje a los Estados Unidos de América. Desde allí hizo su último viaje a la China, desembarcando en Shangai el 17 de abril de 1905.

El valiente jefe de la Misión, después de tan prolongada ausencia, fue recibido en todos los lugares con grandes manifestaciones de amor y estimación por parte de los misioneros y de los creyentes, especialmente de los que escaparon de los indescriptibles espectáculos de la insurrección de los bóxers.

En Chin-Kiang, el veterano misionero visitó el cementerio donde están grabados los nombres de cuatro hijos y de su esposa. Los recuerdos eran motivo de inmenso gozo, es decir, el día de la gran reunión se aproximaba.

En medio del viaje, cuando visitaba las iglesias allí en la China, sin que nadie lo esperase, ni él mismo, acabó su carrera en la tierra. Eso aconteció en la ciudad de Chang-sha, el 3 de junio de 1905. Su nuera contó lo siguiente, sobre ese acontecimiento:

"Nuestro querido "Papá" estaba acostado. Conforme a su costumbre, sacó de su cartera las cartas de sus seres queridos y las extendió sobre la cama. Se inclinó para leer una de las cartas cerca del candelero encendido, colocado sobre una silla al lado de su lecho. Para que no se sintiese demasiado incómodo, le arreglé otra almohada y se la coloqué debajo de la cabeza, y me senté en una silla a su lado. Le mencioné las fotografías de la revista *Missionary Review* que estaba abierta sobre la cama. Howard mi esposo, había salido para ir a buscar algo que comer, cuando "Papá" de repente viró la cabeza y abrió la boca como si quisiera estornudar. De nuevo abrió la boca por segunda, y por tercera vez, pero no dijo nada, no pronunció palabra alguna. No mostró ninguna dificultad en su respiración, ni tuvo ninguna ansiedad. No me miró... no parecía consciente... No era la muerte: era la entrada a la vida inmortal. Su semblante reflejaba descanso y serenidad. Las arrugas que surcaron su rostro, debido al peso de largos años de lucha, parecían haber desaparecido en pocos momentos. Parecía una criatura dormida en el regazo de su madre; el propio cuarto parecía estar lleno de una inefable paz."

En la ciudad de Chin-kiang, a la orilla del gran río que tiene una anchura de más de dos kilómetros, fue enterrado el cuerpo de Hudson Taylor.

Fueron muchísimas las cartas de condolencia recibidas de los fieles hijos de Dios del mundo entero. Emocionantes los cultos celebrados en su memoria en varios países. Impresionantes los artículos y libros publicados acerca de sus victorias en la obra de Dios. Pero las voces más destacadas, las que Hudson Taylor habría apreciado más, si hubiera podido oírlas, fueron las de los muchos niños chinos, los que cantando alabanzas a Dios colocaron flores sobre su tumba.

CARLOS SPURGEON

El príncipe de los predicadores
1834-1892

Durante el período de la inquisición española, bajo el reinado del emperador Carlos V, un número muy grande de creyentes fueron quemados en las plazas públicas o enterrados vivos. El hijo de Carlos V, Felipe II, en 1567 llevó la persecución hasta los Países Bajos, declarando que, aunque le costase mil veces su propia vida, él limpiaría todo su dominio del "protestantismo". Antes de morir, se jactaba de haber mandado al verdugo por lo menos dieciocho mil "herejes".

Al comenzar ese reinado de terror en los Países Bajos, muchos millares de creyentes huyeron para Inglaterra. Entre los que escaparon del "Concilio de Sangre" se encontraba la familia Spurgeon.

En Inglaterra, el pueblo de Dios tampoco se encontraba libre de la persecución. Al mismo tiempo que Juan Bunyan, autor de "El progreso del peregrino", permanecía en la prisión de Bedford, Jo Spurgeon, bisabuelo del tatarabuelo de Carlos, se encontraba preso por segunda vez por haber asistido a un culto evangélico, y permaneció casi cuatro meses en la cárcel de Chelsford, "donde pasó la mayor parte del tiempo sentado por hallarse demasiado débil para acostarse". Los bisabuelos de Carlos eran creyentes fervorosos y criaron a sus hijos en el temor de Dios. Su abuelo paterno después de casi cincuenta años de pastorado en el mismo lugar, podía decir: "¡No he tenido ni una hora de tristeza con mi iglesia después que asumí el cargo de pastor!" El padre de Carlos, Santiago Spurgeon, fue el amado pastor de Stambourne.

Cuando Carlos era todavía un niño, se interesaba por la lectura de "El progreso del peregrino", de la historia de los mártires y de diversas obras de teología. Es casi imposible apreciar la enorme influencia que esas obras ejercieron sobre su vida.

Se puede apreciar que él era precoz en los asuntos espirituales, por el siguiente acontecimiento: A pesar de ser un niño de apenas cinco años de edad, sintió profundamente el cuidado del abuelo, por causa del comportamiento de uno de los miembros de la iglesia llamado el "Viejo Roads". Cierto día Carlos, al encontrar a Roads en compañía de otros fumando y bebiendo cerveza, se dirigió a él en estos términos: "¿Qué haces aquí, Elías?" El "Viejo Roads" arrepentido contó entonces a su pastor, cómo al principio se disgustó con el niño, pero al fin se conmovió. Desde aquel día el "Viejo Roads" anduvo siempre cerca del Salvador.

Cuando Carlos era todavía pequeño, quedó convencido de pecado por Dios. Durante algunos años se sintió como una criatura sin esperanza, sin consuelo; asistía a diferentes cultos en distintos lugares, sin llegar a saber cómo podía librarse del pecado. Entonces, cuando tenía quince años de edad, aumentó en él el deseo de ser salvo. Ese deseo aumentó en tal forma que pasó seis meses agonizando en oración. En ese tiempo, un día asistió a un culto en cierta iglesia; pero el predicador no pudo ir al culto debido a una gran tormenta de nieve. A falta del pastor, un zapatero se levantó para predicar ante las pocas personas que se encontraban presentes, y leyó este texto: "Mirad a mí, y sed salvos, todos los términos de la tierra" (Isaías 45:22). El zapatero, que no tenía experiencia en el arte de predicar, repetía el pasaje y decía: "¡Mirad! No es necesario que levantéis ni un pie, ni un dedo. No es necesario que estudiéis en el colegio para saber mirar, ni tampoco que contribuyáis con mil libras esterlinas. Mirad a mí, y no a vosotros mismos. No hay consuelo en vosotros. Miradme, sudando grandes gotas de sangre. Miradme colgado de la cruz. Miradme, muerto y sepultado. Miradme, resucitado. Miradme, sentado a la derecha de Dios." Luego, fijando los ojos en Carlos, le dijo: "Joven, parece que tú eres desdichado. Serás infeliz en la vida y en la muerte si no obedecieres."

Entonces gritó con más fuerza: "¡Joven, mira a Jesús! ¡Míralo ahora!" El joven miró, y continuó mirando, hasta que por fin, un gozo indecible se apoderó de su alma.

El recién salvo al contemplar el constante celo del Maligno, se sintió inspirado por el Poder divino para hacer todo lo posible frustrando así la obra del enemigo del bien. Spurgeon aprovechaba todas las oportunidades para distribuir folletos. Se entregaba de todo corazón a enseñar en la Escuela Dominical, donde se ganó, desde el comienzo, el amor de sus alumnos, y por intermedio de ellos, la presencia de los padres en la Escuela Dominical. A la edad de dieciséis años comenzó a predicar. Acerca de ese hecho dijo lo siguiente: "¡Cuántas veces me fue concedido el privilegio de predicar en la cocina de la casa de algún agricultor, o en un establo!"

Algunos meses después de predicar su primer sermón, fue llamado a pastorear la iglesia de Waterbeach. Al cabo de dos años, esa iglesia de cuarenta miembros pasó a tener cien. El joven predicador deseaba educarse, y el director de una escuela superior, que visitaba esa ciudad, le dio una cita para discutir con él ese asunto. Sin embargo, la criada que recibió a Carlos, por descuido no llamó al profesor y este salió sin saber que el joven lo esperaba. Después, ya en la calle, un poco triste, Carlos oyó una voz que le decía: "¿Buscas grandes cosas para ti? ¡No las busques!" Entonces, allí mismo, abandonó la idea de estudiar en ese colegio, convencido de que Dios lo dirigía a otras cosas. No se debe determinar, sin embargo, que Carlos Spurgeon decidió no educarse. Después de eso, él aprovechó todos los momentos libres para estudiar. Se dice que alcanzó la fama de ser uno de los hombres más instruidos de su tiempo.

Spurgeon había predicado en Waterbeach solo durante dos años, cuando fue llamado a predicar en el *Park Street Chapel de Londres*. El local no era adecuado para los cultos, y el templo que tenía asientos para mil doscientos oyentes era demasiado grande para los auditorios. Sin embargo, "había allí un grupo de fieles que nunca cesaron de rogar a Dios por un glorioso avivamiento". Y el avivamiento ocurrió. Ese hecho está registrado así en las palabras del propio Spurgeon: "Al comienzo yo predicaba solo a un puñado de oyentes. Sin embargo, no me olvido de la insistencia de sus oraciones. A veces parecía que rogaban hasta querer ver realmente presente el Ángel del Pacto queriendo bendecirlos. Más de una vez nos admiramos con la solemnidad de las oraciones hasta que llegábamos a sentir quietud, mientras el poder del Señor nos sobrevenía... ¡Así fue como descendió la bendición, la casa se llenó de oyentes y fueron salvas decenas de almas!"

Bajo el ministerio de ese joven de diecinueve años, la concurrencia aumentó en pocos meses, a tal punto, que el edificio ya no podía contener las multitudes; centenares de oyentes permanecían en la calle para aprovechar las migajas que caían del banquete que había dentro de la casa.

Se resolvió entonces reformar el *New Park Street Chapel*, y durante el tiempo de la obra se celebraban los cultos en *Exeter Hall*, un edificio que tenía asientos para cuatro mil quinientos oyentes. Allí, en menos de dos meses, los auditorios fueron tan grandes que las calles, durante los cultos, se volvían intransitables.

Cuando volvieron al edificio de la *New Park Street Chapel*, el problema en vez de resolverse era aún mayor; ¡tres mil personas ocupaban ahora el espacio preparado para mil quinientas! ¡El dinero empleado en esa obra que fue una suma muy elevada, había sido totalmente desperdiciado! Se hizo necesario volver para el *Exeter Hall*.

Pero ni el *Exeter Hall* era suficiente para los auditorios, y la iglesia tuvo que tomar una actitud espectacular, alquiló el *Surrey Music Hall*, el edificio más amplio, imponente y magnífico de Londres, construido para diversiones públicas.

La noticia de que los cultos tendrían lugar en *Surrey Music Hall* en vez del *Exeter Hall*, electrificó a toda la ciudad de Londres. El culto inaugural anunció para la noche del 19 de octubre de 1856. En la tarde de ese día, millares de personas se dirigieron allí a fin de encontrar asiento. Cuando por fin, el culto comenzó, el edificio en el que cabían doce mil personas, estaba totalmente lleno y más de diez mil personas estaban afuera sin poder entrar.

Desde el primer culto celebrado en el *Surrey Music Hall*, se notaron indicios de la persecución que Spurgeon tendría que encarar. Él estaba orando, después de la lectura de las Escrituras, cuando los enemigos de la obra de Dios se levantaron gritando: "¡Fuego! ¡Fuego!" A pesar de todos los esfuerzos de Spurgeon y de todos los otros creyentes, la gran masa de gente estaba tan metida en el tumulto que se produjo, que siete personas murieron y veintiocho quedaron gravemente heridas. Después, se encontraron regados por todas partes del edificio restos de ropa de hombre y de mujer; sombreros, mangas de vestidos, zapatos, piernas de pantalones, mangas de sacos, chales, etc., etc., objetos que millares de personas dejaron, en la lucha de escapar del edificio. En todo momento Spurgeon se comportó con la mayor calma durante todo el tiempo de la indescriptible catástrofe, pero después, pasó días postrado, sufriendo a consecuencia de semejante suceso.

Las noticias sobre los trágicos sucesos ocurridos durante el primer culto celebrado en el *Surrey Music Hall*, en vez de perjudicar la obra, sirvieron de estímulo para aumentar el interés por los cultos. De un día para otro Spurgeon, el héroe del sur de Londres, se volvió un personaje de proyección mundial. Aceptó invitaciones para predicar en las ciudades de toda Inglaterra, Escocia, Irlanda, Gales, Holanda y Francia. Predicaba al aire libre y en los mayores edificios, un promedio de ocho a doce veces por semana.

En ese tiempo, siendo todavía joven, reveló cómo lograba entender en las Escrituras los textos difíciles, es decir, cómo simplemente pedía a Dios: "¡Oh Señor, muéstrame el sentido de este pasaje!" y añadió: "Es maravilloso verificar cómo el texto, duro como un pedernal, emite chispas cuando es golpeado con el acero de la oración." Años más tarde, dijo lo siguiente: "Orar acerca de las Escrituras es como pisar las uvas en el lagar, trillar el trigo en la era, y extraer el oro de las minas."

Acerca de su vida familiar, Susana, la esposa de Spurgeon, escribió lo siguiente: "Practicábamos el culto doméstico, ya fuese hospedados en un rancho en las sierras, ya en un suntuoso cuarto de hotel de la ciudad. Y la bendita presencia de Cristo, que para muchos creyentes parece imposible alcanzar, era para él la atmósfera natural; él vivía y respiraba en el Señor."

Antes de iniciar la construcción del famoso templo de Londres, El Tabernáculo Metropolitano, Spurgeon, junto con algunos de los miembros de la iglesia, se arrodillaron en el terreno entre las pilas de materiales de construcción y rogaron a Dios que no permitiese que ningún trabajador muriese ni quedase herido durante la ejecución de las obras de construcción. Dios respondió maravillosamente a esa oración, no permitiendo que ocurriese ningún accidente durante todo el tiempo de la construcción del imponente edificio, que medía ochenta metros de largo, veintiocho metros de ancho y veinte de alto.

La iglesia comenzó a edificar el tabernáculo teniendo como meta liquidar todas las deudas de los materiales y pagar toda la mano de obra antes de que acabase la construcción. Como de costumbre, pidieron a Dios que les ayudase a realizar ese deseo, y todo quedó pagado antes del día de la inauguración.

"El Tabernáculo Metropolitano quedó terminado en marzo de 1861. Durante los siguientes treintiún años, un promedio de cinco mil personas se congregaba allí todos los domingos, por la mañana y por la noche. Cada tres meses, Spurgeon pedía a los que habían asistido en ese período de tiempo, que se ausentasen. Ellos así lo hacían; sin embargo, el tabernáculo estaba siempre lleno con otra parte de las masas aún no alcanzadas por el mensaje."

En cierta ocasión predicó trescientas veces en doce meses. El mayor auditorio al que predicó, fue en el Crystal Palace de Londres, el 7 de octubre de 1857. La asistencia fue de veintitrés mil seiscientos cincuenta y cuatro personas. ¡Spurgeon se esforzó tanto en aquella ocasión, y su cansancio fue tan grande, que después de ese sermón de la noche del miércoles durmió hasta la mañana del viernes!

Sin embargo, no pensemos que solo era en el púlpito que su alma ardía por la salvación de los perdidos. También se ocupaba grandemente en el evangelismo individual. En ese sentido citamos aquí lo que cierto creyente dijo con respecto a él: "He visto auditorios de seis mil quinientas personas impresionadas por completo, por el fervor de Spurgeon. Pero al lado de un niño moribundo, que él había llevado a Cristo, lo encontré aún más sublime que cuando dominaba el interés de la multitud."

Parece imposible que semejante predicador tuviese tiempo para escribir. Sin embargo, los libros que él escribió constituyen una biblioteca de ciento treinta y cinco tomos. Hasta hoy, no hay una obra más rica en joyas espirituales que la de Spurgeon, de siete volúmenes sobre los Salmos, titulada: "La tesorería de David." Publicó un número tan grande de sus sermones, que aun leyendo uno por día, ni en diez años el lector podría leerlos todos. Muchos fueron traducidos a varias lenguas y publicados en los periódicos del mundo entero. Él mismo escribía una gran parte del material para su periódico "La espada y la cuchara", título que le fue sugerido por la historia de la construcción de los muros de Jerusalén, en los tiempos angustiosos de Nehemías.

Además de predicar constantemente a grandes auditorios y de escribir tantos libros, se esforzó también en otras varias actividades. Inspirado por el ejemplo de Jorge Muller, fundó y dirigió el orfanato de Stockwell. Los que estaban al frente de esa obra, pedían a Dios, y recibían lo necesario para levantar edificio tras edificio y para sustentar a centenares de niños desamparados.

Al reconocer la necesidad de instruir a los jóvenes llamados por Dios para proclamar el evangelio y, de esa manera, alcanzar un mayor número de perdidos, fundó y dirigió el Colegio de los Pastores con la misma fe en Dios que demostró en la obra de cuidar de los huérfanos.

Impresionado por la vasta circulación de literatura viciosa, formó una junta de venta de libros evangélicos. Decenas de vendedores fueron sustentados y se pronunciaron millares de discursos, además de venderse de casa en casa muchas toneladas de Escrituras y de otros libros.

Acerca del estupendo éxito que alcanzó en la vida de Spurgeon, conviene observar lo siguiente: Ninguno de sus antepasados alcanzó fama. Su voz podía predicar a los mayores auditorios, pero otros predicadores sin fama gozaban de igual voz. El Príncipe de los predicadores era, ante todo, EL PRÍNCIPE DE RODILLAS. Como Saulo de Tarso, entró en el Reino de Dios también agonizando, de rodillas, en el caso de Spurgeon esa angustia duró seis meses. Después, como sucedió con Saulo de Tarso, la fervorosa oración se convirtió en un hábito en su vida.

Aquellos que asistían a los cultos en el gran Tabernáculo Metropolitano, decían que las oraciones eran la parte más sublime de los cultos.

Cuando alguien le pedía a Spurgeon que explicase el poder de su oración, *El Príncipe de rodillas* señalaba para el entresuelo que quedaba abajo del salón del Tabernáculo Metropolitano y decía: "En la sala que está allí abajo, hay trescientos creyentes que saben orar. Todas las veces que predico, ellos se reunen allí para sustentarme las manos, orando y suplicando ininterrumpidamente. En la sala que está abajo de nuestros pies es donde se encuentra la explicación del misterio de esas bendiciones."

Spurgeon acostumbraba dirigirse a los alumnos del Colegio de los Pastores de esta manera: "Permaneced en la presencia de Dios... si vuestro fervor llega a enfriarse, no podréis orar bien en el púlpito... tampoco en el seno de la familia... y menos aún cuando estéis estudiando solos. Si vuestra alma se debilita, los oyentes sin saber por qué, notarán que vuestras oraciones públicas tienen muy poco sabor."

Asimismo, sobre la oración, su esposa dio este testimonio: "El le daba mucha importancia a la media hora de oración que pasaba con Dios antes de comenzar el culto." Cierto creyente también escribió al respecto lo siguiente: "Se siente durante su oración pública, que él es un hombre de bastante fuerza como para llevar en las manos ungidas las oraciones de una multitud. Esta es la idea más grandiosa del sacerdote entre Dios y los hombres."

Convencido del gran poder de la oración, Spurgeon designó el mes de febrero de cada año para celebrar en el gran Tabernáculo, la convención anual y hacer súplicas por un avivamiento de la obra de Dios. En esas ocasiones, pasaban días enteros en ayuno y en oración, la que se volvía más y más fervorosa. No solamente sentían la gloriosa presencia del Espíritu Santo en esos cultos, sino que les aumentaba el poder con frutos abundantes.

En su biografía consta que, desde el comienzo de su ministerio en Londres, numerosas personas gravemente enfermas se curaron como respuesta a sus oraciones.

La vida de Spurgeon no era egoísta y de interés propio. Él y su esposa, hicieron los mayores sacrificios para colocar libros espirituales en las manos de un gran número de predicadores pobres, y contribuían constantemente al sustento de las viudas y huérfanos. Recibían grandes sumas de dinero, pero lo daban todo para el progreso de la obra de Dios.

Nunca buscó fama, ni la honra de fundador de otra denominación, como muchos de sus amigos esperaban. Jamás predicó para su propia gloria, sino que tuvo siempre como propósito el mensaje de la cruz para llevar a los oyentes a Dios. Consideraba sus sermones como si fuesen saetas, y ponía en ellos todo su corazón, empleando toda su fuerza espiritual para producirlos. Predicaba confiado en el poder del Espíritu Santo, empleando lo que Dios le concediera para conmover el mayor número de oyentes.

"Carlos Hadon Spurgeon recibía el fuego del cielo estudiando la Biblia, horas enteras en comunión con Dios."

Cristo era el secreto de su poder. Cristo era el centro de todo para él; siempre y únicamente Cristo.

J.P. Fruit dijo lo siguiente: "Cuando Spurgeon oraba, parecía que Jesús estaba de pie a su lado."

Sus últimas palabras en el lecho de muerte, dirigidas a su esposa, fueron estas: "¡Oh querida, he gozado un tiempo muy glorioso con mi Señor!" Ella al ver por fin, que su marido partía ya con el Señor cayó de rodillas y con lágrimas exclamó: "¡Oh bendito Señor Jesús, te agradezco el tesoro que me prestaste durante todos estos años; ahora Señor, dame fuerzas y dirección para seguir en el futuro!"

Seis mil personas asistieron a su funeral. En el féretro le pusieron una Biblia abierta que mostraba el texto que Dios usó para convertirlo: "Mirad a mí, y sed salvos, todos los términos de la tierra."

El cortejo fúnebre pasó entre cientos de miles de personas que se encontraban apostadas de pie y las mujeres lloraban.

La sencilla tumba del célebre Príncipe de los predicadores, en el cementerio de Norwood, da testimonio de la verdadera grandeza de su vida. En la lápida se leen estas humildes palabras:

Aquí yace el cuerpo
de
CARLOS HADON SPURGEON
Esperando la aparición
de su Señor y Salvador
JESUCRISTO

PASTOR HSI

Amado líder chino
1836-1896

*H*abía sucedido lo "imposible" y toda la población deploraba semejante "tragedia"; el señor Hsi, ciudadano respetado por todos, se había hecho un creyente! Hacia dos años que un predicador de la "nueva religión" predicaba en la provincia de Shan-si. Al paso que se esperaba que se adhiriesen a la nueva religión algunos ignorantes, nadie imaginaba que el señor Hsi, que era un hombre culto, de gran influencia entre el pueblo, y un destacado adepto de Confucio, ¡fuera el primero en caer "hechizado" por los "diablos extranjeros"!

No había nadie entre el pueblo que odiase tanto a los extranjeros como el señor Hsi. Pero, de repente sucedió que se sintió ligado en espíritu al misionero. Entonces abandonó todos los ídolos; ¡se decía que los había quemado! Dejó de adorar las tablas ancestrales. Ya no se percibía más el olor de incienso en su casa. ¡Y lo más extraño de todo, el señor Hsi dejó de fumar opio!

Los ancianos recordaban que Shan-si había sido una de las provincias más prósperas de la China y contaban cómo se introdujo allí el "humo extranjero", es decir, el opio. El vicio se volvió tan generalizado, que todo el pueblo se encontraba ahora en la mayor pobreza. Ni siquiera los más ancianos recordaban que alguien habituado a fumar opio, se hubiese librado del vicio al cabo de los años. Sin embargo, el erudito Hsi había abandonado por completo su aparato de fumar opio, y no parecía sentir el ansia que sienten los que se ven privados de la droga estupefaciente .

El tiempo que otrora pasaba preparando y fumando el opio, ahora lo empleaba en los ritos, para ellos extraños, de la nueva religión. Día y noche el recién convertido se dedicaba al estudio de los "libros de los extranjeros"; a veces cantaba de una manera singular y otras veces, de rodillas y con los ojos cerrados le hablaba al "Dios de los extranjeros", un Dios que nadie veía y que no tenía un santuario para localizarse.

Cada día, la señora de Hsi notaba la gran transformación que ocurría en la vida de su marido, y comenzó a abandonar el intenso odio que sintió cuando él se convirtió. Cuando se despertaba de noche lo encontraba absorto leyendo el precioso Libro de los libros, o arrodillado suplicando al Dios invisible, cuya presencia él sentía. La persistencia de este hombre en reunir a todos los miembros de la familia diariamente, para los cultos extraños, fue tan grande que ganó también a su esposa para Cristo.

Para el creyente Hsi, Satanás era el temible y real adversario que estaba siempre incansable y constantemente acechándolo para abatirlo y destruirlo. Sin embargo, para él, el poder de Cristo era igualmente real, y Hsi salía siempre más que vencedor en todas sus dificultades. Consideraba que la oración era indispensable, y poco tiempo después de convertirse llegó a reconocer también el valor del ayuno para orar mejor.

Fue entonces, que sucedió lo más inesperado: la propia personalidad de la señora de Hsi parecía cambiada; al convertirse, se volvió profundamente alegre y recibía las lecciones sobre las Escrituras ávidamente. Su marido esperaba que en breve se volviese una verdadera compañera en la obra de ganar almas. Pero de repente parecía cernirse sobre ella una nube de mal. A pesar de todos sus esfuerzos, se sentía arrastrada, contra su propia voluntad, a practicar todo cuanto el diablo le sugiriese. Especialmente, a la hora del culto doméstico, le daban violentos ataques de cólera.

Entonces el pueblo decía: "¡Hsi y su esposa cosechan lo que sembraron! Y como afirmamos desde el principio, esa es una doctrina del diablo y ahora la señora de Hsi está poseída de demonios."

211   *Pastor Hsi*

Durante algún tiempo el enemigo de las almas pareció invencible. La señora de Hsi, a pesar de todas las oraciones de los creyentes, continuaba debilitándose, hasta quedarse casi sin fuerzas.

Fue entonces que Hsi, confiando en el poder de Dios, llamó a todos los miembros de la familia para que ayunasen y se dedicasen a la oración. Después de orar durante tres días y tres noches consecutivas, en ayuno, Hsi se sintió débil físicamente, pero fuerte en espíritu. Entonces puso las manos sobre la cabeza de la esposa y ordenó, en el nombre de Jesús, que los espíritus inmundos saliesen del cuerpo de ella para nunca más volver a atormentarla. La cura de la señora de Hsi fue tan notable y completa, que tuvo una gran repercusión en toda la ciudad. ¡El pueblo reconoció el poder que los demonios ejercían sobre el cuerpo y allí, delante de sus ojos, estaba la prueba de un poder mayor que el del diablo!

Pero fue el señor Hsi, más que cualquier otra persona, el que se aprovechó de esa sensacional maravilla. Se esforzó desde entonces, de una manera nueva, a proclamar el evangelio y se dedicó con una creciente fe en Cristo, a orar en todas las circunstancias.

Así, de una manera sencilla y natural, Hsi confiaba en que el Señor haría lo que prometó en Marcos 16:17, 18: "Y estas señales seguirán a los que creen: En mi nombre echarán fuera demonios; hablarán nuevas lenguas; tomarán en las manos serpientes, y si bebieren cosa mortífera, no les hará daño; sobre los enfermos pondrán sus manos y sanarán."

En respuesta a la oración de ese humilde creyente, el Señor obraba con él y confirmaba la Palabra con señales, como en Samaria, Lida, y otros lugares de los tiempos antiguos, de los apóstoles. Y como en aquellos tiempos, muchos hombres y mujeres, al ver el poder de Dios, se convirtieron al Señor.

Nunca antes hubo nadie que se atreviese a contrariar a Satanás en toda la provincia de Shan-si; por lo tanto, no es de admirar que entonces él se enfureciese. Eso también fue como en los tiempos antiguos.

Entre tanto, la persecución se volvió cada vez más severa, hasta que por fin el pueblo planeó, con motivo de una gran fiesta pagana, estirar cuerdas entre las vigas que sostenían los techos de los templos idólatras y colgar allí por las manos a todos los creyentes, hasta que se retractaran o negaran su fe en la "religión de los extranjeros".

Ahora bien, Hsi era tan práctico como espiritual, y decidió llevar el caso al conocimiento de las autoridades. Era novato en la fe y no conocía bien los versículos de las Escrituras como estos: "No resistáis al que es malo" y "Mía es la venganza, yo pagaré, dice el Señor." Hizo tanto alboroto ante el mandarín, que este, para librarse de él, envió soldados para que defendieran a los creyentes.

Debido a eso, la persecución fracasó y el pueblo asombrado de la "religión de los extranjeros" se sometió. Después de eso, grandes multitudes afluyeron a los cultos. Sin embargo, a medida que transcurría el tiempo Hsi no se sentía satisfecho, pues los creyentes no se desenvolvían en la forma que él esperaba. Las pequeñas iglesias, a pesar de todos sus esfuerzos por alimentarlas, no prosperaban, y con cualquier perturbación un gran número de creyentes se desviaban de la fe.

Lo que copiamos a continuación, se encuentra entre sus propios escritos, y muestra cómo en ese tiempo vio su error y se dio a la oración:

"Por causa de las embestidas de Satanás, mi esposa y yo dormimos durante tres años con la misma ropa que usábamos de día, para poder vigilar y orar mejor. A veces, pasábamos toda la noche orando en un lugar solitario y el Espíritu Santo descendía sobre nosotros... Siempre tratábamos de pensar, hablar y comportarnos de manera que agradáramos al Señor, pero entonces reconocíamos como nunca, nuestra propia debilidad; que no éramos nada y nos esforzábamos para conocer la voluntad de Dios."

No hay mayor prueba, tal vez, de la verdadera conversión que la influencia sobre el prójimo. Después que Hsi procuró estar más cerca del Señor, fue elegido jefe por el pueblo de la aldea donde vivía, cargo que rehusó de entrada porque no podía participar de los ritos del templo pagano. Pero ese hecho había sido previsto por el pueblo, así que insistieron para que aceptase la magistratura, con la condición de que no tenía ninguna obligación de asistir a las solemnidades relacionadas con los dioses de ellos. "Solamente tiene que mandar y nosotros obedeceremos", decía la multitud. Sin embargo, cuando Hsi rehusó aceptar, a no ser que el pueblo cesase todas las ceremonias paganas y cerrase el templo, todos se regresaron a sus casas.

Grande fue la sorpresa cuando algunos días más tarde, el pueblo volvió y estuvo de acuerdo en cerrar el templo. El erudito Hsi era el único entre ellos librado ya del vicio del opio y que estaba capacitado para gobernar al pueblo.

Entonces el fervoroso creyente asumió el cargo como un servicio que hacía ante el Señor. Hubo una buena cosecha, un buen éxito financiero y prevaleció la paz y la felicidad. Fue reelecto para el segundo año y para el tercero. Pero cuando lo reeligieron para el cuarto año, rehusó el cargo, insistiendo en que debía entregar todo su tiempo a la obra de la evangelización, obra que había aumentado grandemente. Cuando el pueblo lo elogiaba por la buena manera como servía a todos, respondía con una sonrisa: "Ahora los ídolos por cierto ya se han muerto de hambre y sería más económico si vosotros no los resucitaseis."

Esa fue una lección práctica que perduró por mucho tiempo.

El gran problema que el Pastor Hsi enfrentó fue la salvación de un pueblo entregado al vicio de fumar opio. Había un medio para liberar a esos infelices esclavos de la desesperación indescriptible, porque el Hijo de Dios vino con el propósito definido de buscar y salvar a los perdidos.

Mientras el pastor Hsi oraba sobre ese problema, fue inducido a convertir su casa en "Refugio", e invitó a un misionero que tenía un remedio para aliviar el ansia que sienten los viciosos cuando se ven privados de la droga, para que lo ayudara. Al comienzo, solo dos de los interesados tuvieron el coraje de experimentar el tratamiento; los otros frecuentaban el "Refugio" día tras día para ver el resultado.

Por fin, uno de los pacientes, cuyo cuerpo y mente agonizaban, despertó a los otros a medianoche. En respuesta a la oración, el Señor, que es el mismo ayer, hoy y siempre, lo alivió de inmediato. El gozo que sintió el hombre liberado del vicio fue tan grande, que uno tras otro de los más interesados, solicitaron permiso para comenzar el tratamiento inmediatamente

Poco después se les acabó el remedio importado que usaban para disminuir los sufrimientos de los enfermos. Acerca de esto el fervoroso Hsi escribió lo siguiente: "Permanecí ante el Señor en oración y ayuno, rogándole que me mostrase cuáles eran los ingredientes necesarios y al mismo tiempo me ayudase y fortaleciese para poder preparar las píldoras que necesitaba para aliviar a los que sufrían."

Para distraer a los pacientes y aprovechar la ocasión, el misionero les enseñaba himnos y pasajes de la Biblia; realizaba cultos dos veces al día y hacía que los interesados repitiesen, hora tras hora, porciones de las Escrituras. Cuando les faltaba otro recurso, recurrían a las píldoras preparadas por el Pastor Hsi, que producían el mismo efecto que el remedio importado. No obstante, el fiel Hsi no confiaba del todo en las píldoras, ni las fabricaba sin ayunar y orar antes. Cuando fabricaba las píldoras, acostumbraba pasar el día entero ayunando. A veces, en la tarde, sintiéndose demasiado cansado para continuar de pie, salía para pasar algunos minutos ante Dios. "Señor, es tu obra. Dame tu fuerza", era su petición, y siempre volvía renovado como si hubiese comido y descansado.

Uno de los secretos del increíble éxito que alcanzó el Pastor Hsi en la obra del Refugio, fue la audacia de su amor para con los desdichados cautivos del vicio del opio; amor que lo llevó a persistir y a sacrificarlo todo por ellos. Cuando cometían alguna falta, o aun tramaban algún plan para derribarlo, soportaba todo, como solamente el amor sabe soportar.

Mientras más oraba el pastor Hsi tanto más aumentaba Dios la obra; y mientras más crecía la obra tanto más sentía él el anhelo de orar. En vez de esclavizarse por las tantas obligaciones, deliberadamente dedicaba horas y hasta días enteros, con gran frecuencia en ayuno, para orar delante del Señor con el fin de conocer su voluntad y recibir su plenitud.

Cierto día, cuando oraba así, el Señor lo impresionó profundamente con respecto a los habitantes de la ciudad de Chao-ch'eng que vivían y morían sin conocer el camino de la salvación. Pero ¿cómo abriría otro Refugio en una ciudad cuyas costumbres no conocía? ¿De dónde sacaría el tiempo necesario? Entonces mientras oraba el Señor le dijo: "Toda potestad me es dada." Pero ¿cómo iría sin recursos? No tenía dinero suficiente ni para pagar el pasaje hasta la ciudad. Siguió orando y el Señor continuó allanando las dificultades. "¿Dinero? ¿era dinero lo que precisaba para abrir los corazones y ganar almas? ¿Si el Señor llamaba, no supliría todo lo necesario? ¿Acaso los muros de Jericó no se desplomaron hasta el suelo, sin la intervención de manos humanas?"

Así, al finalizar el año 1884, cinco años después de su conversión, el pastor Hsi era ya el dirigente de una obra que se extendía desde Teng-ts'uen, al sur de donde él vivía, hasta Chao-ch'eng, ubicada a sesenta kilómetros al norte. Había entonces ocho Refugios ya y un buen número de congregaciones dispersas entre ellos.

Pero el pastor Hsi no podía contenerse. A una distancia de un día de viaje todavía más al norte, quedaba la gran ciudad de Hoh-chau. Constreñido por el amor de Dios, suplicaba al Señor que lo usase como instrumento para abrir la obra allí. Todos los días oraba insistentemente por Hoh-chau en el culto doméstico. Por fin, la señora de Hsi no pudo contenerse más y preguntó: "Ya oramos durante bastante tiempo, ¿no será que ahora nos conviene actuar?"

"Por cierto, ¿pero si tuviésemos dinero?" respondió su marido.

Al día siguiente, el pastor Hsi, durante el culto doméstico, oró como de costumbre. Al finalizar el culto, la esposa, en vez de retirarse, avanzó y colocó un paquetito sobre la mesa, diciendo: "Creo que el Señor ya respondió a nuestras súplicas."

Admirado e ignorando lo que ella quería decir con aquel gesto, tomó el paquete que estaba sobre la mesa. Contenía algo pesado envuelto en varias tiras de papel, y dentro del papel, un pañuelo. Al abrir el pañuelo, encontró los objetos más apreciados por una señora china: anillos, pulseras, pendientes, y broches de oro y de plata, objetos que le fueron regalados a la señora de Hsi cuando se casaron.

Con los ojos llenos de lágrimas él contempló a su esposa, notando por primera vez la diferencia en su apariencia, sin los atavíos usados por las mujeres casadas. Ya no llevaba el anillo de matrimonio en el dedo; ¡en vez de los adornos de plata en sus cabellos, se veían las trenzas aseguradas con hilos de cáñamo!

Cuando él quiso rehusar la oferta, ella insistió alegremente, diciendo: "¡No importa! Puedo pasar sin esas cosas. Hoh-chau debe tener el evangelio."

El pastor aceptó el ofrecimiento de su esposa, sabiendo que representaba un profundo sacrificio de parte de ella, pero que era suficiente para abrir el Refugio, que luego se convirtió en un centro de luz y de bendición en la gran ciudad.

Después de iniciar la obra en Hoh-chau, se realizó una convención en la cual se bautizaron setenta y dos nuevos convertidos. El poder de Dios era tal y la asistencia a esas reuniones era tan grande, que fue necesario realizar los cultos al aire libre, a pesar de las grandes lluvias. Eso sucedió después de un gran período de sequía, y los creyentes no querían orar al Señor para que retuviese la lluvia.

Cierto joven endemoniado, del Refugio de Chao—ch'eng, asistió a esa convención. Al caer el poder de Dios sobre los cultos, el joven, se puso violento e intentó destruirse y herir a las personas que estaban a su alrededor. Cuando el pastor Hsi se acercó, él joven dejó de gritar y de luchar; los hombres que lo aseguraban dijeron: "¡Ya está bien! ¡Ahora ya está bien! ¡El espíritu salió de él!"

Pero el pastor no se dejó engañar; poniendo las manos sobre la cabeza del joven, oró con insistencia en el nombre de Jesús. El joven sintió un alivio inmediato y cuando el pastor se retiró parecía completamente liberado.

Cierto creyente conmovido al presenciar toda esa escena, sacó cincuenta dólares de su bolsillo y le dijo al pastor: "Acepte esto; sé que sus gastos en la obra son grandes."

El pastor, sorprendido, aceptó el dinero, pero al pensar sobre el caso se sintió turbado; la suma era muy elevada y la aceptó sin pedir consejo al Señor. Se retiró de inmediato para llevar el caso a Dios.

Apenas había comenzado a orar, llegó uno de los creyentes apresuradamente. El endemoniado se había puesto más violento que nunca y los hombres ya no podían asegurarlo.

Cuando el pastor se acercó al joven el espíritu clamó: "Puedes venir, pero ya no te temo más. ¡Parecías tan elevado como los cielos pero ahora eres bajo, vil e insignificante! ¡Ya no tienes poder para dominarme!"

El pastor, reconociendo que al aceptar el dinero había perdido la fe y el poder, se dirigió al creyente que se lo dio, mientras el desgraciado endemoniado blasfemaba en alta voz. Devolvió toda la suma, explicando cómo al recibir el dinero, había perdido su contacto con Dios.

Después, con las manos vacías, pero con el corazón lleno de gozo, volvió de nuevo a donde estaba la multitud alborotada. El joven continuaba furioso; pero el pastor ya estaba en contacto con el Maestro. Con toda calma, y en el nombre de Jesús, ordenó al espíritu que se callase y saliese del joven. El muchacho dio un grito y fue lanzado por el demonio al suelo, donde se quedó por algunos minutos contorsionándose con dolores agonizantes. Luego, se levantó, con el cuerpo abatido, pero completamente liberado del espíritu maligno.

Cierto misionero escribió lo siguiente acerca de Hsi: "El pastor Hsi estaba siempre alegre; servía al prójimo sin cansarse; trataba a todas las personas con la mayor delicadeza. Nunca se comportó con ligereza, ni desperdició el tiempo en asuntos innecesarios. Ganar almas era la pasión de su vida... Era imposible estar con el pastor Hsi sin orar. Su instinto en todo era el mirar a Dios. Mucho antes de amanecer, se lo oía en su cuarto orando y cantando horas enteras. Parecía que la oración era la atmósfera en que él vivía, y esperaba y recibía las más sorprendentes respuestas.

"Recuerdo que en cierta ocasión, cuando viajaba con él, nos hospedamos en una pequeña casa de huéspedes. Estando allí, lo buscó una mujer que traía en los brazos a un niñito enfermo y que sufría mucho. Así venían a él hombres y mujeres en todos los lugares por donde pasaba. Reconocían que era un hombre de Dios y que podía socorrerlos. Al verla, el pastor Hsi se puso de inmediato de pie, saludó a la mujer que llevaba el hijito y tomó al chico en sus brazos y oró pidiendo a Dios que lo sanase. La mujer se sintió en gran manera consolada y partió. Algunas horas más tarde vi al pequeñín sano, correteando y jugando. Tales sucesos eran muy comunes.

"Nunca me olvidaré de la convención que tuvo lugar en P'ing-vang... Cuando nos aproximábamos al local durante la noche, oí a los creyentes llorando y orando en voz baja. Allí estaba el querido pastor Hsi junto con un gran número de hermanos, arrodillados, clamando al Señor y suplicando que salvase a sus parientes y amigos... Creían en el poder de la oración, y se dedicaban a la intercesión...

"Durante todo el invierno el pastor Hsi estuvo bajo el poder del Espíritu y transmitía ese poder al prójimo. Cuando encontraba a un auxiliar que pasando por alguna prueba, ayunaba, oraba y le imponía las manos. El resultado era que, generalmente, los auxiliares recibían el mismo poder.

"En ese tiempo también había una gran falta de sujeción a la Palabra de Dios. El pastor Hsi, por lo tanto, en todo se entregaba a la oración; en el transcurso de los años llegó a ser poderoso en exponer las Escrituras."

La fuerza y resistencia que manifestaba bajo pruebas físicas y mentales, eran extraordinarias; recibía virtud de Dios para realizar su obra. Ya anciano podía andar cuarenta y cinco kilómetros de una sola vez, y asimismo, después de ayunar por dos días seguidos, podía bautizar a cincuenta personas sin descansar y sin interrupción.

Finalmente, a la edad de sesenta años, en medio de la lucha de esta vida, Dios lo llamó. En la misma sala donde antes de su conversión fumaba opio, pasó algunos meses en cama, sin experimentar ningún sufrimiento, tan solo con sus fuerzas casi completamente agotadas. Al cerrar los ojos aquí en este mundo, en la mañana del día 19 de febrero de 1896, para ir a la presencia de su Señor, centenares de sus hijos en la fe, que lo amaban ardientemente, no pudieron contenerse más y rompieron en gran llanto y fuertes sollozos.

Durante la vida aquí, entregó todo al Señor. Para él no existía nada demasiado precioso que no pudiese usarlo para su Jesús. No había trabajo demasiado arduo cuando se trataba de ganar un alma, por la cual su Salvador había muerto. Nunca encontró una cruz demasiado pesada, si podía llevarla por amor de Cristo. Jamás consideró un camino demasiado difícil, si se trataba de seguir las pisadas de su Maestro.

Así, el fiel pastor Hsi fue trasladado para un servicio más alto, más sublime; fue promovido para realizar actividades en una más íntima comunión con Jesús.

La obra que dejó fundada en Chao-ch'eng, Teng–ts'uen, Hoh-chau, T'ai-yang, Ping-yang y decenas de otros lugares, es como una pujante fortaleza y como un faro resplandeciente, que disipa las tinieblas del paganismo en la China. Los refugios y las iglesias fundadas en esos lugares permanecen como imponentes monumentos a su memoria.

DWIGHT LYMAN MOODY

Célebre conquistador de almas
1837-1899

Sucedió durante una de las famosas campañas evangelísticas de Moody y Sankey. Se había reservado la noche de un lunes para un discurso dirigido a los materialistas. Carlos Bradlaugh, campeón del escepticismo, que entonces se encontraba en el cenit de su fama, había ordenado que todos los miembros de los clubs que había fundado asistiesen a la reunión. Así pues, cerca de cinco mil hombres, resueltos a dominar el culto, entraron y ocuparon todos los bancos.

Moody predicó sobre el siguiente texto: "Porque la roca de ellos no es como nuestra Roca, y aun nuestros enemigos son de ello jueces" (Deuteronomio 32:31).

Relatando una serie de incidentes pertinentes y conmovedores de sus experiencias con personas que estaban en su lecho de muerte, Moody dejó que los hombres juzgasen por sí mismos quién tenía un mejor fundamento sobre el cual debían basar su fe y su esperanza. Sin querer, muchos de los asistentes tenían lágrimas en los ojos. La gran masa de hombres, mostrando el más negro y determinado desafío a Dios, reflejado en el rostro, encaró el continuo ataque a los puntos más vulnerables, es decir, el corazón y el hogar.

Al finalizar, Moody dijo: "Levantémonos para cantar: "Oh, venid vosotros los afligidos, ahora" y mientras lo hacemos, los porteros abran todas las puertas para que puedan salir todos los que quieran. Después seguiremos el culto como de costumbre, para aquellos que deseen aceptar al Salvador." Una de las personas que asistió a ese culto, dijo: "Yo esperaba que todos iban a salir inmediatamente, dejando el recinto vacío. Pero la gran masa de cinco mil hombres se levantó, cantó y se sentó de nuevo; ¡ninguno de ellos dejó su asiento!"

Moody, entonces dijo: "Quiero explicar cuatro palabras: Recibid, creed, confiad y aceptad al Señor." Una amplia sonrisa pasó por todo aquel mar de rostros. Después de hablar un poco sobre la palabra recibida, Moody hizo un llamamiento: "¿Quién quiere recibirlo? Solo tienen que decir: 'Quiero.'" Cerca de cincuenta de los que se encontraban de pie y arrimados a las paredes, respondieron: "Quiero", pero ninguno de los que estaban sentados dijo nada. Un hombre exclamó: "Yo no puedo", a lo que Moody replicó: "Habló bien y con razón, amigo; fue bueno que se haya expresado así. Escuche y después podrá decir: 'Yo puedo.'" Moody entonces explicó el sentido de la palabra "creer" e hizo el segundo llamamiento: "¿Quién dirá: 'Yo quiero creer en él?'" De nuevo, algunos de los hombres que estaban de pie respondieron, aceptando; pero el jefe de uno de los clubs gritó: "¡Yo no quiero!" Entonces Moody, vencido por su ternura y compasión, respondió con voz quebrantada: "Todos los hombres que están aquí esta noche tienen que decir: "Yo quiero", o "Yo no quiero".

Entonces Moody hizo que la audiencia considerase la historia del hijo pródigo, diciendo: "La batalla es sobre querer, solamente sobre querer. Cuando el hijo pródigo dijo: "Me levantaré", fue cuando ganó la lucha, porque había alcanzado el dominio sobre su propia voluntad. Y sobre este punto es que depende todo hoy. Señores, tenéis ahí en vuestro medio a vuestro campeón, el amigo que dijo: "Yo no quiero." Deseo que todos aquí, los que crean que ese campeón tiene razón, se levanten y sigan su ejemplo, diciendo: 'Yo no quiero.'" Todos se quedaron quietos y hubo un gran silencio hasta que por fin Moody lo interrumpió, diciendo: "¡Gracias a Dios! Nadie dijo: "Yo no quiero." Ahora, ¿quién dirá: 'Yo quiero?'" Entonces parece que, al instantte, el Espíritu Santo se hizo cargo de ese gran auditorio de enemigos de Jesucristo, y cerca de quinientos hombres se pusieron de pie, con lágrimas corriéndoles por las mejillas y gritando: "¡Yo quiero! ¡Yo quiero!" Clamaron hasta que todo el ambiente se transformó. La batalla se había ganado.

El culto terminó sin demora, para que se comenzase la obra entre aquellos que estaban deseosos de recibir su salvación. En cuestión de ocho días, cerca de dos mil personas fueron transferidas de las filas del enemigo al ejército del Señor, mediante la rendición de la propia voluntad. Los años que siguieron probaron la firmeza de la obra, pues los clubs nunca se levantaron. Dios, en su misericordia y poder, los aniquiló mediante su evangelio.

Un total de quinientas mil almas preciosas ganadas para Cristo, es el cálculo de la cosecha que Dios hizo por intermedio de Dwight Lyman Moody, su humilde siervo. R. A. Torrey, que lo conoció íntimamente, lo consideraba, con razón, el hombre más grande del siglo XIX, es decir, el más usado por Dios para ganar almas.

No se exagera al decir que hoy en día, más de medio siglo después de su muerte, los creyentes se refieren a su nombre más que a cualquier otro nombre después del tiempo de los apóstoles.

Que nadie piense, sin embargo, que D. L. Moody fue grande en sí mismo o que tuvo oportunidades que los demás no tienen. Sus antepasados eran solo labradores, los que vivieron por siete generaciones, es decir durante unos doscientos años, en el valle de Connecticut, en los Estados Unidos. Dwight nació el 5 de febrero de 1837, de padres pobres, siendo el sexto de entre nueve hijos. Cuando todavía era pequeño, su padre falleció y los acreedores se apoderaron de todo, dejando a la familia despojada de todo, hasta de la leña para calentar la casa en tiempo de intenso frío.

No hay historia tan conmovedora e inspiradora como la de aquellos años de lucha de la viuda, madre de Dwight. Pocos meses después de la muerte de su marido, le nacieron gemelos, cuando el hijo mayor tenía solamente doce años de edad. El consejo de todos sus parientes fue que ella entregase a sus hijos para que otros los criaran. Pero con un invencible coraje y una santa dedicación a sus hijos, logró criar a los nueve en su propio hogar. Se conserva todavía, como un preciado tesoro, su Biblia, con las palabras de Jeremías 49:11 subrayadas: "Deja tus huérfanos, yo los criaré; y en mí confiarán tus viudas."

¿Qué otra cosa se puede esperar de los hijos que se han criado junto a su madre, sino que se conviertan en hombres y mujeres que conozcan al mismo Dios que ella conoció?

Así se expresó Dwight, junto al ataúd de su madre, cuando ella falleció a la edad de noventa años: "Si puedo contener mi emoción, quiero decir algunas palabras. Es un gran honor el haber sido hijo de una madre como ella. Yo he viajado mucho, pero nunca encontré otra persona como ella. Ella estaba siempre tan unida a sus hijos, que representaba para cualquiera de nosotros un gran sacrificio alejarnos del hogar.

"Durante el primer año, después que mi padre falleció, se dormía todas las noches llorando. No obstante, estaba siempre alegre y animada en presencia de sus hijos. Las añoranzas le servían para llevarla hacia Dios... Muchas veces me despertaba y ella estaba orando, y otras veces, llorando. No puedo expresar la mitad de lo que deseo decir. ¡Cuán querido es para mí aquel rostro! Durante cincuenta años no he sentido gozo mayor que el de volver a mi casa. Cuando yo venía de regreso y estaba todavía a 75 kilómetros de distancia, ya me sentía tan inquieto y deseoso de llegar, que me levantaba del asiento para pasear por el vagón, hasta que el tren llegaba a la estación... Si llegaba después del anochecer, siempre miraba para ver la luz de la ventana de mi madre. Me sentí tan feliz esta vez por llegar a tiempo de que todavía pudiese reconocerme. Le pregunté: "¿Madre, me reconoces?" y ella respondió: "¡Vamos, cómo no te voy a reconocer!"

"Aquí está su Biblia, tan gastada, porque es la Biblia del hogar; todo lo que ella tenía de bueno, vino de este libro y fue de él que nos enseñó. Si mi madre era una bendición para el mundo, fue porque bebía de esta fuente. La luz de la viuda de Moody brilló desde su casa, en la colina, durante cincuenta años. ¡Que Dios te bendiga, madre; aún te amamos! ¡Adiós, tan solo por un poco de tiempo, madre!"

Al considerar el éxito de Dwight L. Moody, nos vemos obligados a añadir: ¿Quién puede calcular las posibilidades de un hijo criado en un hogar en que los padres aman sinceramente al Padre celestial, al punto de llamar cada día a todos sus hijos, para que escuchen la voz de Dios en la lectura de la Biblia, y clamen con reverencia a él en oración?

Todos los hijos de la viuda de Moody asistían a los cultos los domingos; llevaban la merienda para pasar todo el día en la iglesia. Tenían que oír dos prolongados sermones, y entre esos, asistir a la Escuela Dominical. Dwight, después de trabajar toda la semana, creía que su madre le exigía demasiado obligándolo a asistir a los sermones, que no comprendía. Pero finalmente, llegó a agradecer a esa buena madre su dedicación en ese sentido.

A la edad de diecisiete años, Moody salió de su casa para ir a trabajar a la ciudad de Boston, donde encontró empleo en la zapatería de un tío suyo. Continuó asistiendo a los cultos, pero todavía no era salvo. Nótenlo bien todos aquellos que se dedican a la obra de ganar almas, que no fue en un culto donde Dwight Moody fue llevado al Salvador. Su maestro de la Escuela Dominical, Eduardo Kimball, nos cuenta lo siguiente:

"Resolví hablarle acerca de Cristo y acerca de su alma. Vacilé un poco antes de entrar a la zapatería, pues no quería estorbar al muchacho durante las horas de trabajo... Por fin entré, resuelto a hablarle sin más demora. Encontré a Moody al fondo de la tienda envolviendo calzado. Enseguida me aproximé a él y poniéndole una mano sobre el hombro, hice lo que después me pareció una presentación muy pobre, una invitación para aceptar a Cristo. No recuerdo lo que le dije entonces, ni el mismo Moody podía recordarlo algunos años después. Simplemente le hablé del amor de Cristo para con él, y el amor que Cristo esperaba de él en reciprocidad. Me parecía que el muchacho estaba listo para recibir la luz que lo iluminó en aquel momento, y allí mismo, al fondo de la zapatería, él se entregó a Cristo."

En la historia del cristianismo, a través de los siglos, no hay otro creyente que fuese, en cuanto a celo, menos remiso, y en espíritu, más fervoroso en servir al Señor, desde su conversión hasta el día de su muerte, que Moody, de Northfield. Cuántas veces después, el señor Kimball daba gracias a Dios por no haber sido desobediente a la visión celestial. ¡¿Cuál hubiese sido el resultado de no haberle hablado al joven aquella mañana en la zapatería?!

Era costumbre de las iglesias de aquella época, que alquilasen los asientos. Moody, inmediatamente después de su conversión, transportado de amor para con su Salvador, pagó el arriendo de un banco. Luego recorrió las calles, hoteles y casas de pensión, buscando hombres y muchachos para llenarlo en todos los cultos. Después arrendó otro banco, y después otro y otro, hasta llegar a llenar cuatro bancos todos los domingos. Pero eso no era suficiente para satisfacer el amor que él sentía por los perdidos.

En ese tiempo, siendo aún de menos de veinte años de edad, se fue a Chicago, donde siguió trabajando con mucho éxito como vendedor de zapatos. Allí, cierto domingo, visitó una Escuela Dominical, y pidió permiso para enseñar una clase. El dirigente le respondió: "Hay doce maestros y dieciséis alumnos. Sin embargo, usted puede enseñar a todos los alumnos que consiga traer a la escuela." Fue una gran sorpresa para todos, cuando el domingo siguiente Moody entró con dieciocho niños traídos de la calle, sin sombrero, sin zapatos y con la ropa sucia y raída, como él dijo: "Todos ellos tienen un alma que salvar."

Continuó llevando cada vez más alumnos a la Escuela Dominical, hasta que algunos domingos después ya no cabían más en el edificio. Entonces resolvió abrir otra Escuela Dominical en otra parte de la ciudad. Moody no enseñaba, sino que consiguió profesores, y proporcionaba el pago del alquiler y de otros gastos. En pocos meses esa Escuela Dominical se convirtió en la mayor de la ciudad de Chicago. Como no consideraba conveniente pagar a otro para que trabajara el día domingo, Moody, muy temprano por la mañana, sacaba las pipas de cerveza (otros ocupaban el local durante la semana), barría y preparaba todo para el funcionamiento de la escuela. Después, salía para invitar a los alumnos. A las dos de la tarde, cuando volvía después de hacer sus invitaciones, encontraba el local repleto de alumnos.

Después de terminar el servicio en la Escuela Dominical, iba a visitar a los ausentes e invitaba a todos para que fuesen al servicio de predicación de la noche. En su llamamiento después del sermón, invitaba a todos los interesados a quedarse para un culto especial, en el que se trataban individualmente. Moody también participaba en esa cosecha de almas.

Antes de acabar el año, un promedio de seiscientos alumnos asistían a la Escuela Dominical, divididos en ochenta clases. Luego la asistencia pasó a ser de mil alumnos, y a veces, hasta de mil quinientos.

El éxito de Moody en la Escuela Dominical atrajo la atención de otros que se interesaban por el mismo trabajo. De vez en cuando era invitado a participar en las grandes convenciones de las Escuelas Dominicales. Cierta vez, después que Moody habló en una convención, un orador lo censuró severamente por no saber dirigirse a un auditorio. Moody avanzó hacia el frente, y después de explicar que reconocía no ser un individuo instruido, agradeció al ministro por haberle mostrado sus defectos, y le pidió que orase a Dios para que lo ayudase a hacer lo mejor que pudiese.

Al mismo tiempo que Moody se dedicaba a la Escuela Dominical con tan buenos resultados, también se esforzaba por tener éxito todos los días en el negocio. La gran meta de su vida era llegar a ser uno de los principales comerciantes del mundo, un multimillonario. ¡No tenía más de veintitrés años y ya había ahorrado siete mil dólares! Pero su Salvador tenía un plan mucho más noble para su siervo.

Cierto día, uno de los maestros de la Escuela Dominical entró en la zapatería donde Moody trabajaba. Le informó que estaba tuberculoso y que, estando desahuciado por el médico, deseaba volver a Nueva York para morir allí. Confesó que se sentía muy turbado, no porque tenía que morir, sino porque hasta entonces no había logrado llevar al Salvador a ninguna de las muchachas de su clase de la Escuela Dominical. Moody, profundamente conmovido, sugirió que visitasen juntos a las muchachas en sus casas, una por una. Visitaron a una, y el maestro le habló seriamente acerca de la salvación de su alma. La joven escuchó, dejó su superficialidad y comenzó a llorar, entregándose a su Salvador. Todas las otras muchachas que fueron visitadas en aquel día hicieron lo mismo.

Pasados diez días, el maestro fue nuevamente a la zapatería. Lleno de júbilo le informó a Moody que todas las chicas se habían entregado a Cristo. Resolvieron entonces invitar a todas a un culto de oración y despedida, la víspera de la partida del maestro para Nueva York. Todos se arrodillaron y Moody, después de hacer una oración, estaba por levantarse cuando una de las muchachas comenzó también a orar. Todas oraron suplicando a Dios en favor del maestro. Al salir, Moody suplicó: "¡Oh Dios permíteme morir antes que perder la bendición que recibí hoy aquí!"

Más tarde Moody confesó: "Yo no sabía el precio que tenía que pagar por haber participado en la evangelización individual de esas muchachas. Perdí todo el afán de negociar; ya no tenía más interés en el comercio. Había experimentado otro mundo y no quería ganar más dinero... ¡Qué delicia es llevar un alma de las tinieblas de este mundo a la gloriosa luz y libertad del evangelio!"

Entonces, a la edad de veinticuatro años, poco tiempo después de haberse casado, Moody decidió dejar un buen empleo con un salario de cinco mil dólares al año, un salario que era fabuloso en aquel tiempo, para trabajar todos los días en el servicio de Cristo, sin tener ninguna promesa de recibir retribución económica alguna. Después de tomar esa resolución, se apresuró en ir a la firma B. F. Jacobs and Co., donde muy conmovido, anunció: "¡Ya decidí emplear todo mi tiempo al servicio de Dios!" "¿Y cómo va a mantenerse?" le preguntaron. "Bueno, Dios me suplirá todo", contestó, "si él quiere que yo continúe; y continuaré hasta que me vea obligado a desistir."

Es muy interesante observar lo que él escribió poco después a su hermano Samuel: "Querido hermano: Las horas más alegres que he experimentado en la tierra, fueron las que pasé en la obra de la Escuela Dominical. Samuel, reúne un grupo de muchachos perdidos, llévalos a la Escuela Dominical y pide a Dios que te dé sabiduría para instruirlos en el camino de la vida eterna." Al tiempo que Moody describía su alegría, se vio obligado a dejar la pensión, a llevar una alimentación más económica y a dormir en uno de los bancos del salón.

Acerca de su desprendimiento por el dinero, R. A. Torrey hizo esta observación: "Él (Moody) me dijo que si hubiese aceptado los lucros provenientes de la venta de los himnarios que publicó, esos lucros sumarían un millón de dólares. Sin embargo, Moody re-

husó tocar ese dinero, aun cuando por derecho le correspondía...
En cierta ciudad que Moody visitó en los últimos años de su vida, estando yo en su compañía, fue públicamente anunciado que él no aceptaría ninguna recompensa por sus servicios. Pero el hecho era que él casi no tenía otros medios de sustento, sino aquello que recibía en sus conferencias. Sin embargo, no hizo ningún comentario sobre aquel anuncio y salió de la ciudad sin recibir un centavo siquiera por su arduo trabajo; y me parece que él mismo pagó su cuenta en el hotel donde se había hospedado."

La parte de la biografía de D. L. Moody que se refiere a los primeros años de su ministerio está repleta de proezas hechas en la carne. Mencionamos aquí solo una, esto es, el hecho de que Moody hizo un increíble número de visitas en un solo día. Él mismo, más tarde, se refería a aquellos años como una manifestación del "celo de Dios, pero sin entendimiento", añadiendo: "Hay, sin embargo, más esperanza para el hombre que tiene celo, pero no entendimiento, que para el hombre de entendimiento sin celo."

Cuando estalló la tremenda Guerra Civil, Moody llegó con los primeros soldados al campamento militar, donde armó una gran tienda para los cultos. Después reunió dinero y levantó un templo, donde celebró mil quinientos cultos durante la guerra. Una persona que lo conocía, comentó su modo de actuar de la siguiente manera: "Moody parecía estar constantemente en todos los lugares, de día y de noche, los domingos y todos los día de la semana; orando, exhortando, hablando con los soldados acerca de su alma, y regocijándose por la abundante oportunidad de trabajar y de cosechar el fruto que estaba a su alcance por causa de la guerra."

Cuando acabó la guerra, dirigió una campaña para levantar en Chicago un edificio para los cultos con capacidad para tres mil personas. Más tarde, cuando ese edificio fue destruido por un incendio, él y otros dos hombres iniciaron otra campaña, antes de que los escombros se hubiesen enfriado, para levantar uno nuevo. Ese edificio fue el Farwell Hall II, que se convirtió en un gran centro religioso de Chicago. El secreto de ese éxito fueron los cultos de oración que se realizaban diariamente, al medio día, precedidos por una hora de oración de Moody, que se escondía debajo de una escalera para orar.

En medio de esos grandes esfuerzos, Moody resolvió, inesperadamente, hacer una visita a Inglaterra.

Su principal interés al llegar a Londres fue oír a Spurgeon predicar en el Tabernáculo Metropolitano. Él ya había leído mucho de lo que el "Príncipe de los predicadores" había escrito, pero allí pudo verificar que la gran obra no era de Spurgeon, sino de Dios, y salió de allí con una visión distinta.

También visitó a Jorge Müller y a su orfelinato en Brístol. Desde aquel momento la autobiografía de Müller ejerció tanta influencia sobre él, como antes lo había hecho *El peregrino* de Bunyan.

Sin embargo, lo que en ese viaje llevó a Moody a buscar definitivamente una experiencia más profunda con Cristo, fueron estas palabras proferidas por un gran ganador de almas de Dublin, Enrique Varley: "EL MUNDO TODAVÍA NO HA VISTO LO QUE DIOS HARÁ CON, PARA, Y POR EL HOMBRE QUE SE ENTREGUE ENTERAMENTE A ÉL." Moody se dijo: "El no dijo "por un gran hombre", ni "por un sabio", ni "por un rico" ni "por un elocuente", ni "por un inteligente", sino simplemente "por un hombre". Yo soy un hombre y cabe al hombre solamente resolver si desea o no consagrarse de esa manera. Estoy resuelto a hacer todo lo posible para ser ese hombre." A pesar de todo, después de volver a la América, Moody continuaba esforzándose y empleando los métodos terrenales. Fue en esa época, en el año 1871, que la ciudad de Chicago quedó reducida a cenizas debido a un pavoroso incendio.

En la misma noche en que se inició aquel terrible incendio, Moody predicó sobre este tema: "¿Qué, pues, haré de Jesús, llamado el Cristo?" Al concluir su sermón, le dijo al auditorio, el mayor al cual había predicado en Chicago: "Quiero que llevéis este texto a casa y lo meditéis bien durante la semana, y el domingo próximo iremos al Calvario y a la cruz, y resolveremos lo que haremos de Jesus de Nazaret."

"¡Cómo me equivoqué!" dijo Moody después. "No me atrevo más nunca a conceder una semana de plazo al perdido para que decida sobre su salvación. Si se pierden, serán capaces de levantarse contra mí el día del juicio. Recuerdo bien cómo cantó Sankey y cómo sonó su voz cuando llegó a la estrofa del llamado: "El Salvador llama para el refugio; Rompe la tempestad y pronto viene la muerte."

"Nunca más volví a ver a aquel auditorio. Aún hoy deseo llorar... Prefiero tener mi mano derecha amputada, antes que conceder al auditorio una semana para decidir qué hará de Jesús." Muchos me censuraron diciendo: "Moody, usted quiere que el pueblo se decida inmediatamente. ¿Por qué no les da tiempo para que lo consideren?"

"He pedido a Dios muchas veces que me perdone por haber dicho aquella noche que podían pasar ocho días considerando el asunto, y si él me conserva la vida, no lo volveré a hacer."

El gran incendio rugió y amenazó durante cuatro días. Consumió Farwell Hall, el templo de Moody, y su propia residencia. Los miembros de la iglesia fueron todos dispersos. Moody reconoció que la mano de Dios lo había castigado para enseñarle, y eso se volvió para él un motivo de grande regocijo.

Fue a Nueva York a fin de conseguir dinero para los damnificados del gran siniestro. Acerca de lo que pasó allí, escribió lo siguiente: "Yo no sentía en mi corazón ningún deseo de solicitar ese dinero. Todo el tiempo clamaba a Dios pidiendo que me llenase de su Espíritu Santo. Entonces, cierto día, en la ciudad de Nueva York –¡qué día!– No puedo describirlo, ni quiero hablar del asunto; fue una experiencia casi demasiado sagrada como para mencionarla.

"El apóstol Pablo tuvo una experiencia acerca de la cual no habló durante catorce años. Solo puedo decir que Dios se me reveló y tuve una experiencia tan grande de su amor, que le rogué que rogarle que retirase de mi su mano. Volví a predicar. Mis sermones no eran diferentes; yo no presentaba otras verdades; sin embargo, centenares de personas se convertían. ¡No quiero volver a vivir de nuevo como viví otrora, aun cuando pudiese poseer el mundo entero!"

Acerca de esa experiencia, uno de sus biógrafos añadió: "El Moody que andaba por la calle parecía otro. Él nunca había bebido mosto, pero ahora conocía la diferencia entre el júbilo que Dios da y el falso júbilo de Satanás. Cuando caminaba, le parecía que un pie le decía al otro: "Gloria", y el otro respondía: "Aleluya". El predicador rompió en sollozos, balbuceando: "¡Oh Dios, constríñeme a andar cerca de ti hoy y siempre."

Sobre el mismo acontecimiento otro biógrafo escribió: "El fruto de su predicación había sido pequeño. Con espíritu angustiado, él andaba de noche por las calles de la gran ciudad, orando: "¡Oh Dios, úngeme con tu Espíritu!" Dios lo oyó y le concedió allí mismo, en la calle, aquello por lo cual oraba. No se puede explicar con palabras ese resultado. Su vida anterior era como si tratase de sacar agua de un pozo que parecía seco. Hacía funcionar la bomba con todas sus fuerzas, pero sacaba muy poca agua... Ahora Dios hizo que su alma fuese como un pozo artesiano, donde nunca falta agua. Así llegó a comprender qué significan las palabras: "El agua que yo le daré será en él una fuente de agua que salte para vida eterna."

El Señor proporcionó a Moody el dinero que necesitaba para construir un edificio provisional, donce celebrar los cultos, allí en Chicago. Ese edificio era de madera rústica, forrado con un papel muy grueso para evitar que pasara el frío; el techo era sustentado por hileras de estacas colocadas en el centro. En ese templo provisional se celebraron los cultos durante cerca de tres años, en medio de un desierto de cenizas. La mayor parte del trabajo de construcción se hizo con la ayuda de los miembros de la iglesia, que vivían en chozas o en lugares excavados entre los escombros. ¡Al primer culto asistieron más de mil niños con sus respectivos padres!

Ese templo provisional sirvió también de vivienda para Moody y para Sankey, su evangelista cantor; eran tan pobres como todos los que vivían a su alrededor, pero tan llenos de esperanza y de gozo, que lograron llevar a muchos a hacerse ricos, a pesar de no poseer nada. Oleada tras oleada de avivamiento tuvo lugar entre la gente. Los cultos continuaron día y noche, casi sin cesar, durante algunos meses. Multitudes lloraban sus pecados, a veces el día entero, y al día siguiente, perdonados, clamaban y alababan con gratitud a Dios. Hombres y mujeres, hasta entonces desanimados, participaban del gozo desbordante de Moody, transformado por el bautismo del Espíritu Santo.

Poco después de haber construido el templo permanente con asientos para dos mil personas–¡Y sin haber contraído ninguna deuda!, Moody hizo su segundo viaje a Inglaterra. En sus primeros cultos en ese país, encontró frialdad en las iglesias, las ques tenían poca asistencia y la gente no se interesaba en sus mensajes. Pero la unción del Espíritu Santo que Moody recibió en las calles de Nueva York, todavía permanecía en su alma y Dios lo usó como su instrumento para un avivamiento mundial.

A Moody no le gustaba usar métodos sensacionales, sino que empleó siempre los mismos métodos humildes hasta el fin de su vida; el sermón dirigido directamente a sus oyentes; la aplicación práctica del mensaje del evangelio a la necesidad individual; solos cantados bajo la unción del Espíritu; la invitación para que el perdido aceptase a Cristo y se entregase a él de inmediato; una sala contigua adonde llevaba a los que tenían "dificultades" para aceptar a Cristo; la obra de seguimiento que los creyentes hacían después entre los "interesados" y los recién convertidos; y a diario una hora de oración al medio día y cultos que duraban el día entero.

El propio Moody dijo lo siguiente: "Si estamos llenos del Espíritu y de poder, un día de servicio vale más que un año de servicio sin ese poder." Otra vez añadió: "Si estamos llenos del Espíritu, ungidos, nuestras palabras llegarán a penetrar el corazón de la gente."

En Inglaterra, las ciudades de York, Sunderland, Bishop, Auckland, Carlisle y Newcastle fueron vivificadas como en los días de Whitefield y Wesley. En Edimburgo, Escocia, los cultos se celebraron en el mayor edificio y "la ciudad entera fue conmovida".

En Glasgow, la obra comenzó con una reunión de maestros de Escuela Dominical, a la que asistieron más de tres mil personas. El culto de la noche fue programado para las seis y media, pero mucho antes de la hora anunciada, el gran edificio ya estaba repleto, y a la multitud que no pudo entrar, la llevaron a las cuatro iglesias más próximas. Esa serie de cultos transformó radicalmente la vida diaria del pueblo. En la última noche Sankey cantó para siete mil personas que estaban dentro del edificio, y Moody, que estaba afuera, sin poder entrar, se subió a un carruaje y predicó a veinte mil personas que se hallaban congregadas allí. El coro cantó los himnos desde encima de un galpón. En un solo culto más de dos mil personas respondieron al llamado para entregarse definitivamente a Cristo.

Durante el verano predicó en Aberdeen, Montrose, Brechin, Forfar, Huntley, Inverness, Arbroath, Fairn, Nairn, Elgin, Ferres, Grantown, Keith, Rothesay y Campbeltown; muchos millares de personas asistieron a todos esos cultos.

En Irlanda, Moody predicó en mayores centros, obteniendo los mismos resultados que había tenido en Inglaterra y Escocia. Los cultos en Belfast continuaron durante cuarenta días. El último culto se reservó para los recién convertidos, que solo podían tener ingreso mediante un pase concedido gratuitamente. Asistieron dos mil trescientas personas. Belfast había sido el centro de varios avivamientos, pero todos están de acuerdo en que nunca hubo un avivamiento antes que ese, de resultados tan permanentes.

Después de la campaña en Irlanda, Moody y Sankey volvieron a Inglaterra y dirigieron cultos inolvidables en Shefield, Manchester, Birmingham y Liverpool. Durante muchos meses los mayores edificios de esas ciudades quedaban repletos de multitudes deseosas de oír la presentación clara y osada del evangelio, hecha por un hombre libre de todo interés y ostentación. El poder del Espíritu se manifestó en todos los cultos, produciendo resultados que permanecen hasta hoy.

El itinerario seguido por Moody y Sankey en Europa, acabó después de cuatro meses de cultos en Londres. Moody predicaba alternativamente en cuatro centros. Las siguientes cifras nos sirven para comprender algo de la grandeza de esa obra realizada durante los cuatro meses: Se celebraron sesenta cultos en el Agricultural Hall, a los cuales asistió un total de setecientos veinte mil personas; en Bow Road Hall, sesenta cultos, a los cuales asistieron seiscientas mil personas; en Camberwell Hall, sesenta cultos, con una asistencia de cuatrocientas ochenta mil personas; Haymarket Opera House, sesenta cultos, con una asistencia de trescientas treinta mil personas; Victoria Hall, cuarenta y cinco cultos, con una asistencia de cuatrocientas mil personas.

Qué glorioso es poder añadir aquí lo siguiente: "Las diferencias que existen entre las denominaciones, casi desaparecieron. Predicadores de todas las iglesias cooperaban en una plataforma común, la salvación de los perdidos. Se abrieron de nuevo las Biblias y hubo un gran interés en el estudio de la Palabra de Dios."

Cuando Moody salió de los Estados Unidos en 1873, se conocía solamente en algunos estados de la Unión, y solo como obrero de la Escuela Dominical y de la Asociación Cristiana de Jóvenes. Pero cuando regresó de la campaña efectuada en Inglaterra en 1875, era conocido como el más famoso predicador del mundo. No obstante, continuó siendo el mismo humilde siervo de Dios. Fue así cómo una persona que lo trataba íntimamente, describió su personalidad: "Creo que era la persona más humilde que yo haya conocido jamás... Él nunca fingió humildad. En lo más íntimo de su corazón se rebajaba y engrandecía a los demás. Destacaba a otros hombres y, si era posible, se las arreglaba para que ellos predicasen... haciendo todo lo posible para permanecer ignorado."

Al regresar nuevamente a los Estados Unidos, Moody recibió muchas invitaciones para predicar, de todas partes de la nación. Su primera campaña (efectuada en Brooklyn) fue un modelo para todas las demás. Las denominaciones cooperaron; arrendaron un local que tenía capacidad para tres mil personas. El resultado fue una grande y permanente obra.

Durante un periodo de veinte años, dirigió campañas con grandes resultados en las mayores ciudades de los Estados Unidos, el Canadá y México. En diversos lugares las campañas duraron seis meses. En todos los lugares Moody proclamaba clara y prácticamente el mensaje del evangelio.

Durante sus campañas hubo ocasiones que fueron realmente dramáticas. En Chicago, por ejemplo, el Circo Forepaugh, que tenía una tienda de lona con asientos para diez mil personas y espacio para otras diez mil en pie, anunció representaciones para dos domingos. Moody arrendó la tienda para los cultos de la mañana; lo que les causó gracia a los dueños de la tienda. Pero en el primer culto la tienda quedó completamente llena. Luego, por la tarde, fueron tan pocos los que asistieron a las representaciones del Circo, que los dueños resolvieron no efectuar las representaciones el segundo domingo. Sin embargo, el culto se celebró el segundo domingo bajo la lona, con un calor tan grande que daba la impresión de que iban a morir todos los asistentes. No obstante, dieciocho mil personas quedaron de pie, bañadas en sudor y sin hacer caso del calor. En el silencio que reinaba mientras Moody predicaba, el poder descendió y centenares de personas fueron salvas. Acerca de uno de esos cultos, cierto asistente dijo:

"Jamás olvidaré cierto sermón que Moody predicó. Fue en el Circo Forepaugh durante la Exposición Mundial. Se encontraban presentes en el recinto diecisiete mil personas, pertenecientes a todas las clases sociales. El texto del sermón fue: "Porque el Hijo del Hombre vino a buscar y a salvar lo que se había perdido." Grandiosa era la unción del predicador; parecía que estaba en íntimo contacto con todos los corazones de aquella masa de gente. Moody dijo repetidamente: "Porque el Hijo del Hombre vino -vino hoy al Circo Forepaugh- a buscar y a salvar lo que se había perdido." Escrito e impreso, esto parece un sermón común, pero sus palabras, por la santa unción que le sobrevino, se convirtieron en palabras de espíritu y de vida."

Durante la Exposición Mundial, el día designado en honor de la ciudad de Chicago, todos los teatros de la ciudad cerraron porque se esperaba que todo el mundo fuese a la Exposición, que quedaba a seis kilómetros de distancia. Sin embargo, Moody alquiló el Central Music Hall, y R. A. Torrey testificó que la asistencia era tan grande, que él solamente logró entrar por una ventana del fondo del edificio. Los cultos de Moody continuaron siendo tan concurridos, que la Exposición Mundial tuvo que dejar de abrir sus puertas los domingos por falta de público.

Enrique Moorehouse, predicador escocés, da la siguiente opinión acerca de los discursos de Moody:

"El cree firmemente que el evangelio salva a los pecadores, cuando ellos creen y confían en la sencilla historia del Salvador crucificado y resucitado.

"Espera la salvación de almas, cuando predica.

"Predica como si nunca más hubiese de realizarse otro culto y como si los pecadores nunca más tuviesen la oportunidad de oír el evangelio. Sus llamados a tomar una decisión ahora mismo, son conmovedores.

"Consigue llevar a los creyentes a trabajar con los interesados después del sermón. Insiste en que pregunten a los que están sentados al lado si son salvos o no. Todo en su obra es muy sencillo, y aconsejo a los obreros de la cosecha del Señor que aprendan de nuestro amado hermano algunas de las lecciones preciosas sobre la obra de ganar almas."

El doctor Dale dijo: "Acerca del poder de Moody, creo que es muy difícil hablar. Es tan real y al mismo tiempo tan diferente del poder de los demás predicadores, que no sé cómo describirlo. Su realidad es innegable. Un hombre que puede cautivar el interés de un auditorio de tres a seis mil personas durante media hora en la mañana, durante cuarenta minutos, de nuevo, al mediodía, y que puede captar el interés de un tercer auditorio de trece a quince mil personas durante cuarenta minutos por la noche, debe tener por cierto un poder extraordinario."

Acerca de ese poder maravilloso, Torrey afirmó: "Varias veces he oído decir a diversas personas lo siguiente: "Viajamos grandes distancias para ver y oír a D. L. Moody, quien, en efecto, era un predicador maravilloso." Sí, él era, en verdad, un maravilloso predicador; considerándolo todo, el más maravilloso que yo haya oído jamás; era un gran privilegio oírlo predicar, como solo él sabía hacerlo. Con todo, habiéndolo conocido íntimamente, quiero testificar que Moody era más grande como intercesor que como predicador. Al enfrentar obstáculos aparentemente invencibles, sabía vencer todas las dificultades. Sabía, y creía desde lo más profundo de su alma, que no había nada demasiado difícil que Dios no pudiese hacer, y que la oración podía conseguir todo lo que Dios pudiese realizar."

Cierto día, durante su gran campaña efectuada en Londres, Moody estaba predicando en un teatro repleto de personas pertenecientes a la alta sociedad, y entre ellas había un miembro de la familia real. Moody se levantó y leyó Lucas 4:27: "Y muchos leprosos había en Israel en tiempo del profeta Eliseo..." Al encontrar la palabra "Eliseo", no la podía pronunciar bien y comenzó a gaguear y a balbucear. Comenzó a leer de nuevo el versículo, pero al llegar de nuevo a la palabra "Eliseo" no podía seguir adelante. Probó por tercera vez y falló. Entonces cerró el Libro y muy conmovido miró para arriba, diciendo: "¡Oh Dios! Usa esta lengua de gago para proclamar a Cristo crucificado a esta gente." Descendió sobre él el poder de Dios y entonces su alma se derramó en un torrente tal de palabras, que el auditorio entero quedó como derretido por el fuego divino.

Fue durante esa segunda visita a las Islas Británicas, que realizó su obra entre los hombres de las dos célebres universidades, Oxford y Cambridge. Es una historia muchas veces repetida de cómo él, un individuo sin instrucción, pero con diplomacia y sentido común, venció la censura e hizo entre los intelectuales lo que algunos consideran la mayor obra de su vida.

A pesar de que Moody no tuvo una instrucción académica, reconocía el gran valor de la educación y siempre aconsejaba a los jóvenes que se preparasen para manejar bien la Palabra de Dios. Reconocía la gran ventaja de la instrucción para aquellos que también predican en el poder del Espíritu Santo. Todavía existen tres grandes monumentos referentes a sus convicciones en ese punto, las tres escuelas que fundó: (1) El Instituto Bíblico de Chicago, con treintiocho edificios y dieciséis mil alumnos matriculados en las aulas diurnas, nocturnas y en los cursos por correspondencia. (2) El Seminario Northfield, con cuatrocientos noventa alumnos. (3) La Escuela de Monte Hermón, con quinientos alumnos.

Sin embargo, no nos engañemos como se engañaron algunos de esos alumnos, y algunos de nosotros mismos, pensando que el gran poder de Moody era más intelectual que espiritual. Sobre este punto él hablaba con énfasis. Para mayor claridad de lo antes expuesto, citamos lo siguiente, tomado de sus "Breves charlas": "No conozco nada más importante que precise América, que hombres y mujeres inflamados con el fuego del cielo; nunca he encontrado a un hombre o a una mujer inflamados con el Espíritu de Dios que fracasasen. Creo que, realmente, eso es imposible; tales personas nunca se sienten desanimadas. Avanzan más y más, y se animan más y más. Amados míos, si no habéis obtenido esa iluminación, tratad de adquirirla orando: "¡Oh Dios, ilumíname con tu Espíritu Santo!"

En lo que R. A. Torrey escribió, queda aparente el espíritu de esas escuelas que Moody fundó: "Moody acostumbraba escribirme antes de iniciar una nueva campaña, diciendo: "Pretendo iniciar el trabajo en tal lugar y en tal día; le pido que convoque a los estudiantes para un día de ayuno y oración." Yo leía esas cartas a los estudiantes y les decía: "Moody desea que tengamos un día de ayuno y oración para pedir, primeramente, las bendiciones divinas sobre nuestras propias almas y sobre nuestro trabajo, y después, sobre él y su trabajo." Muchas veces nos quedábamos allí en la sala de clases hasta altas horas de la noche –o aun hasta la madrugada– clamando a Dios, porque Moody nos exhortaba que orásemos hasta que recibiésemos la bendición. ¡Cuántos hombres y mujeres he conocido, que experimentaron una verdadera transformación en su vida y en su carácter por aquellas noches de oración, y cuántos han conseguido grandes cosas, en muchas partes, como resultado de aquellas horas empleadas en las súplicas a Dios!

"Hasta el día de mi muerte no podré olvidarme del 8 de julio de 1894. Era el último día de la Asamblea de los Estudiantes de Northfield... A las tres de la tarde nos reunimos frente a la casa de la progenitora de Moody... Había cuatrocientos cincuenta y seis personas en nuestra compañía... Después de andar durante algunos minutos, Moody opinó que podíamos parar. Nos sentamos en los troncos de árboles caídos, en las rocas, o en el suelo. Moody entonces nos permitió hablar, a fin de que cualquier estudiante pudiese expresarse. Unos setenta y cinco de ellos, uno después de otro, se levantaron diciendo: "Yo no pude esperar hasta las tres de la tarde, sino que he estado solo con Dios desde el culto de la mañana, y creo que puedo decir que he recibido el bautismo del Espíritu Santo" Al oír el testimonio de esos jóvenes, Moody sugirió lo siguiente: "Muchachos, ¿por qué no nos arrodillamos, ahora, aquí mismo, y pedimos que Dios manifieste en nosotros el poder de su Espíritu de un modo especial, como lo hizo con los apóstoles el día de Pentecostés?" Y allí, en la montaña, oramos.

"En la subida habíamos observado cómo se iban acumulando densos nubarrones en el cielo; en el momento en que empezamos a orar, la lluvia comenzó a caer sobre los altos pinos y sobre nosotros. Pero había otra clase de nube que hacía diez días que se estaba acumulando sobre la ciudad de Northfield, una nube llena de la misericordia, de la gracia y del poder divino, de manera que en aquella hora pareció que nuestras oraciones habían perforado esas nubes y que estaba descendiendo sobre nosotros con gran poder, la virtud del Espíritu Santo. ¡Hombres y mujeres! eso es lo que todos nosotros necesitamos –el Bautismo en el Espíritu Santo."

Que el propio Moody era un estudiante incansable, se demuestra en lo siguiente: "Todos los días de su vida, hasta el fin, según creo, se levantaba muy temprano de mañana para meditar en la Palabra de Dios. Acostumbraba dejar su cama a las cuatro de la mañana, más o menos, para estudiar la Biblia. Un día me dijo: "Para estudiar, yo necesito levantarme antes que nadie se despierte en casa." Se encerraba en un cuarto apartado del resto de la familia, solito con su Biblia y con su Dios.

"Se puede hablar en poder, y sin embargo, ¡ay del hombre que descuide el único Libro dado por Dios, que sirve de instrumento, por medio del cual él da y ejerce su poder! Un hombre puede leer muchísimos libros y asistir a grandes convenciones; puede promover reuniones de oración que duren noches enteras, suplicando el poder del Espíritu Santo, pero si tal hombre no permanece en contacto íntimo y constante con el único Libro, la Biblia, no le será concedido el poder. Si ya tiene alguna fuerza, no podrá mantenerla, sino mediante el estudio diario, serio e intenso de aquel Libro."

Todas las cosas en el mundo tienen que acabar; y así, llegó también el tiempo para que el ministerio de D. L. Moody acabase aquí en la tierra. El 16 de noviembre de 1899, en medio de la campaña que efectuaba en Kansas City, donde tenía auditorios de hasta quince mil personas, predicó su último sermón. Es probable que él supiese que ese sería su último sermón; lo cierto es que su llamado para salvación estuvo ungido con poder de lo alto, y centenares de almas fueron ganadas para Cristo.

Para todo el país, el viernes, 22 de diciembre de 1899, fue el día más corto del año, pero para D. L. Moody, ese día que amaneció, fue el comienzo del día que para él nunca acabará. A las seis de la mañana durmió un sueño ligero. Luego sus seres queridos lo oyeron decir en voz muy clara: "Si esto es la muerte, no hay ningún valle. Esto es glorioso. ¡Atravesé el umbral y vi a los niños! (Dos de sus nietos ya fallecidos.) La tierra se queda atrás; el cielo se abre delante de mí. ¡Dios me está llamando!" Entonces se viró hacia su esposa, a quien él quería más que a nadie, con excepción de Cristo, y le dijo: "Tú has sido para mí una buena esposa."

En el sencillo culto fúnebre, Torrey, Scofield, Sankey y otros hablaron a la gran multitud que asistió conmovida. Después el ataúd fue llevado por los alumnos de la Escuela Bíblica de Monte Hermón hasta un lugar alto que quedaba próximo, llamado "Round Top". Y allí lo sepultaron.

Tres años más tarde la fiel sierva de Dios, Ema Moody su esposa, también durmió en Cristo, y fue enterrada a su lado, en el mismo lugar, hasta el glorioso día de la resurrección.

Contemplemos de nuevo por un momento, la vida extraordinaria de este gran conquistador de almas. Cuando el joven Moody lloraba, quebrantado bajo el poder de lo alto, en la predicación del joven Spurgeon, fue inspirado a exclamar: "¡Si Dios puede usar a Spurgeon, él puede usarme a mí también!"

La biografía de Moody es la historia de cómo él vivía completamente sometido a Dios para ese fin. R. A. Torrey dijo: "El primer factor por cuyo motivo Moody fue un instrumento tan útil en las manos de Dios, es que era un hombre enteramente sometido a la voluntad divina. Cada gramo de aquel cuerpo de ciento veintisiete kilos pertenecía al Señor; todo lo que él era y todo lo que tenía pertenecían enteramente a Dios... Si nosotros, usted y yo, queremos ser usados por Dios, tenemos que someternos a él absolutamente y sin reserva." Estimado lector, decídase ahora, con la misma determinación y mediante el auxilio divino. "Si Dios pudo usar a Dwight Lyman Moody, él puede usarme a mi también." ¡Que así sea!

JONATÁN GOFORTH
"Con mi Espíritu"
1859-1936

$\mathcal{C}$ ierto día del año 1900, en Changte, en el interior de la China, pasó un correo galopando velozmente. Llevaba un despacho de la emperatriz al gobernador, ordenándole que tomase medidas para exterminar, inmediatamente, a todos los extranjeros. En aquella horrible masacre que siguió, Jonatán Goforth, su esposa e hijos pequeños, fueron cercados por millares de bóxers, determinados a quitarles la vida.

El padre de familia, al caer al suelo, víctima de un tremendo golpe que casi le partió el cráneo, oyó una voz que le decía: "¡No temas! ¡Tus hermanos están orando por ti!" Antes de quedar inconsciente, vio que llegaba a galope un caballo que amenazaba atropellarlo. Al volver en sí, vio que el caballo había caído a su lado, pataleando de tal manera que sus atacantes fueron obligados a desistir del propósito de matarlo.

Así, pues, el misionero reconoció que la mano de Dios lo protegió maravillosa y constantemente todo el tiempo de la masacre de los bóxers, en la cual centenares de creyentes murieron. Jonatán Goforth y su familia se salvaron de las innumerables situaciones angustiosas que pasaron entre el pueblo amotinado, hasta que por fin, veinte días después, llegaron al litoral del país.

Rosalind y Jonatán Goforth vivían su vida escondidos con Cristo, en Dios. He aquí, en sus propias palabras, cómo vivían: "No es solamente necedad aceptar para nosotros la gloria que pertenece a Dios, sino que además es un grave pecado, porque el Señor dijo: 'A otro no daré mi gloria.'"

Siendo aún joven, Jonatán Goforth adoptó las palabras de Zacarías 4:6 como lema de su vida: "No con ejército, ni con fuerza, sino con mi Espíritu, ha dicho Jehová de los ejércitos."

Alguien que lo conocía íntimamente, escribió lo siguiente: "Ante todo, Jonatán Goforth era un conquistador de almas. Fue por esa razón que se hizo misionero en el extranjero; no había otro interés, otra actividad ni otro ministerio que lo atrajese... Con el fuego del amor de Dios en su corazón, manifestaba un entusiasmo irresistible y una energía incansable. Nada podía impedir sus esfuerzos dinámicos en la obra, para la cual Dios lo llamó. Era así tanto a los setenta y siete años de edad, como cuando tenía cincuenta y siete. Con la pérdida de la vista durante los últimos tres años de su vida, no disminuyeron sus bríos, al contrario, parece que aumentaron."

Sus propias palabras nos revelan cómo fueron echados los cimientos de su vida, constantemente esforzada al servicio del Señor: "Mi madre, cuando mis hermanos y yo éramos todavía pequeños, nos enseñó con un desvelo incesante las Escrituras y oraba con nosotros. Una cosa que tuvo una gran influencia sobre mi vida, fue el hecho de que mi madre me pidiese que le leyera los Salmos en voz alta. Yo tenía apenas cinco años cuando comencé a hacer ese ejercicio y encontré su lectura fácil. Con la práctica, adquirí la costumbre de memorizar las Escrituras, cosa que continué haciendo con gran provecho."

Todos podríamos decir que es muy fácil que la lectura de las Escrituras y la oración degeneren en una monótona formalidad. Pero, al contrario, el semblante de Jonatán Goforth, se iluminaba con el reflejo de la gloria de las Escrituras que recibía en su alma. Después de su muerte, una criada católica romana declaró lo siguiente: "Cuando el señor Goforth se hospedaba en la casa donde trabajo, yo le miraba el rostro y me preguntaba: ¿Será así el rostro de Dios?"

Acerca de la conversión de su padre, Jonatán escribió lo siguiente: "En la época de mi conversión, vivía con mi hermano

Guillermo. Cierta vez nuestros padres fueron a visitarnos y se quedaron con nosotros más o menos un mes. Hacía tiempo que el Señor me había guiado a realizar cultos domésticos. Así pues, un día anuncié: "Celebraremos un culto doméstico hoy, y pido a todos que se reúnan después de la comida." Yo esperaba que mi padre se manifestase contrario a la idea, porque en su casa no era costumbre dar gracias a Dios antes de las comidas, ¡cuánto más celebrar un culto doméstico! Leí un capitulo de Isaías, y después de hablar algunas palabras, oramos juntos, de rodillas. Continuamos celebrando los cultos domésticos durante todo el tiempo que me encontraba en casa. Después de algunos meses, mi padre fue salvo."

Cuando el joven Goforth realizaba sus estudios secundarios en el gimnasio, su ambición era llegar a ser abogado, hasta que, cierto día, leyó la inspiradora biografía del predicador Roberto McCheyne. No solamente se desvanecieron para siempre todas sus ambiciones, sino que él también dedicó toda su vida a llevar almas al Salvador. En ese tiempo, el joven "devoró" los siguientes libros: "Los discursos de Spurgeon"; "Los mejores sermones de Spurgeon"; "La gracia abundante" (Bunyan) y "El descanso de los santos" (Baxter). Por supuesto, la Biblia era su libro predilecto y acostumbraba levantarse dos horas más temprano para estudiar las Escrituras, antes de ocuparse en cualquier otro servicio del día.

Acerca del llamado que recibió de Dios en ese tiempo, escribió lo siguiente: "A pesar de sentirme dirigido hacia el ministerio de la Palabra, me negaba terminantemente a ser un misionero en el extranjero. Pero un colega me invitó a asistir a una reunión de un misionero, el cual hizo el siguiente llamado: "Desde hace dos años voy de ciudad en ciudad, contando la situación de Formosa y rogando que algún joven se ofrezca para auxiliarme. Pero parece que no he logrado transmitir la visión a ninguno. Así pues, regreso solo. Dentro de poco tiempo mis huesos se blanquearán en la ladera de algún cerro en Formosa. Se me oprime el corazón al saber que ningún joven se siente llamado a continuar el trabajo que yo inicié."

"Al oír esas palabras, me sentí en gran manera avergonzado. Si la tierra me hubiese tragado, hubiese sido para mí un alivio. Yo que fui comprado con la preciosa sangre de Cristo, osaba planear mi vida de acuerdo con mi propia voluntad. Oí entonces la voz del Señor que me decía: "¿A quién enviaré, y quién irá por nosotros?" Y respondí: "Heme aquí, envíame a mí" Desde entonces soy misionero. Leía ávidamente todo lo que podía encontrar acerca de las misiones en el extranjero y me esforzaba por trasmitir a los demás la visión que yo había alcanzado, la visión de los millones de seres humanos que no han tenido la oportunidad de escuchar a un predicador."

Por fin, llegó el tiempo de iniciar sus estudios en Toronto. El primer domingo lo pasó trabajando entre los reclusos de la prisión "Don", una costumbre que continuó durante todos los años de sus estudios en esa ciudad. Durante la semana, dedicaba mucho tiempo a ir de casa en casa ganando almas para Cristo. Cuando el director del colegio donde estudiaba, le preguntó cuántas casas visitó durante los meses de junio a agosto, le respondió: "Novecientas sesenta."

Fue en aquel tiempo de estudiante que Jonatán Goforth se casó con Rosalind Bell-Smith. Acerca de ese acontecimiento, ella escribió lo siguiente: "Desde los veinte años de edad, comencé a orar pidiéndole al Señor que si deseaba que me casara, que me dirigiese a un joven dedicado por entero a él y a su servicio... Cierto domingo yo estaba presente en una reunión de obreros de la *Toronto Mission Union*. Un poco antes de comenzar la reunión, alguien llamó desde la puerta a Jonatán Goforth. Cuando él se levantó para ir afuera, dejó la Biblia sobre la silla. Entonces hice algo que nunca me he podido explicar, ni he hallado disculpas para ello; me sentí impelida a ir hasta su silla, tomé la Biblia y volví a mi silla. Al hojear con rapidez el libro, me di cuenta de que estaba muy gastado por el uso, y lo coloqué de nuevo en la silla de su dueño. Todo eso sucedió en un intervalo de pocos segundos. Allí mismo sentada en el culto me dije: 'Ese es el joven con quien sería bueno casarme.'"

La joven continuó diciendo: "Ese mismo día fui designada, junto con otros, para abrir un punto de predicación en otra parte de Toronto. Jonatán Goforth estaba también incluido en ese grupo. Durante las semanas siguientes tuve muchas oportunidades de ver la verdadera grandeza de ese hombre, la que ni su exterior despreciable podía esconder. Así, cuando él me preguntó: "¿Quieres unir tu vida a la mía para irnos a la China?" yo, sin vacilar un solo momento, le respondí: "Quiero." Pero algunos días más tarde fue muy grande mi sorpresa cuando me preguntó: "¿Me prometes que nunca me impedirás que coloque al Señor y a su obra en primer lugar, aun antes que tú?" Esa era la misma clase de joven que yo pedí en oración, para que Dios me lo diese como marido, y firmemente le respondí: "Prometo hacerlo siempre." (¡Oh, cuán benigno fue el Maestro, al ocultarme lo que esa promesa significaba!)

"Pocos días después de prometerle lo que me pidió, vino la primera prueba. Yo siempre había soñado (como mujer que era) con el bonito anillo de casamiento que recibiría. Fue entonces cuando Jonatán me dijo: "¿Te disgustaría si no te compro un anillo?" De inmediato me explicó, con gran entusiasmo, cómo se esforzaba en la distribución de libros y folletos sobre el trabajo que se realizaba en la China. Quería economizar todo lo posible para esa importante obra. Al oírlo, y después de contemplar la luz de su rostro, las visiones de un anillo bonito se desvanecieron. Era mi primera lección sobre los verdaderos valores."

El 19 de enero de 1888, centenares de creyentes se congregaron en la estación de Toronto para darle la despedida al matrimonio Goforth que se iba a trabajar en la obra de Dios en la China. Antes de partir el tren, todos bajaron la cabeza en oración y, cuando partió, la gran multitud cantaba: "Adelante, soldados de Cristo." Y una vez que estuvieron fuera de la estación, la pareja que iba en el tren rogaba a Dios que los guardase para vivir eternamente dignos de la gran confianza que esos hermanos habían depositado en ellos.

Poco después de llegar a la China, Hudson Taylor les escribió: "Hace diez años que nuestra misión se esfuerza por entrar al sur de la provincia de Honán y solo ahora es que lo hemos conseguido... Hermano, si quiere entrar en esa provincia, debe avanzar de rodillas." Pero, si la Misión del Interior de la China, que tenía misioneros y auxiliares experimentados en la lengua y en las costumbres del pueblo, había fracasado durante diez años en esa provincia, ¡¿cómo podía entrar él, un joven sin experiencia y sin conocer la lengua?! Las palabras de Hudson Taylor, "avanzar de rodillas", se convirtieron en el lema de la misión de Goforth para entrar al sur de Honán.

A Jonatán Goforth le llevó más tiempo aprender la lengua, que a su compañero que llegó un año después que él. Cierto día, al salir a predicar, muy desesperanzado le dijo a su esposa: "¡Si el Señor no obra un milagro para que yo aprenda esta lengua, seré un gran fracaso como misionero!" Dos horas después volvió diciendo: "¡Oh, Rosa! ¡Qué maravilla! Al comenzar a predicar, las palabras y las frases se me volvieron tan fáciles que la gente me comprendió bien." Dos meses después recibieron una carta de los estudiantes del colegio Knox, de Toronto, en la que relataban cómo cierto día, y a cierta hora, se reunieron para orar por ellos, "solamente por los Goforth," y cómo quedaron convencidos de que fueron bendecidos por Dios, porque sintieron la presencia y el poder de Dios en su oración. Goforth, al abrir su diario, descubrió que fue ese mismo día y a esa misma hora que Dios le dio la habilidad de hablar con toda facilidad. Algunos años después cierto compatriota suyo, que hablaba bien el chino, le comentó acerca de su estilo de hablar: "Se le comprende muy bien a usted cuando habla, mucho mejor que a cualquier otra persona que yo conozca."

Un veterano misionero le dio el siguiente consejo a Goforth: "Los chinos tienen tantos prejuicios sobre el nombre de Jesús, que usted debe esforzarse primero por demoler los dioses falsos, y solo después debe mencionar el nombre de Jesús, si tiene la oportunidad de hacerlo." Al contar esto a su esposa, Goforth exclamó indignado: "¡Nunca! ¡Nunca! ¡NUNCA!" Y en ningún momento se levantó para predicar, sin tener la Biblia abierta en la mano.

Cuando años más tarde, los misioneros novatos le preguntaron el secreto del fruto extraordinario de su ministerio, él respondió: "Dejo que Dios hable a las almas de los oyentes por intermedio de su propia Palabra. Mi único secreto para tocar el corazón de los más viles pecadores, es mostrarles su propia necesidad y predicarles al poderoso Salvador que los puede salvar... Ese era el secreto de Lutero, era el secreto de Juan Wesley, y nadie se aprovechó más de ese secreto que D.L. Moody."

Para manejar la "Espada del Espíritu" con gran habilidad, Goforth la "afilaba" estudiándola diariamente, sin fallar. En vez de hablar contra los ídolos, exaltaba a Cristo crucificado, que atraía a los pecadores y los convencía a que dejasen sus vanidades.

En 1896 escribió: "Después de llegar a Changte, hace cinco meses, el poder del Espíritu Santo se ha manifestado casi a diario para regocijo nuestro. Durante todos estos meses un total de más de veinticinco mil hombres y mujeres nos han visitado en nuestra casa, y todos nos oyeron predicar el evangelio. Predicamos, como promedio, unas ocho horas al día. Hay a veces más de cincuenta mujeres reunidas en la terraza (predicaba a los hombres, mientras que su esposa predicaba a las mujeres)... Casi todas las veces que exaltamos a Cristo como nuestro Redentor y Salvador, el Espíritu Santo convierte a alguno y, a veces, a diez o a veinte."

Sin embargo, no debemos pensar que estos misioneros escaparon de grandes tribulaciones. Poco después de llegar ellos a la China, un incendio destruyó todas sus posesiones terrenales. El calor del verano era tan intenso que su primogénita, Gertrudis, falleció y fue necesario llevar el cadáver a una distancia de 75 kilómetros, a un lugar donde permitían enterrar a los extranjeros. Cuando falleció otro hijito, Donald, fue necesario hacer la misma larga peregrinación de 75 kilómetros con los restos mortales. Después de pasar doce años en la China, de nuevo perdieron todas sus pertenencias, porque las aguas de una inundación subieron a la altura de dos metros dentro de la casa.

En 1900, poco después de que otra hija, Florencia, se les muriera de meningitis, vino la insurrección de los bóxers, a la que nos referimos al comienzo de la presente biografía. Durante el levantamiento de los bóxers, muchos centenares de misioneros y creyentes fueron brutalmente asesinados. Solo la mano de Dios los guió y los sustentó en su fuga de Changté –un viaje de mil quinientos kilómetros, en una época de intenso calor y llevando a uno de sus cuatro hijos enfermo. Fueron innumerables las veces que se vieron cercados por las multitudes, que clamaban: "¡Matadlos! ¡Matadlos!" Una vez, la multitud enfurecida les tiró piedras tan grandes que les quebraron varias costillas a los caballos que arrastraban la carreta, ¡pero todas las personas del grupo escaparon con vida! Goforth recibió varias heridas de espada, una de las cuales le llegó hasta el hueso del brazo izquierdo, cuando lo levantó para protegerse la cabeza. A pesar de que el grueso casco que tenía en la cabeza quedó casi enteramente cortado en pedazos, él logró mantenerse en pie, hasta que recibió un golpe que por poco le parte el cráneo. Pero Dios no permitió que las manos de los hombres los destruyesen, porque aún tenía que realizar una gran obra en la China por intermedio de esos siervos suyos. Así pues, sin poder cuidar de sus heridas y con las ropas ensangrentadas, el grupo enfrentaba a las multitudes furiosas, día tras día, hasta que llegó a Shangai. Desde allí, la familia embarcó en un navío para el Canadá.

Después que disminuyó el peligro en la China, nuestros incansables héroes estaban nuevamente ocupados en su trabajo en Changté. La región fue dividida en tres partes: La parte que le tocó a Goforth fue el vasto territorio que se extiende al norte de la ciudad, que tiene innumerables villas y poblados.

La idea de Goforth era arrendar una casa en un centro importante, pasar un mes evangelizando, y después mudarse para otro centro. Quería que su esposa predicase en el patio de la casa durante el día, mientras él y sus auxiliares predicaban en las calles y en los poblados vecinos. Por la noche celebrarían los cultos juntos, ella tocando el harmonio. Al fin del mes podrían dejar a uno de sus auxiliares para que enseñase a los nuevos convertidos, mientras el grupo pasaba para otro centro. Acerca de ese plan la esposa de Goforth escribió:

"Sin dudas, el plan fue bien concebido, a no ser por una cosa: *no se acordó de los niños*... Yo me acordé de cómo en Hopei, los niños, atacados de varicela, me rodeaban mientras yo sostenía en brazos al más pequeño. Me acordé de las cuatro tumbas de nuestros hijitos y endurecí mi corazón como un pedernal contra ese plan. ¡Cómo mi marido suplicaba día tras día! "Rosa, de cierto el plan es de Dios y temo que pueda sucederles algo a nuestros hijos si le desobedecemos. El lugar más seguro para ti y para nuestros hijos está en el camino de la obediencia. Piensas en guardar seguros a nuestros hijos en casa, pero Dios puede mostrarte que estás equivocada. Pero él protegerá a nuestros hijos si tú obedeces confiando en él." Poco después Wallace cayó enfermo de disentería asiática y por quince días luchamos para salvar a la criatura. Mi marido me dijo: "Oh, Rosa, cede a Dios, antes de perderlo todo." Pero a mí me parecía que Jonatán era duro y cruel. Entonces nuestra hijita Constancia cayó enferma también de la misma dolencia. Y en esa circunstancia Dios se reveló a mí como un Padre en quien podía confiar para conservar a mis hijos. Bajé la cabeza y dije: "Oh, Dios, es demasiado tarde para Constancia, pero confío en ti, protege a mis hijos. Iré a dondequiera que me mandes." En la tarde del día en que la niña falleció mandé a llamar a la señora Wang, una creyente fervorosa y amada, y le dije: "No puedo contarle todo ahora, pero estoy resuelta a acompañar a mi marido en sus viajes de evangelización. ¿Quiere ir conmigo?" Con lágrimas en los ojos ella respondió: "No puedo, pues la niña puede enfermar bajo tales condiciones." No queriendo insistir, pedí que ella orase y me respondiese después. Al día siguiente volvió con los ojos llenos de lágrimas y, con una sonrisa, dijo: "Iré con usted."

Resulta notable observar que de allí en adelante no falleció ningún otro hijo de los Goforth en China, a pesar de los muchos años que pasaron en esa vida nómada de evangelización. Goforth observó tan fielmente su costumbre de levantarse a las cinco de la mañana para su oración y estudio de las Escrituras, como cuando estaba en su casa en Changté. Por lo general, para el estudio tenía que quedarse de pie delante de la ventana, con las espaldas vueltas a su familia.

En cuanto a la obra en Changté, son de Goforth estas palabras: "Durante los primeros años de mi trabajo en China, me contentaba con recordar que siempre hay sementera antes de la cosecha. Pero ya habían pasado más de trece años y la cosecha parecía cada vez más distante. Yo tenía la seguridad de que habría algo mejor para mi, si tuviese la visión y la fe para apropiármelo. Estaban en todo momento ante mí las palabras del Maestro en Juan 14:12: "De cierto, de cierto os digo: El que en mí cree, las obras que yo hago, él las hará también: y aun mayores hará, porque yo voy al Padre." Y sentía profundamente cómo en mi ministerio faltaban las "mayores obras"."

En el año 1905, Jonatán Goforth leyó en la autobiografía de

Carlos Finney, que un labrador puede orar pidiendo una cosecha material independiente del cumplimiento de las leyes de la naturaleza, con tanta razón como los creyentes esperan una gran cosecha de almas en respuesta a sus oraciones, sin cumplir las leyes que gobiernan la cosecha espiritual. Resolvió entonces saber cuáles eran esas leyes y se decidió a cumplirlas a cualquier precio.

Hizo entonces un estudio a fondo y de rodillas, sobre el Espíritu Santo y escribió sus notas en los márgenes de su Biblia china. Cuando comenzó a enseñar esas lecciones a los creyentes, hubo un gran quebrantamiento, que llevó a la confesión de pecados. Fue en la gran exposición idólatra de Hsun Hsien donde Dios mostró primeramente su gran poder en el ministerio de Goforth. Durante el sermón, un obrero exclamó en voz baja: "Esta gente está tan conmovida por la predicación, como lo estuvo la multitud en el día de Pentecostés por el sermón de Pedro." En la noche de ese mismo día, en un salón arrendado y en el que no cabía toda la gran multitud pagana que quería asistir, Goforth predicó sobre el texto: "Quien llevó él mismo nuestros pecados en su cuerpo sobre el madero." Casi todos quedaron quebrantados y convencidos de pecado, y cuando el predicador hizo el llamado, se levantaron clamando:

"¡Queremos seguir a ese Jesús que murió por nosotros!" Uno de los obreros presentes expresó así lo que vio: "Hermano Aquel a quien oramos durante tanto tiempo para que viniese vino en efecto esta noche."

En los días que siguieron muchos pecadores fueron salvos en todos los puntos de predicación y en todos los cultos.

Refiriéndose al avivamiento que en ese tiempo visitó a Corea uno de los misioneros escribió acerca de lo que presenció: Los misioneros eran como los demás creyentes; no había ninguno entre ellos que tuviese un talento extraordinario. Vivían y trabajaban como todos los demás a no ser en las oraciones... Nunca sentí la presencia divina como la sentí en sus ruegos a Dios. Parecía que esos misioneros nos llevaban al propio trono en el cielo... Fui muy bien impresionado también al ver cómo el avivamiento era práctico... Había decenas de millares de hombres y mujeres completamente transformados por el fuego divino. Grandes templos con asientos para mil quinientas personas quedaban llenos por completo; era necesario celebrar un culto para los hombres y en seguida otro para las mujeres a fin de que todos pudiesen asistir. En todos ardía el deseo de divulgar las buenas nuevas. Los niños se aproximaban a las personas que pasaban por las calles rogándoles que aceptasen a Cristo como su Salvador... "La pobreza del pueblo de Corea es conocida en todo el mundo. Con todo había tanta liberalidad en las ofrendas que los misioneros no querían enseñar más sobre el deber de contribuir. Había una gran devoción a la Biblia: casi todos llevaban un ejemplar en el bolsillo. Y el maravilloso espíritu de oración penetraba en todo."

Al volver de Corea Goforth fue llamado a Manchuria. Más tarde escribió: "Cuando comencé el largo viaje yo estaba convencido de que tenía un mensaje de Dios que entregar a la gente. Pero no tenía idea de cómo presidir un avivamiento. Yo sabía pronunciar un discurso y hacer que la gente orase. Pero no sabía nada más que eso..."

Goforth tuvo una gran desilusión al llegar a Manchuria: los creyentes no oraban como le habían prometido y ¡la iglesia estaba dividida! Después del primer culto, solo en su cuarto, cayó de rodillas desalentado y desesperado. Y Dios respondió a su insistencia, enviando un deseo tan grande de orar en las iglesias y una contricción tan profunda por el pecado, que no solo fueron purificadas de toda clase de pecado sino que los perdidos, en gran número, venían y eran salvos.

El lema del avivamiento del año 1850 fue: "Os es necesario nacer de nuevo"; el de 1870 fue: "Cree en el Señor Jesús". Pero el lema de Goforth fue: "No con ejército, ni con fuerza, sino con mi Espíritu" (Zacarías 4:6). Que el Espíritu Santo obraba en varios lugares de Manchuria, como respuesta a las oraciones insistentes y frente a dificultades de toda suerte, se ve claramente en lo que él escribió acerca de la obra en la ciudad de Newchang:

"Al subir al púlpito me arrodillé un momento, como de costumbre, para orar. Cuando miré al auditorio parecía que todos los hombres, mujeres y niños que estaban en la iglesia, estuviesen con dolores de remordimiento y juicio. Las lágrimas les corrían copiosamente y hubo confesión de toda clase de pecados. ¿Cómo se explica eso? La iglesia era conocida como una iglesia muerta y sin ninguna esperanza; no obstante, antes de enunciar siquiera una palabra, sin siquiera cantar un himno y antes de orar, comenzó esa obra maravillosa. No hay otra explicación: fue el Espíritu de Dios que obró en respuesta a las oraciones de las iglesias de Mukden, Liaoyang y de otros lugares de Manchuria, las que habían experimentado la misma clase de avivamiento y fueron inducidas a interceder por su pobre y necesitada iglesia hermana."

Cuando Jonatán Goforth fue a Manchuria, era casi desconocido fuera del pequeño círculo de su denominación. Unas semanas después, cuando regresó, los ojos de los creyentes de todo el mundo estaban fijos en él. Con todo, continuó siendo el mismo humilde siervo de Dios, reconociendo que la obra no era de él, sino del Espíritu de Dios.

Chansi es conocida como la "Provincia de los mártires". Cierto doctor chino contó a Goforth cómo presenció en esa provincia, durante la insurrección de los bóxers en 1900, la muerte de cincuenta y nueve misioneros. Todos ellos encararon al verdugo con la mayor calma. Una muchachita de cabellos rubios preguntó al gobernador: "¿Por qué debemos morir? ¿No vinieron nuestros médicos de países remotos para dedicar su vida a servir a vuestro pueblo? ¿No fueron curados muchos enfermos sin esperanza? ¿No recuperaron la vista algunos ciegos? ¿Es por causa del bien que hicimos que debemos morir?" El gobernador bajó la cabeza y no respondió. Pero un soldado asió con fuerza a la muchacha por los cabellos y de un solo golpe le cortó la cabeza. Uno después de otro, fueron asesinados; todos murieron con una sonrisa de paz. Ese mismo doctor contó cómo vio entre ellos, a una señora que le hablaba alegremente a su hijito. De un solo golpe ella fue derribada, pero el niño continuaba sujetándole la mano; enseguida, con otro golpe, un pequeño cadáver fue a caer al lado del de la madre.

Fue a esa misma "Provincia de los mártires" que Dios envió a sus siervos, los Goforth, ocho años después, y sucedió lo que se relata a continuación:

"En Chuwahsien, poco después de comenzar a hablar, vi a muchos de los oyentes que bajaban la cabeza, convictos, mientras las lágrimas les corrían por el rostro. Después del sermón todos los que oraron estaban quebrantados. El avivamiento, que comenzó de esa manera, continuó durante cuatro días. Hubo confesiones de toda clase de pecados. El delegado regional se admiró en gran manera al oír confesiones de homicidios, de robos y de crímenes de toda clase –confesiones que él solo conseguía arrancar de ellos azotándolos hasta casi dejarlos muertos. A veces, después de un culto de tres horas o más, la gente volvía a su casa para continuar orando. Aun en altas horas de la noche pequeños grupos reunidos en varios lugares, oraban hasta que casi amanecía el día."

En el colegio de señoritas de Chuwu, en la misma "Provincia de los mártires", "las alumnas insistían en que se les concediese tiempo para ayunar y orar... Al día siguiente, cuando las muchachas se reunieron por la mañana para orar, el Espíritu cayó sobre ellas y se quedaron arrodilladas hasta la tarde de ese día."

De los centenares de ejemplos evidentes de la operación poderosa del Espíritu Santo en los corazones, evidenciada en muchos otros lugares, citaremos aquí solamente los siguientes:

Changté: "Casi setecientas personas asistieron por la mañana. Había un fervor entre los hombres, que se esforzaban para ir al frente, de modo que Goforth solo consiguió predicar por la tarde. El culto era continuo, y se prolongaba el día entero, con intervalos para las comidas."

Kwangchow: "En la iglesia, que tenia asientos para mil cuatrocientos personas, no cabían las multitudes. El Espíritu Santo vino con poder extraordinario. Había a veces centenares de pecadores contritos llorando..." Dos endemoniados fueron liberados y se convirtieron en creyentes fervorosos en la obra de Dios. En cuatro años, el número de creyentes aumentó de dos mil a ocho mil."

Shuntehfu: "Inesperadamente, una docena de hombres comenzaron a orar y a llorar... sin poder resistir el poder del Espíritu Santo... Viejos discípulos de Confucio venían al frente, quebrantados y humillados, para proclamar a Cristo como su Señor. Un total de quinientos hombres y mujeres fueron salvos. Fue, tal vez, la mayor obra del Espíritu Santo que yo haya visto."

Nanking: "Asistieron más de mil quinientas personas. Centenares más que también querían asistir, no pudieron entrar y regresaron a sus casas. El culto de la mañana duró cuatro horas. El resto del tiempo se dedicó a la oración y a la confesión de pecados. La multitud que deseaba llegar hasta el estrado para confesar sus pecados fue tan grande, que se hizo necesario construir otra escalera... Subí de nuevo al estrado a las tres de la tarde para iniciar el segundo culto. En ese momento centenares de personas comenzaron a venir al frente, y por eso no pude predicar... A las nueve de la noche, seis horas después de iniciar el culto, fui obligado a retirarme y a partir rumbo a Pekín, donde los creyentes me esperaban para otra serie de cultos."

Shantung: "El avivamiento fue tan grande que cerca de tres mil miembros se añadieron a la iglesia en tres años."

Respecto de los cultos celebrados entre los soldados del general Feng, la esposa de Goforth escribió lo siguiente: "Desde el comienzo sentimos la presencia de Dios. Dos veces, todos los días, Goforth tenía auditorios de dos mil personas, principalmente oficiales, los que se mostraban grandemente interesados... A las esposas de ellos se les permitió asistir a tres cultos, y Dios me dio poder para hablarles. Casi todas declararon que estaban dispuestas a recibir a Cristo. El general Feng, al orar, quedó quebrantado... A continuación, otros oficiales, uno detrás de otro, comenzaron a clamar a Dios entre sollozos y lágrimas."

Así continuó la obra, año tras año, por lo general con tres cultos al día, a pesar de los grandes obstáculos. En el período de la sequía de 1920, de treinta a cuarenta millones de habitantes a nuestro alrededor encararon la muerte por hambre. En 1924 Goforth escribió así a su esposa, que había sido forzada por motivos de salud a volver al Canadá: "Hoy cumplo sesenta y cinco años... ¡Oh, cómo ansío, más que cualquier avaro codicia el oro, poder tener veinte años más, para ganar almas!"

Después de cumplir sesenta y ocho años de edad y su esposa sesenta y dos, edad en que la mayoría de los hombres se alejan del servicio activo, los dos fueron enviados para un campo nuevo por completo para ellos, en Manchuria, campo remoto, vasto y frío, que se extiende hasta las fronteras de Rusia y de Mongolia. Acerca de su partida, Goforth escribió:

"Cierto día, en el mes de febrero de 1926, mi esposa estaba acostada esperando la llegada de la ambulancia que la llevaría al Hospital General de Toronto. De repente, el timbre de la puerta y el del teléfono tocaron simultáneamente. Por el teléfono se nos informó que no había lugar en el hospital antes de tres días. En la puerta recibimos un cablegrama del general Feng, de la China, en que me rogaba que fuese sin demora. En ese momento le dije a ella: "¿Qué haré? No puedo dejarte", pues todos pensábamos que ella no viviría muchos meses más. Mi esposa, después de orar, dijo: "Voy contigo." Los miembros de la junta estaban reunidos en esa ocasión; así pues, les presenté el cablegrama del general Feng y estuvieron de acuerdo en que yo me fuese. Pero cuando les informamos que mi esposa quería acompañarme, se mostraron horrorizados, respondiendo que moriría en el camino. Entonces les respondí: "Ustedes, hermanos, no conocen a esta mujer como yo. ¡Cuando ella dice que va a ir, es porque va!" Así, convinieron en que ella fuese."

Durante mucho tiempo siguiendo el consejo del Cónsul, vivieron en el nuevo campo de Manchuria con sus maletas listas, a fin de poder partir de inmediato, en el caso de que hubiese una segunda insurrección de los bóxers, como todos lo esperaban. Sin embargo, desde el comienzo Dios honró el servicio de esos siervos suyos, conforme se lee en lo que él escribió a la avanzada edad de setenta años: "Se tienen tres horas de predicación en la mañana y cuatro en la tarde a cargo del grupo de misioneros... Desde el primer día hubo conversiones; a veces hasta doce en un solo día. Grande ha sido nuestro regocijo al ver que cerca de doscientas personas aceptaron a Cristo durante el mes de mayo."

Hacía mucho tiempo que diversos amigos insistían en que él escribiese la historia de cómo el Espíritu Santo obraba en su ministerio. En un tiempo de intenso frío se vio obligado a extraerse los dientes; durante cuatro largos meses sufrió terribles dolores en los maxilares, a punto de no poder predicar. Fue en esa época que su hijo menor llegó del Canadá. Entonces Goforth logró dictar el material para que el hijo lo pasase a máquina. De esa manera llegó a imprimirse el libro "Con mi Espíritu", obra de gran circulación e influencia.

Después de cuatro años de servicio tuvo que volver al Canadá por causa de la vista de su esposa. Fue durante ese tiempo que Goforth también comenzó a perder la vista. Mientras convalecía de las operaciones que le hicieron, sin éxito, para restaurarle la vista de un ojo, él relató, una por una, las historias de la obra de la China, las que su enfermera tomó en taquigrafía y que completan ahora el famoso libro titulado: "Vidas milagrosas de la China".

En 1931, Goforth y su esposa, ella de sesenta y siete años y él de setenta y tres, pero con los corazones ardiendo por el deseo de ganar almas, volvieron una vez más a la obra de Manchuria. Cuatrocientos setenta y dos convertidos se bautizaron en 1932. Sucedió que un día cuando Goforth volvía de un viaje evangelístico, al entrar a su casa tuvo que hacerlo a tientas. Después de estar un momento al lado de su esposa, le dijo en voz baja: "Me temo que la retina del ojo izquierdo se haya desprendido de su lugar." Y eso mismo sucedió. La pérdida completa de la vista fue para él motivo de tristeza, una tragedia sentida por todos. Al mismo tiempo les llegó una carta que les informaba la necesidad de efectuar una reducción tan grande en lo que recibían para el sustento de los misioneros y para los gastos de los viajes evangelísticos, que parecía imposible continuar la obra. Fue esa la mayor crisis de toda la vida de Jonatán Goforth. No obstante, sin vacilar, volvió su corazón a Dios. La propia ceguera parecía ser más bien una bendición que una aflicción; Los creyentes se mostraban más unidos a él que antes. Venciendo el desánimo inevitable de los que pierden la vista, no cesó de predicar, con la Biblia –que amaba– abierta en las manos. En el año 1933, setecientos setenta y ocho convertidos fueron bautizados.

Por fin, los Goforth cedieron a la insistencia de los creyentes del Canadá para que volviesen, a fin de animar a las iglesias a que enviasen más misioneros. Durante los preparativos para el viaje supieron que novecientos sesenta y seis convertidos se bautizaron en aquel año, 1934. El culto de despedida fue uno de los más conmovedores de toda la historia de la obra misionera. El misionero, tan amado por los creyentes, no podía ver (por causa de su ceguera) cómo habían adornado el templo, pero ellos con bondad y gusto, le describieron todo acerca de las muchas y lindas banderas de seda y terciopelo que cubrían por completo las cuatro paredes del templo. Los predicadores que hablaron, lo hicieron llorando. Uno de ellos dijo: "Ahora Elías está para irse de nuestro medio, y cada uno de nosotros debe convertirse en un Eliseo."

A la hora de la despedida, en la plataforma de la estación se congregó una multitud de creyentes que lloraban. Goforth, sentado frente a la ventana en el tren, con el rostro hacia sus creyentes que tanto amaba, pero que no podía ver, les hacía señales con la cabeza, de vez en cuando, levantando los ojos hacia arriba, indicando así la bendita esperanza de una reunión en el cielo. Cuando el tren partió, los creyentes, con los ojos llenos de lágrimas, intentaron acompañarlo corriendo paralelamente, a fin de lograr ver una vez más el rostro de sus queridos misioneros.

Durante dieciocho meses, Goforth predicó a grandes auditorios en el Canadá y en los Estados Unidos. Día tras día ese veterano estaba de pie delante de esos auditorios, con su amada Biblia abierta en las manos. Durante el sermón abría el libro aproximadamente en las páginas de las cuales citaba los pasajes de memoria. Lo hacía teniendo los ojos abiertos y con tanta práctica, que era difícil creer que no los leía como otrora.

El punto principal de sus mensajes se descubre en estas palabras que dijo cierto día a su esposa: "Querida, acabo de hacer un cálculo mental que prueba con seguridad cuál es el resultado de dar al evangelio la oportunidad de obrar. Si cada uno de los misioneros enviados a la China hubiese llevado tantas almas a Jesús, como los seis misioneros de nuestro campo durante el año 1934, el último año que pasamos en Manchuria, es decir, ciento sesenta y seis por cada misionero, el número de conversiones en la China hubiese alcanzado la cifra de casi un millón de almas, en vez de apenas treintiocho mil setecientos veinticuatro. ¡Es decir, habría sido veinticinco veces mayor!"

Cierto día, cuando tenía que predicar solamente durante la noche, él le dijo a su esposa: "En vez de salir de casa hoy, creo que es mejor que participemos de un banquete de la Palabra. Léeme el precioso Evangelio de Juan." Ella le leyó dieciséis capítulos de ese libro. "Se percibía que era un verdadero banquete para él, por la atención que prestaba a la lectura y porque su rostro se iluminaba repetidamente al oír la lectura de ciertos pasajes." Antes de fallecer había leído la Biblia, de tapa a tapa, más de setenta y tres veces.

En la noche del 7 de octubre de 1936, Jonatán Goforth, después de pronunciar un discurso fervoroso y largo sobre el tema: "Cómo el fuego del Espíritu barrió a Corea", se acostó tarde para dormir. A las siete de la mañana del día siguiente su esposa se levantó y se vistió. Pronto comprobó que más o menos en el momento en que ella se levantó, él "durmiendo aquí en la tierra, en un instante se despertó viendo de nuevo, en la gloria."

Pocos días antes había dicho que se regocijaba porque el primer rostro que vería sería el de su Salvador.

Cinco años y medio después que Jonatán Goforth durmió en el Señor, Rosalind Goforth se reunió con su muy amado esposo y compañero de luchas. Las últimas palabras que pronunció fueron estas: "El Rey me llama. Estoy lista."

De ambos se puede decir, como se dijo respecto a él: "Se entregaba a la oración y al estudio de la Palabra para saber la voluntad de Dios. Fue ese amor por la lectura de la Biblia y la comunión con Dios que le dio el poder de conmover auditorios y convencerlos de pecado y de la necesidad del arrepentimiento. En todas las ocasiones dominaba a su propia persona y confiaba enteramente en el poder del Espíritu Santo para descubrir las cosas de Jesús a los oyentes."

Que el mismo grito de guerra sea siempre nuestro: "No con ejército, ni con fuerza, sino con mi Espíritu."

"Pero recibiréis poder, cuando haya venido sobre vosotros el Espíritu Santo."

DISFRUTE DE OTRAS PUBLICACIONES DE EDITORIAL VIDA

Desde 1946, Editorial Vida es fiel amiga del pueblo hispano a través de la mejor literatura evangélica. Editorial Vida publica libros prácticos y de sólidas doctrinas que enriquecen el caudal de conocimiento de sus lectores.

Nuestras Biblias de Estudio poseen características que ayudan al lector a crecer en el conocimiento de las Sagradas Escrituras y a comprenderlas mejor. Vida Nueva es el más completo y actualizado plan de estudio de Escuela Dominical y el mejor recurso educativo en español. Además, nuestra serie de grabaciones de alabanzas y adoración, Vida Music renueva su espíritu y llena su alma de gratitud a Dios.

En las siguientes páginas se describen otras excelentes publicaciones producidas especialmente para usted. Adquiera productos de Editorial Vida en su librería cristiana más cercana.

UNA IGLESIA CON PROPÓSITO

En este libro usted conocerá el secreto que impulsa a la iglesia bautista de más rápido crecimiento en la historia de los Estados Unidos. La iglesia Saddleback comenzó con una familia y ha llegado a tener una asistencia de más de diez mil personas cada domingo en apenas quince años. Al mismo tiempo, plantó veintiséis iglesias adicionales, todo esto sin llegar a poseer un edificio.

Un libro que todo creyente debe leer.

MUJERES MARGINADAS DE LA BIBLIA

0-8297-4705-2

Con frecuencia, las mujeres cristianas se sienten perdidas entre las oportunidades y exigencias del presente y las enseñanzas bíblicas del pasado. Este libro proporciona una mirada fresca a las mujeres de la Biblia, que pone al descubierto novedosas claves para la comprensión y un mensaje impactante que hará que las lectoras se sientan desafiadas, animadas y valoradas. Redescubra y reciba inspiración de mujeres como Eva, Sara, Agar, Tamar, Ana, Ester, María y otras.

BIBLIA DE ESTUDIO NVI

La primera **Biblia de Estudio NVI** creada por un grupo de biblistas y traductores latinoamericanos. Con el uso del texto de la Nueva Versión Internacional, esta Biblia será fácil de leer además de ser una tremenda herramienta para el estudio personal o en grupo. Compre esta Biblia y reciba gratis una copia de ¡Fidelidad! ¡Integridad!, una guía que le ayudará a aprovechar mejor su tiempo de estudio.

ISBN: 978-0-8297-2401-1

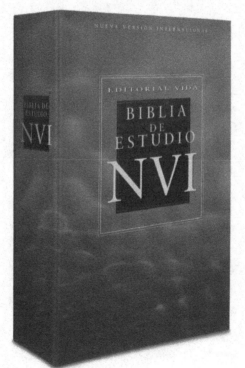

NVI Biblia de premio y regalo

Esta Biblia es el regalo perfecto para las ocasiones especiales. Incluye una ilustración atractiva en la página de presentación, dos mapas de colores al final, las palabras de Jesús en letra roja y un precio muy económico.

978-0-8297-3237-5

Una vida con propósito

Rick Warren, reconocido autor de *Una Iglesia con Propósito*, plantea ahora un nuevo reto al creyente que quiere alcanzar una vida victoriosa. La obra enfoca la edificación del individuo como parte integral del proceso formador del cuerpo de Cristo. Cada ser humano tiene algo que le inspira, motiva o impulsa a actuar a través de su existencia. Y eso es lo que usted podrá descubrir cuando lea las páginas de *Una vida con propósito*.

978-0-8297-3786-8

Nos agradaría recibir noticias suyas.
Por favor, envíe sus comentarios sobre este libro
a la dirección que aparece a continuación.
Muchas gracias.

Vida@zondervan.com
www.editorialvida.com